SV

HANS MAYER
ABEND DER VERNUNFT

Reden und Vorträge
1985-1990

Suhrkamp

Erste Auflage 1990

Hinweise am Schluß des Bandes
Druck: Wilhelm Röck, Weinsberg
Printed in Germany

ABEND DER VERNUNFT

INHALT

Soll man weiterreden, sogar in der Öffentlichkeit, auch wenn der Abstand immer größer wird zu den Nachgeborenen? Das ist eine Frage an die Selbstkritik, aber auch an die Rhetorik. Die Rhetorik des uralten Fürsten Nestor im Trojanischen Krieg wird stets wohlwollend und nachsichtig belächelt: bei Homer und erst recht bei Shakespeare in »Troilus und Cressida«. Andererseits macht es einen Unterschied, ob einer noch als Zeitgenosse zu Menschen seines Alters spricht, oder als einer, der Erfahrungen besitzt und weitergeben möchte, die den Nachlebenden unbekannt sind, zu ihrem Glück oder Unglück, je nachdem.

Die fünfzehn Redetexte des vorliegenden Bandes – es gab noch andere, die aber nicht in die Sammlung aufgenommen wurden – entstanden zwischen 1985 und 1990. Reden eines Achtzigjährigen. Man muß und soll es ihnen anmerken: an der Thematik wie an der Art des Redens.

Eine *erste* Sammlung von Reden und Vorträgen erhielt den Titel »Nach Jahr und Tag«. Der erste in die Sammlung aufgenommene rhetorische Text stammt aus dem Jahre 1945. Als der Krieg zu Ende war und die deutschen Emigranten in der Schweiz einen Bund Freier Deutscher Schriftsteller gründen durften und sogar die Erlaubnis bekamen, ihn in öffentlicher Veranstaltung in der Züricher Tonhalle vorzustellen. Die Eröffnungsrede erhielt den Titel »Das Wort der Verfolgten«.

Die wichtigsten Reden der folgenden Jahrzehnte wurden veranlaßt durch Dichter-Jubiläen. Goethe im Jahre 1949, dann die Schiller-Feiern von 1955 und 1959. Auch Thomas Mann sprach damals, in Frankfurt und Stuttgart und Weimar, über Goethe und über Schiller. Als er dann starb, im August des Jubiläumsjahrs 1955, hatte der Leipziger Professor für deutsche Literaturgeschichte, der kurz zuvor noch mit dem Meister selbst eine zwölfbändige Gesamtausgabe erarbeitet hatte, die innere Pflicht, eine Abschiedsrede zu halten für den großen deutschen Schriftsteller, der sich selbst treu geblieben war.

Die Reden des Bandes »Nach Jahr und Tag« waren in hohem

Maße als Rhetorik eines Zeitgenossen zu verstehen. Sie wollten teilnehmen am Kulturgespräch zwischen den Deutschen. Ein Unterschied zwischen west- und ostdeutschen Lesern oder Hörern war niemals beabsichtigt. Das wußte man.
Ein *zweiter* Band gesammelter Reden und Vorträge trägt die Überschrift »Aufklärung heute«. Auch dies waren immer noch zeitgenössische Reden. Allein es traten die großen Themen der kulturellen Überlieferung immer mehr zurück. Zwei Ausnahmen gab es: der eigentliche Schlüsseltext jenes Bandes mit der Überschrift »Lessing, Heine und die Folgen«, und ein Text des neuen Nachdenkens über »Schopenhauer als Erzieher«. Hingegen wurde die Frage des »Kulturellen Erbes« selbst zum Gegenstand der öffentlichen Rhetorik gemacht. Nach Sinn oder Unsinn des Klischees vom »Kulturellen Erbe« wurde gefragt. Erinnert wurde daran – nicht zufällig in Nürnberg und bei einem »Nürnberger Gespräch« in der Meistersingerhalle –, daß vier große kulturelle Traditionen der Deutschen inzwischen hinfällig wurden. Die Tradition des feudalen Mäzenatentums. Die Kulturtradition des gebildeten deutschen Bürgertums. Die experimentelle Neugier der deutsch-jüdischen Zusammenarbeit. Die organisierte Kultur der deutschen Arbeiterbewegung. Hatte der erste Band eine stark objektivierte Rhetorik bevorzugt, so gab es bereits im zweiten Band auch Texte, die mit dem Wort »Ich« zu arbeiten hatten. Vor allem zu Ende des Jahres 1980, als die Vaterstadt Köln dem Redner als erstem den neu gegründeten Literaturpreis verlieh: den späteren Heinrich-Böll-Preis.
Der vorliegende *dritte* (und letzte) Band steht weitgehend im Zeichen eines Berichtens von der eigenen Erfahrung und in der Ersten Person. Nicht allein bei Entgegennahme der durch Gemeinderatsbeschluß verliehenen Bürgermedaille der Stadt Tübingen im Jahre 1987. Nahezu alle Texte sind diesmal als Erinnerungsarbeit und weit eher als Erzählwerk zu verstehen, denn als Interpretation der literarischen und politischen Tatbestände. Immer wieder Abschiedsreden, die ein Überlebender halten muß für allzu früh verstorbene Freunde: für Hubert Fichte, für Erich Fried. Auch die Eröffnungsrede des Bandes ist als Erinnerungsarbeit zu verstehen, wenngleich diesmal die Person des-

sen, der zurückblickt, weitgehend ausgespart bleibt: »Reden über das eigene Land: Deutschland«. Der Beitrag eines damals (1985) Achtundsiebzigjährigen zu einer insgesamt sehr bekannt gewordenen Vortragsreihe der Stadt München und der Münchener Kammerspiele.

Erst recht vereinigen sich erinnerndes Erzählen und historisches Reflektieren in dem sonderbaren Text »Ein Leben mit Troilus und Cressida«, der inspiriert wurde durch eine Inszenierung eben dieser bitteren Shakespeare-Komödie in den Münchener Kammerspielen.

Zwei Reden aus den Jahren 1987 und 1988 hätten im Grunde hier mit gedruckt werden sollen: die Eröffnungsrede zu einer Münchener Ausstellung über »Thomas Mann und München« und die Jubiläumsrede zur Fünfzig-Jahr-Feier des Züricher Schauspielhauses. Beide Texte wurden aber, weil bei ihnen die Städte München und Zürich dominierten, in das Buch »Stadtansichten« (Frankfurt 1989) aufgenommen.

Fünfzig Texte insgesamt, die in diesen drei Bänden nachzulesen sind: von 1945 bis 1990. Ungefähr eine Rede aus jedem Jahr. Manchmal waren es mehr, da drängten sich die Themen und die geistigen Impulse. Zuletzt waren es nur wenige. Je eine »insgesamt« in den Jahren 1989 und 1990. Reden zur Aufklärung sind es immer noch. Reden am Abend der Vernunft. Das ist eine vieldeutige Formel. Sie meint den Redner und seine – möglichen – Zuhörer. Auch die Vernunft kann altern, wir haben es erlebt. Doch sie bleibt Vernunft.

Tübingen, den 1. März 1990 Hans Mayer

I. REDEN ÜBER DAS EIGENE LAND: DEUTSCHLAND

(1985)

Auch der elfte Redner zum stets selben Thema – Reden über das eigene Land Doppelpunkt Deutschland – wird mit Fragen beginnen müssen: statt aller Antwort. Was ist das eigene Land? Was ist Deutschland? Hinzu kommt, in meinem besonderen Falle, die Zusatzfrage: Ist Deutschland mein eigenes Land? Davon vor allem möchte ich zu Ihnen sprechen.

Ich wurde im Kaiserreich geboren, das ein Bundesstaat der fürstlichen Regierungen war, wie man weiß. Wichtig waren die Bundesstaaten, und einer war es vor allen anderen: das Königreich Preußen. Ich kam im Rheinland zur Welt, in Köln, also in der Rheinprovinz, die seit 1815 das Schlußlicht zu bilden hatte bei schulmäßiger Aufzählung der zwölf preußischen Provinzen. Ich kann sie noch auswendig, und die Aufzählung ist heute ein trauriger Spaß; beginnend mit Ostpreußen und Westpreußen, Pommern und Posen, um hinzuführen schließlich zu Sachsen, Westfalen, Hannover, und eben zur Rheinprovinz. Wenn man einen Fragebogen auszufüllen hatte, etwa um einen Reisepaß zu erhalten, schrieb unsereiner, weil er auch das in der Schule gelernt hatte, auf die Frage nach der »Staatsangehörigkeit« das Wort »Preuße«. Preuße, nicht Deutscher.

Ich besitze ihn noch, jenen deutschen Reisepaß aus meiner Schülerzeit. Das Deutsche Reich war eine Republik geworden, die Staatsgewalt ging nicht mehr von den Fürsten aus, sondern vom Volk, wie der Artikel 1 der Weimarer Verfassung verkündete. Der Umschlag aber meines preußisch-deutschen Reisepasses wies bereits die fatale braune Farbe auf.

Wie konnte es geschehen, daß ich, viele Jahrzehnte nach Ausstellung jenes Reisepasses mit der Photographie eines Gymnasiasten, genötigt war, einen Erinnerungsbericht über mein Leben und meine Arbeit mit der Überschrift »Ein Deutscher auf Widerruf« zu versehen? Der äußere Tatbestand war simpel und blieb nach wie vor erschreckend. In meinem Buch habe ich berichtet, wie ich damals, vor nunmehr zweiundfünfzig Jahren, mit dem Leben davonkam. Die erste Haussuchung im April 1933 traf mich nicht mehr an. Die Braunen hielten sich zornig an meine Bücher. Besondere Wut beim Anblick eines Buches mit dem Titel »Juden auf der deutschen Bühne«, so wurde mir berichtet. Das Titelbild zeigte den Schauspieler Fritz Kortner in irgendeiner Rolle, vielleicht sogar als Shylock. Dann die Flucht über Belgien und Luxemburg nach Frankreich, im August 1933. Ich besaß einen Reisepaß, allein der war nicht mehr gültig. Seit jener Machtergreifung hatte ich nicht mehr wagen können, ihn zu verlängern.

Der ungültig gewordene war mein letzter »deutscher« Reisepaß. Ich wurde niemals Staatsbürger außerhalb von Deutschland. Im Jahre 1938, in Paris war es wohl, sagte mir beiläufig ein Mitemigrant: »Übrigens, du stehst auch auf der neuen Liste der Ausbürgerungen im Reichsanzeiger.« Ich machte eine abschätzige Handbewegung. Das änderte nichts. Man hatte längst, im Wortsinne, »im Elend« gelebt: ohne Heimat und ohne irgendeinen väterlichen Staat. Das war auszuhalten, sogar ehrenvoll. Man befand sich in guter Gesellschaft.

So lebte ich bisweilen ohne alle Papiere und Erlaubnisse; später mit einem Flüchtlingspaß; noch später mit einem Papier des Landes Großhessen nach meiner Heimkehr in die deutsche Fremde im Oktober 1945; dann mit einem Papier der Sowjetischen Besatzungszone nach meiner Berufung an die Universität Leipzig; mit einem Paß der Deutschen Demokratischen Republik; verbotenerweise zugleich auch bereits mit einem Paß der Bundesrepublik Deutschland seit dem April 1957, der zuerst ganz zufälligerweise bereits in Tübingen ausgestellt wurde und den ich abzuliefern hatte, wenn ich nach Leipzig zurückkehrte. So wurde einem das Reisen leichter gemacht, allein es war verboten. Abermals ein Achselzucken: nach soviel Exil und illegalem Grenzübergang. Beim Paß der Bundesrepublik und bei Tübingen blieb es seitdem.

Reden über das eigene Land Doppelpunkt Deutschland. In der Wirrnis solcher An- und Aberkennungen gehört die Frage nach Deutschland als dem eigenen Land unmittelbar zur Wirrnis. Bis zum Jahre 1933 hätte ich mich, erstaunt darüber, daß man es bezweifeln könnte, als Deutschen bezeichnet. Das war keine

Sache der Staatsangehörigkeit, sondern eines deutschen Selbstempfindens. Ich mußte fliehen. Es ging um Leib und Leben. Ich kam davon. Man widerrief mein Deutschtum durch einen Verwaltungsakt. *Seitdem ist alles verändert.* Es erinnert mich immer an Franz Kafkas Parabel vom Schlag ans Hoftor: Da hat einer unachtsam, fast spielerisch, was die Bürokraten eines Dritten Reiches für sich nicht behaupten konnten, irgendwo eine Kränkung verübt. Die Folgen sind unabsehbar. Nichts kann zurückgenommen werden. Auch kein Widerruf eines individuellen Deutschtums.

Machen wir den besonderen Fall zur Maxime einer allgemeinen Gesetzlichkeit. Was bedeutet es, so muß gefragt werden, für die Befindlichkeit menschlicher Lebensformen, wenn die Machthaber und Bürokraten eines Staates frei darüber entscheiden können, welche Bürger sie haben und »behalten« wollen, und welche nicht. Gedanken der europäischen Aufklärung, wie man weiß: einer bürgerlichen Emanzipationsbewegung, die Schluß machte mit einer Fürstenwillkür, welche nach Belieben ganze Gruppen ihrer »Landeskinder«, wie man zu sagen pflegte, aus dem Lande trieb, kräftige junge Burschen vom Dorf durch Söldner einfangen und verkaufen ließ: für gutes Geld. Das Geld wurde in kostspieligen, meist sehr schönen Bauten angelegt. Schloß Wilhelmshöhe bei Kassel demonstriert immer noch, was es mit dem Ruf »Ab nach Kassel!« auf sich hatte. Das hieß: Abtransport aus der Heimat, weg von der Familie, ab zur Residenzstadt, und dann nach Übersee. Die Kammerdienerszene in Schillers »Kabale und Liebe« blieb das große literarische Dokument einer deutschen Schande.

Es hat keine bürgerliche und erfolgreiche Revolution gegeben auf deutschem Boden. Alles mußte immer wieder importiert und oktroyiert werden. Die Gründung eines Deutschen Kaiserreiches kam als Einigung von oben zustande. Die erste deutsche Republik entstand im Gefolge einer militärischen Niederlage, von welcher die Mehrheit der Deutschen nach 1918 nicht wahrhaben wollte, daß es eine war. Die Weimarer Verfassung vom 11. August 1919 enthielt zum erstenmal die unverletzlichen Rechtsgüter der Menschen- und Bürgerrechte. Da jedoch nur allzu viele Deutsche, aus welchen Gründen immer, diese Republik nicht als ihr »eigenes Land« ansahen, wurde die Weimarer Verfassung, mit Schiller zu reden, nicht »in den Willen aufgenommen«. Die postulierten Menschenrechte waren von nun an solche auf Widerruf.

Das zeigte sich überdeutlich in den Monaten Februar und März des Jahres 1933, als man im Volk auf die neue Reichsregierung mit dem jüngst erst eingebürgerten Reichskanzler vom 30. Januar zu reagieren hatte. Nachdem der Reichstag brannte, war kein Halten mehr. Man stellte sich auf den berühmten Boden der Tatsachen: in Anerkennung dessen, was der Staatsrechtslehrer Georg Jellinek, ein Jude übrigens, als »Normative Kraft des Faktischen« bezeichnet hatte. Faktische Macht als faktisches Recht.

Ich sehe das noch vor mir. Seit diesem 30. Januar war ich, der junge Mensch mit der preußischen Staatsangehörigkeit, der Gerichtsreferendar, dessen Familie ein bißchen Geld besaß, alles bloß noch auf Zeit: auf Widerruf. Ein Jude. Denen geht es nun an den Kragen. Ich traf, es muß gegen Ende Februar gewesen sein, einen einstigen Mitschüler auf der Straße. Strammer katholischer Anhänger der Zentrumspartei. Ich hoffte einen Leidensgefährten zu treffen. Er lehnte kurz ab: »Ich bin seit letztem November bei der SA ...«

Man hat diese hastigen politischen Konvertiten damals spöttisch als »Märzgefallene« bezeichnet: ohne zu ahnen, wie infam sich dieser hohnvolle Vergleich ausnahm. Die »Märzgefallenen« waren Tote in den revolutionären Kämpfen des März 1848 in Berlin und in Wien. Das Volk hatte den Preußenkönig gezwungen, sich vor den Särgen der Märzgefallenen zu verneigen. Die Gefallenen im März 1848 und die erfolgsgeilen und feigen Umfaller vom März 1933: nun war sie am Ende, die deutsche Aufklärung mit ihren Menschenrechten und Rechtsgarantien, mit der Gleichheit vor dem Gesetz. Übrigens auch mit der bürgerlichen Eigentumsgarantie. Alles auf Widerruf. »Humanitätsduseleien«: so hatten es die nationalistischen Ideologen im Deutschen Reich und in Österreich bereits seit Ende des 19. Jahrhunderts deklariert, die Lagarde und Langbehn, auch Moeller van den Bruck, der es mit den Konservatismen des späten Dostojewski hielt und mit einem »Preußischen Stil«, der die zivile Welt energisch zurückweist hinter die militärischen Hierarchien. Zu schweigen vom »Mythus des 20. Jahrhunderts«. Der Essayband »Die totale Mobilmachung« von Ernst Jünger erschien 1931.

Nun war es soweit. Von nun an entschieden Führer und Unterführer, wen man behalten wollte und wen nicht. Gleichheit vor dem Gesetz? Bloße Humanitätsduselei. Es gab Herrenmenschen, Menschen und Untermenschen. Das wurde zur Praxis.

Wer dies erlebt hat, wie unsereiner, kann es nicht von sich abtun. Der Schlag ans Hoftor. Ein deutscher Schriftsteller, der nicht zum Märzgefallenen wurde in jenem infamen Sinne, *Wolfgang Koeppen*, Jahrgang 1906, hat alles auf einer einzigen Romanseite, fast in einem einzigen deutschen Satz, zusammengefaßt. Indem er die Lebensgeschichte eines Ehepaares schildert, das geglaubt hatte, man könne beides sein: ein preußischer Deutscher, und ein Jude. In dem Roman »Tauben im Gras«, der in München spielt und in der ersten Zeit nach einem Zweiten Weltkrieg, denkt eine junge Frau, die davonkam und mit einem Amerikaner verheiratet ist, darüber nach, warum sie nicht, wie es ihr Amerikaner möchte, nach München reisen will. Henriettes Eltern lebten am Kupfergraben in Berlin, wo Hegel gewohnt hat. Oberregierungsrat Friedrich Wilhelm Cohen arbeitete in der Verwaltung der Staatlich Preußischen Museen. Seine Tochter wird Schauspielerin und tut manches, was dem Vater mißfällt. Dann heißt es wieder: »Henriette, das geht nicht.« Nun resümiert Wolfgang Koeppen.

»Was ging, und was ging nicht? Es ging, daß sie in Berlin den Reinhardt-Preis als beste Schülerin ihres Jahrgangs bekam; aber es ging nicht, daß sie in Süddeutschland, wohin sie verpflichtet war, die Liebhaberin in den ›Freiern‹ von Eichendorff spielte. Es ging, daß sie ein Wanderleben führte und mit einer Emigrantentruppe in Zürich, Prag, Amsterdam und New York tingelte. Es ging nicht, daß sie irgendwo eine unbefristete Aufenthaltsbewilligung, die Arbeitserlaubnis oder für irgendein Land ein Dauervisum bekam. Es ging, daß sie mit anderen Mitgliedern der Tingeltruppe aus dem Deutschen Reich ausgebürgert wurde. Es ging nicht, daß der korrekte Oberregierungsrat weiter am Museum arbeitete. Es ging, daß ihm das Telephon und die Bank in den Anlagen verboten wurde. Es ging nicht, daß ihr Vater seinen Namen Friedrich Wilhelm Cohen behielt; es ging, daß er Israel Cohen genannt wurde ... Es ging nicht, daß die Menzelsche Erscheinung, der preußische Beamte und seine schüchterne Frau länger in ihrer Geburtsstadt Berlin blieben. Es ging, daß sie zu den ersten Juden gehörten, die abtransportiert wurden: zum letztenmal traten sie aus dem Haus am Kupfergraben, in der Abenddämmerung, sie stiegen in ein Polizeiauto, und Israel Friedrich Wilhelm, korrekt, stäubchenfrei, ruhig in friderizianischer Zucht, half ihr hinauf, Sarah Gretchen, die weinte, und dann schloß sich die Tür des Polizeiautos, und man hörte nichts mehr von ihnen, bis man nach dem Krieg alles hörte, nichts Persönliches zwar, nur das Allgemeine, die Gesichtslosigkeit des Schicksals, die Landläufigkeit des Todes – es genügte.«

So ist es gewesen, genau so. Und darum sollte es unsereiner ohne Widerspruch hinnehmen, das läppische Gerede: Ich war damals noch zu jung, das geht mich nichts an ...? Oder gar das laute Denken von Diätenempfängern, die sich hervortun wollen: nun habe man aber genug vom Gerede über die *besonderen* Beziehungen zwischen Deutschen und Juden. Jetzt müßten das Verhältnisse werden wie andere Verhältnisse auch. Ausgerechnet vor den Folgen einer deklarierten und praktizierten Ungleichheit sollte man plötzlich wieder sich einschwören können auf das Gleichheitsgebot der europäischen Aufklärung?

Reden über Deutschland, und das heißt doch wohl: über die beiden Staaten auf deutschem Boden, kann für mich nur bedeuten, von neuem über diese meine eigene, und damit über eine geschichtliche Erfahrung zu sprechen. *Zu sprechen über die Deutschen und ihre Juden.* Im Rückblick des Historikers und Literaturhistorikers *und* im Nachdenken darüber, wie es mit ihnen und ihrem Zu- oder Gegeneinander weitergehen soll. Ich halte nicht viel von den Ritualen einer christlich-jüdischen, noch dazu organisierten Zusammenarbeit. Auch *Heinrich Böll*, dieser Deutsche, der ganz frei war, wohl auch noch in seinen Träumen und Geheimnissen, vom Judenhaß, hat wohl nicht viel davon gehalten. Lesen Sie nach in den »Ansichten eines

Clowns«, was die einstige Durchhaltemutter Schnier, von den Braunkohlenschniers, an Symposien und »guten Gesprächen« manipuliert: vermutlich im »Jargon der Eigentlichkeit«, wie Adorno das genannt hat, und was ihr Sohn, der Clown Hans Schnier, davon hält.

Von den Deutschen und ihren Juden sprechen, heißt aber nicht allein, daß man die sogenannte deutsch-jüdische Symbiose als einen Geschichtsvorgang interpretiert, der von der deutschen Seite, wie es in der Tat geschehen ist, aufgekündigt wurde: in einer bis heute, in allen Untaten unserer Gegenwart, beispiellos gebliebenen Weise. Es heißt zugleich, daß man auch *die Etappen einer Aufkündigung von jüdischer Seite* einbezieht. Dann erst wird sichtbar, daß alles heutige Katastrophengeschehen nach wie vor verbunden bleibt jener Katastrophe der deutschen Judenheit. Die Wunde schließt sich nicht. Es gibt keinen heiligen Speer, der sie schließen könnte. Wenn Richard Wagner in der Tat sein Rätselwort »Erlösung dem Erlöser« als Entjudung des Jesus von Nazareth verstanden haben sollte, so hat der Wagnerianer als deutscher Machthaber die *totale Nichterlösung* unserer heutigen Welt bewirkt. Nicht zuletzt für die Deutschen und die Juden.

Man hat sich's in neuerer Zeit angewöhnt, von einer »deutsch-jüdischen Symbiose« zu sprechen. Symbiose meint ein Zusammenleben. Ein deutsch-jüdisches Zusammenleben, das eine tiefe Verschiedenheit derjenigen vorauszusetzen hatte, die bereit waren zu einem solchen Zusammenleben. Die Schwierigkeiten waren außerordentlich: von Anfang an. Von seiten der Deutschen stand der Antisemitismus des Dr. Martin Luther ebenso dagegen wie die katholische Theologie. Selbst wahrhaft aufgeklärte Deutsche verspürten, mitten im 18. Jahrhundert als einem Zeitalter der Vernunft, ein tiefes Unbehagen über die Möglichkeit einer Gemeinschaft mit diesen fremdartigen Hausierern und Geldverleihern im Kaftan, mit langen Schläfenlocken und seltsamer Kopfbedeckung. Noch im 17. Jahrhundert hatte der Dichter Johann Michael Moscherosch, Kriegs- und Kirchenrat in Hanau, vor der Zweiheit der deutschen und der jüdischen Handelsleute gewarnt. Eine negative Gemeinschaft des deutschen bestechlichen Kommissarius und des boshaft-ironischen Juden.

Ein Kommissarius ohn Lohn
Ein Jude ohne Spott, Meineid und Hohn
Sind zwei Buben in einer Haut,
Der dritt, der diesen beiden traut.

Das Unbehagen blieb auch ein Jahrhundert später. Noch mitten in der Zeit des Sturm und Drang, also um 1775, da sich bereits der junge Goethe in einer denkwürdig gebliebenen Buchrezension für die »Gedichte von einem polnischen Juden« interessiert hatte, verspürte ein so nobler und kühler Aufklärer wie *Georg Christoph Lichtenberg* tiefes Unbehagen bei jeder Begegnung mit jüdischen Gestalten. Lichtenberg sieht in London am 2. Dezember 1775 eine Aufführung des »Kaufmann von Venedig« von Shakespeare mit dem berühmten Schauspieler Macklin als Shylock. Er fühlt den eigenen Zwiespalt zwischen seinem Aufklärungsdenken und seinen Empfindungen bei Betrachtung des Shylock.

»... diesen Juden zu sehen, ist mehr als hinreichend, in dem gesetztesten Mann auf einmal alle Vorurteile der Kindheit gegen dieses Volk wieder aufzuwecken. Shylock ist keiner von den kleinlichen, beredten Betrügern, die über die Tugenden einer goldenen Uhrkette aus Tomback eine Stunde plaudern können; er ist langsam, in unergründlicher Schlauigkeit stille, und wo er das Gesetz für sich hat, bis zur Bosheit gerecht.«

Widerwille, auch heftiger Protest gegen das jüdisch-deutsche Zusammenleben, die Symbiose also, bei den Juden selbst. Zusammenleben bedeutete für sie den *Untergang als Juden.* Nicht mehr die hebräischen Texte und das deutsch-jüdische Idiom, das man seit dem Mittelhochdeutschen beibehalten hatte und das der deutsche Judenspott einfach als »Mauscheln« zu denunzieren liebte. Nicht die im mosaischen Gesetz vorgeschriebenen Formen der Kleidung, der Speise, der strengen Absonderung von allen Nicht-Juden. Der Shylock bei Shakespeare sagt eisigkühl zum Kaufmann Antonio von Venedig: er sei zwar bereit, mit ihm Geschäfte zu machen, doch essen werde er nicht mit dem Anderen, dem Christen, dem Nicht-Juden. So beginnt, um die Mitte des 18. Jahrhunderts, von Anfang an mit tiefen Widersprüchen belastet, dieser Prozeß eines deutsch-jüdischen Zusammenlebens. Denkbar nur durch das Zusammenwirken zweier Männer, bedeutender und mutiger Denker im Geist einer aufgeklärten Philosophie. Deutsch-jüdische Symbiose: das wurde zum Gemeinschaftswerk des protestantischen Pastorensohns *Gotthold Ephraim Lessing* aus Kamenz in Sachsen und des kleinen, körperlich unansehnlichen Juden *Moses Mendelssohn* aus Dessau. Als der junge Lessing in seinem frühen Einakter »Die Juden« im Jahre 1749 einen jüdischen Reisenden als »edlen Juden«, übrigens auch als einen Juden von Bildung und Besitz, in den Mittelpunkt eines Theaterstücks stellte, redet man bereits in höflicher und zivilisierter Form miteinander, auch als der judenfeindliche Baron erfahren muß, sein nobler Lebensretter sei ein Jude. Gelöst aber wird kein Konflikt in Lessings Jugendwerk. Der Baron kennt nur einen Seufzer: »O, wie achtungswürdig wären die Juden, wenn sie alle Ihnen glichen!« Worauf der jüdische Reisende, dem Lessing übrigens keinen Namen gegeben hat, bloß entgegnen kann: »und wie liebenswürdig die Christen, wenn sie alle Ihre Eigenschaften besäßen.«

Lessing mußte sich alsbald verteidigen. Gegen den Vorwurf, es gebe keinen Juden gleich diesem Reisenden, antwortet er mit dem Hinweis auf einen Brief, der beweise, »daß es solche Juden wie den Reisenden gebe und geben könne«. Der Brief war echt. Moses Mendelssohn hatte ihn an den Arzt Aaron Samuel Gumpertz in Berlin gerichtet. Im übrigen weist Lessings Antwort bereits im Jahre 1754 alle Eigentümlichkeiten der bürgerlichen Aufklärung in Deutschland auf. Also Verzicht auf eine allgemeine Regelung einer Gleichstellung der Juden, die dann erst juristisch als Folge der Französischen Revolution und ihres Gleichheitsgebotes institutionalisiert werden konnte. Bündnis der deutschen und jüdischen wohlhabenden und intellektuellen Oberschicht. Lessing erörtert es in folgender Weise:

»Was aber wird mehr hierzu erfordert, als Reichtum? Doch ja, auch die richtige Anwendung dieses Reichtums wird erfordert, Man sehe nunmehr, ob nicht ich beides bei dem Charakter meines Juden angebracht habe. Er ist reich; er sagt das selbst von sich, daß ihm der Gott seiner Väter mehr gegeben habe, als er brauche; ich lasse ihn auf Reisen sein; ja, ich setze ihn sogar aus derjenigen Unwissenheit, in welcher man ihn vermuten könnte; er lieset, und ist auch nicht einmal auf der Reise ohne Bücher.«

Entsprach auf der Seite deutscher Aufklärer das Vertrauen in Wohlstand und Bildung den allgemeinen Prämissen des Rationalismus, der nicht daran zweifeln mochte, noch im Falle der jüdischen, so rätselhaften Sonderexistenz, mit den allgemeinen Antithesen von Vorurteil und vernünftiger Überzeugung auskommen zu können, so erweisen sich, beim Rückblick, die jüdischen Impulse der Emanzipation als *Ambivalenz der Hoffnung und der Furcht*. Der Zionist Jochanan Bloch hat die denkerischen Prämissen fast grausam hart, doch historisch nicht unzutreffend analysiert. Man sei von der These einer zu Versöhnung fähigen Vernunft ausgegangen, die schließlich zum Ziele führen müsse, »möge es auch immer zu Abweichungen kommen, die der sinnlich-chaotischen und unvernünftigen Schicht entstammen«. In der Tat kann man diese Argumentation nicht bloß in den »Juden«, sondern, weit umfassender, auch in »Nathan der Weise« verstehen: das vernünftige Gespräch von Sultan, reichem und weisem Juden und adligem Tempelritter, der beides in einem ist, Christ und Muselman, Orientale und Deutscher, vermittelt Duldsamkeit und materielles Glück. Ausgeschlossen aus dem Bunde bleiben die Orthodoxie des Patriarchen und die Einfalt der Daja.

Jochanan Bloch antwortet darauf in einer zionistischen Diktion, die schroff ist und wohl auch ungerecht. »Dieser Glaube mißachtet die Härte der Gegensätze. Er ist andererseits ja vernünftig, und das heißt ausgleichend und bescheiden. Daher ist er evolutionär, will die Revolution nicht, und es fehlt ihm jeder Instinkt für das Kommen der Katastrophe und ihre schicksalhafte Notwendigkeit. Doch in all seiner Bescheidenheit ist er hochmütig gegenüber der Dimension der Konkretheit, über die er nicht verfügt. Zu seiner Ehre sei gesagt, daß dies Hochmut aus Furcht ist.«

So also hat sie angefangen, die deutsch-jüdische Symbiose. Alle

Widersprüche waren damit angelegt. Moses Mendelssohn verlangte von seinen Glaubensgenossen, daß sie sich assimilierten, auf das mosaische Gesetz verzichten lernten, sich deutsche Sprache und Kultur zu eigen machten. Sein eigenes Wirken vollzog sich noch sowohl in einer hebräischen wie einer vorzüglichen deutschen Schriftstellerei. Seine Söhne bereits, Joseph und Abraham Mendelssohn aber, wandten sich entschieden ab von den jüdischen Ursprüngen und Ritualen. Abrahams Kinder, unter ihnen der Knabe Felix Mendelssohn-Bartholdy, wurden nicht ins Judentum aufgenommen. Die Tochter Dorothea Mendelssohn vollzog noch eine jüdische Heirat mit dem Bankier Veit, verließ aber den Gatten, wurde Protestantin, später die Gefährtin des Romantikers Friedrich Schlegel und konvertierte mit ihm zum Katholizismus.
Es entstand ein Typ des assimilationsgierigen und deutschgläubigen Juden. Viele Juden nahmen später, und aus Dankbarkeit, den deutschen Namen des Gotthold Ephraim Lessing an. Der spätere Philosoph Theodor Lessing aus Hannover, der in diesem deutsch-jüdischen Antagonismus durch gedungene Mörder ums Leben kam, im August 1933, hat in seinen Erinnerungen berichtet, daß der Name seiner Familie als Dank an den Dichter des »Nathan« zu verstehen war.
Begonnen hatte alles um die Mitte des 18. Jahrhunderts in Deutschland: im Zeichen der Aufklärung, des Nachdenkens über Menschenrechte und Menschenwürde. *Beendet* wurde dieser schwierige, doch ungeheuer produktive Prozeß an einem genau feststellbaren Datum: *am 30. Januar 1933*. Nun war diese Hoffnung gescheitert. Die Familie Mendelssohn galt längst nicht mehr als jüdisch im Sinne der infamen Nürnberger Rassengesetze, aber sie hatte nichts mehr mit Deutschland gemein. Das Bankhaus Mendelssohn & Co. wurde im Jahre 1939 durch die Deutsche Bank übernommen.
Die nunmehr beginnende Krise der deutsch-jüdischen Symbiose war eine Folge des Zusammenwirkens eines preußisch-junkerlichen und akademischen Antisemitismus mit dem brutalen kleinbürgerlichen Judenhaß, der sich von Österreich aus entfaltete. Es ging zu Ende: das war den Juden im Deutschen Kaiserreich und im Kaiserreich Österreich-Ungarn klargeworden. Je

mehr von deutscher Seite das einstige Aufklärungsabkommen verletzt wurde, um so entschiedener stellten sich jüdische Kreise die Frage, ob *auch sie* das Abkommen kündigen sollten. So entstand jene Alternative der Zionisten, die sich auf ihr Jude-Sein zu besinnen gedachten und einen eigenen Staat, den durch Theodor Herzl aus Wien proklamierten »Judenstaat«, begründen wollten, und jenen treu gebliebenen Schülern Lessings und Moses Mendelssohns, die nicht ahnen konnten, wie verloren der Posten war, auf welchem sie standen. Sie fanden sich zusammen in einem »Centralverein deutscher Staatsbürger jüdischen Glaubens«. Kurt Tucholsky, der zuweilen am jüdischen Selbsthaß zu leiden pflegte, formulierte spöttisch, es sei ein Centralverein deutscher Staatsjuden bürgerlichen Glaubens.
Es gibt ein erstaunliches, nahezu unbekanntes Dokument aus den frühen Zwanziger Jahren, das diese beginnende innerjüdische Auseinandersetzung widerspiegelt: in einem *vertraulichen Gespräch.* Der Zionist Kurt Blumenfeld hat es übermittelt, freilich viele Jahrzehnte später. In seinem Buch »Erlebte Judenfrage. Ein Vierteljahrhundert deutscher Zionismus«, das 1962 in Stuttgart erschien, referiert er ein Gespräch zwischen *Albert Einstein und Walther Rathenau*, dessen Zeuge er war. Es besteht kein Anlaß, trotz der Zeitdifferenz, der grundsätzlichen Rekonstruktion jenes Gesprächs zu mißtrauen. Vermutlich schrieb Blumenfeld seine Eindrücke damals rasch nieder. Es bestand auch Anlaß dazu. Das Gespräch fand Anfang April 1922 in Berlin statt. Am 24. Juni 1922 wurde Walther Rathenau, wie bekannt, im Grunewald ermordet. Blumenfeld berichtet:
»Ich hatte Rathenau nur gelegentlich gesehen. Wir kannten uns flüchtig. Es kam aber bis 1922 nie zu einer Unterhaltung, die mitzuteilen wert ist. Mein stärkstes persönliches Erlebnis mit ihm war ein Gespräch Anfang April 1922, wenige Wochen vor seiner Ermordung. Ich hatte Einstein gebeten, mit mir zu Rathenau zu gehen, um ihn zu beeinflussen, sein Amt als Außenminister aufzugeben. Einstein teilte meine Anschauung.
Unsere Unterhaltung dauerte von acht Uhr abends bis ein Uhr nachts. Wir waren zu dreien. Fünf Stunden lang wurden Palästina und das Judenproblem und im Zusammenhang damit die

Frage erörtert: hat Rathenau das Recht, die deutsche Politik als Außenminister zu vertreten oder nicht?
Die Anwesenheit Einsteins war entscheidend. Er bezeichnete sich selbst an diesem Abend als Ferment. Er hielt die Unterhaltung in Fluß. Er wurde, wie auch Rathenau fühlte, zu einer Art Schiedsrichter, als sie sich ihrem Ende zuneigte. ...
Rathenau war ein Meister des Gesprächs, ein vollendeter Dialektiker, der den Zionismus für eine ›angesalbte‹ Sache erklärt hatte. ›Die Zionisten sprechen gern von Selbsthilfe und Auto-Emanzipation, aber das zionistische Palästina wird immer auf das Wohlwollen der nicht-zionistischen Juden angewiesen sein. Eine Sache, die nicht ›self-supporting‹ werden kann, ist auch als Idee nicht interessant. Die Idealisten in Palästina, auch wenn sie bereit sind, für ihre Sache zu sterben, bleiben für die anderen Juden doch nur eine durch Wohltätigkeit erhaltene Gruppe.‹«
An dieser Stelle des Gesprächs stellt Blumenfeld fest, daß Rathenau offensichtlich im Begriff steht, das unangenehme zionistische Thema von sich wegzuschieben. Etwas von oben herab lobt er die zionistischen Siedlungen, stellt aber als Wirtschaftsfachmann fest: auch ein Judenstaat werde sich mit den Gegebenheiten der modernen Stadt- und Großstadtkultur auseinandersetzen müssen.
»Das war dem geraden Sinne Einsteins jedoch zu viel. Er fragte Rathenau, was er eigentlich damit bezwecke, wenn er dauernd das Thema ändere. ›Ich bin in dieser Unterhaltung nur ein advocatus diaboli‹, erwiderte Rathenau, ›mich interessiert es, die zionistische Sache unter verschiedenen Aspekten zu sehen.‹
Jetzt aber griff ich ein: ›Wir glaubten, daß diese Sache Sie angeht, und wir sind zu Ihnen gekommen, um Sie auf die Schwierigkeiten Ihrer eigenen Person hinzuweisen. Nach meiner Meinung haben Sie kein Recht, als Minister des Äußeren die Angelegenheiten des deutschen Volkes zu leiten.‹
›Warum nicht?‹ verteidigte sich Rathenau, ›nachdem Sie meine Argumente über die Palästinawirtschaft nicht widerlegt haben, kommen Sie wieder mit Psychologie. Ich bin der geeignete Mann für mein Amt. Ich erfülle meine Pflicht gegenüber dem deutschen Volk, indem ich ihm meine Fähigkeiten und meine

Kraft zur Verfügung stelle. Im übrigen: was wollen Sie, warum soll ich nicht wiederholen, was Disraeli getan hat?‹
›Im Erfolg ist manches möglich‹, erwiderte ich. ›Disraeli brachte England den Suezkanal und machte seine Königin zur Kaiserin von Indien. In schwerer Zeit zeigt sich deutlicher, wer dazugehört und wer als fremd empfunden wird. Ich glaube übrigens, daß ein Jude unter keinen Umständen das Recht hat, die Angelegenheiten eines anderen Volkes zu repräsentieren. Sie sehen nur sich und ahnen nicht, daß jeder Jude, nicht nur in Deutschland, sondern in der ganzen Welt, für Ihr Tun verantwortlich gemacht wird. Sie lehnen es ab, sich mit dem jüdischen Volk zu identifizieren, aber es gibt eine objektive Judenfrage, der Sie durch kein Argument entgehen können. Sie erfüllen nur eine Funktion und sind in Wahrheit nicht eins mit dem deutschen Volke, das Sie zu repräsentieren versuchen.‹
›Damit müssen Menschen wie ich durch ihre Leistung fertig werden. Ich durchbreche die Barrieren, mit denen die Antisemiten uns isolieren wollen.‹ Und dann fügte er plötzlich mit einer Art Augurenlächeln hinzu: ›Natürlich säße ich lieber in der Downingstreet als in der Wilhelmstraße.‹
In dem Augenblick sagte Einstein mit seiner unbefangenen Klarheit: ›Jetzt sind Sie aber reingefallen. Das gerade hat doch Blumenfeld versucht auseinanderzusetzen.‹
Der Allzukluge hatte einmal nicht aufgepaßt. In diesem einen einzigen unbewachten Augenblick gab Rathenau zu, daß er wirklich nur eine Funktion erfülle, daß er zu der deutschen Welt, die er damals politisch vertrat, zwar mit tausend Fäden und mit besten Gründen, aber doch nur sehr bedingt und nicht unbedingt gehörte.
Rathenau war sehr nachdenklich geworden, denn er wußte nun, daß er mattgesetzt worden war. Wir drei aber spürten, daß dieses Mattgesetztsein nicht das Resultat dialektischer Unterlegenheit war, sondern aus tieferen Schichten seines Wesens stammte.«
Die Frage, ob man Trauer empfinden müsse über das Scheitern einer deutsch-jüdischen Lebensgemeinschaft, die noch mit Entschiedenheit in den Alternativen zwischen dem deutschen Juden Walther Rathenau und dem Zionisten Albert Einstein be-

handelt worden war, war einige Jahre nach jenem Berliner Gespräch und der Ermordung Rathenaus schon gegenstandslos geworden.

Im Briefwechsel zwischen *Sigmund Freud* und *Arnold Zweig* lebt man bereits auf beiden Seiten der Briefpartner im Zeichen einer inneren Aufkündigung der Symbiose. Der Briefwechsel zwischen Freud und Zweig ist auf weite Stellen hin ein erregendes Werkstatt-Gespräch zwischen einem Schriftsteller, den die Sozialpsychologie fasziniert, und einem Forscher, der – wie diese Briefe abermals bestätigen – große deutsche Prosa schreibt.

Aber da ist mehr. Freud wirkt vereinsamt, bei allem Weltruhm. Als Arnold Zweig im Herbst 1933 im Begriff steht, nach Paris zu emigrieren, und Freud um nützliche Adressen bittet, erhält er die nüchterne und harte Antwort: »Ich habe keine Freunde in Paris, nur Schüler.«

Inzwischen hat sich, seit dem 30. Januar 1933, auch bei Arnold Zweig eine Wendung vollzogen. Der Autor des Buches »Caliban« kennt sich aus mit den Gruppenleidenschaften und hat rasch begriffen, daß seines Bleibens in Deutschland nicht mehr sein kann, in einem nunmehr so schrecklich erwachten Deutschland. Es ist eingetreten, was Sigmund Freud ihm schon am 18. August 1932 vorausgesagt hatte: »Wenn Sie mir von Ihren Grübeleien erzählen, kann ich Sie von dem Wahn befreien, daß man ein Deutscher sein muß.«

Auch in dem Briefwechsel zwischen *Gerhard Scholem*, der sich als Zionist nach seiner Übersiedlung von Berlin nach Jerusalem den hebräischen Vornamen Gershom zulegte, und seinem Jugendfreund *Walter Benjamin* wiederholt sich die Konstellation des Briefwechsels zwischen Sigmund Freud und Arnold Zweig. Der Briefwechsel zwischen Scholem und Benjamin, dessen geschichtlichen und biographischen Hintergrund der überlebende Freund Scholem in seinem Buch über »Walter Benjamin – Die Geschichte einer Freundschaft« sorgfältig erforscht und nacherzählt hat, ist zunächst auch ein Briefwechsel zwischen Deutschen: genauer sogar zwischen zwei Berlinern. Er beginnt früh schon, vor einem Ersten Weltkrieg. Auch hier aber wiederholt sich jene Konstellation Freud – Zweig, die das Ende der

deutsch-jüdischen Symbiose behandelt hatte. Scholem lebt in Palästina, das für ihn zur neuen, vermutlich zur »wahren« Heimat geworden war. In Jerusalem liegt er begraben. Walter Benjamin starb als Emigrant. Er hatte Hand an sich gelegt, um die berühmte Formel von Jean Améry zu wiederholen. Benjamin liegt begraben an der französisch-spanischen Grenze, die zu überschreiten im August 1940, nach der französischen Niederlage, ihm nicht gestattet wurde.
Benjamin hatte zu Kriegsbeginn als deutscher Emigrant ins Internierungslager gemußt. Am 25. November 1939 war er entlassen worden. Er war abgemagert, schien sich aber wohlzufühlen. Der Hitler-Stalin-Pakt hatte ihn tief verstört. Anschließend schreibt er in einem Brief an Scholem vom 11. Januar 1940 über die politischen Ereignisse: »Veranstaltungen des Zeitgeistes, der die Wüstenlandschaft dieser Tage mit Markierungen versehen hat, die für alte Beduinen wie wir unverkennbar sind.«
In Benjamins Thesen zur Geschichtsphilosophie kommt er, mit Notwendigkeit, wieder auf die Anfänge seiner Beziehung zu Gerhard Scholem zurück und auf ein Bild von Paul Klee, den Angelus Novus, dem Scholem ein Gedicht gewidmet hatte. Walter Benjamins IX. These zur Geschichtsphilosophie erhielt ein Motto: vier Zeilen aus jenem Gedicht von Gerhard Scholem. Die IX. These lautet:

> »Mein Flügel ist zum Schwung bereit
> Ich kehrte gern zurück
> denn blieb' ich auch lebendige Zeit
> ich hätte wenig Glück.
> Gerhard Scholem, Gruß vom Angelus.

Es gibt ein Bild, das Angelus Novus heißt. Ein Engel ist darauf dargestellt, der aussieht, als wäre er im Begriff, sich von etwas zu entfernen, worauf er starrt. Seine Augen sind aufgerissen, sein Mund steht offen und seine Flügel sind ausgespannt. Der Engel der Geschichte muß so aussehen. Er hat das Antlitz der Vergangenheit zugewendet. Wo eine Kette von Begebenheiten vor *uns* erscheint, da sieht er eine einzige Katastrophe, die unablässig Trümmer auf Trümmer häuft und sie ihm vor die Füße schleudert. Er möchte wohl verweilen, die Toten wecken und das Zerschlagene zusammenfügen. Aber ein Sturm weht vom Paradiese her, der sich in seinen Flügeln verfangen hat und so stark ist, daß der Engel sie nicht mehr schließen kann. Dieser Sturm treibt ihn unaufhaltsam in die Zukunft, der er den Rükken kehrt, während der Trümmerhaufen vor ihm zum Himmel wächst. Das, was wir den Fortschritt nennen, ist dieser Sturm.«

Selbst wenn man, mit Walter Benjamin, den Fortschritt bloß noch als Sturm und élan vital verstehen will: ohne inhaltliche Festlegung und ohne ein Festhalten an einstigen Werten des Zusammenlebens, der Gesittung, der Verantwortungsethik, so wird man nicht leugnen dürfen, daß dieser Geschichtssturm alles einstmals Errungene menschlicher Humanisierung nach wie vor mit sich treibt. Geschichte mag in der Tat verstanden werden, mit Hegel, als »Furie des Verschwindens«, allein sie war, wie unsere Erfahrung bestätigt, niemals eine Furie des Wegwerfens. Alles wurde »aufgehoben« und ist dadurch in jedem geschichtlichen Moment auch wieder verfügbar: wenn man es sucht, braucht, wiederfinden möchte.
Das gilt auch für die Deutschen und die Juden. Es war ein deutscher Jude, grandioses Erzeugnis jener so kühn erdachten Symbiose, *Heinrich Heine*, der unablässig hinwies auf die erstaunlichen Parallelismen im Urteil der Welt über die Deutschen wie die Juden. Vielleicht hat gerade dies bewirkt, daß der Mann aus der Düsseldorfer Altstadt ein Weltereignis werden konnte, doch bis heute ein deutscher Skandal geblieben ist.
Der geistige Glanz jener Symbiose ist erloschen. Kafka, Freud, Einstein, Elias Canetti, Paul Celan, Walter Benjamin, Jean Améry, Hannah Arendt, Anna Seghers, Günther Anders: das ist zu Ende im Bereich deutscher Sprache und Kultur. Übrigens auch im Bereich der Deutschen Demokratischen Republik. Dort hatte man die jüdischen Emigranten zurückgeholt: falls sie ihr Judentum als einen Zufall der Geburt ansahen, der wenig bedeute. Auch Arnold Zweig hat dort sein Leben beendet: hoch geehrt. Es gab und gibt dort jüdische Mitglieder im Parteiapparat und im Ministerrat, dort haben Hanns Eisler und Paul Dessau und Anna Seghers arbeiten und wirken können. Allein auch

das geht zu Ende. Das deutsch-jüdische Selbstempfinden erzeugt immer neue Spannungen. Was jedoch kaum mehr möglich ist, abgelebte Gestalt, vermutlich ohne Wiederkehr, ist das Vertrauen Moses Mendelssohns und des Oberregierungsrats Friedrich Wilhelm Cohen in die – mögliche – Harmonie zwischen Deutschen und Juden.
Abgetan sein sollte auch, nach Auschwitz, der einstmals so quälende jüdische Selbsthaß eines Karl Kraus, Otto Weininger, Kurt Tucholsky, wohl auch eines Walther Rathenau und Ernst Bloch. Man ist, der man ist. Benachbart war übrigens der jüdische Selbsthaß von jeher dem Selbsthaß so vieler Deutscher. »Wie bin ich krank an meinem Vaterlande ...«, heißt es bei August von Platen.
Allein auch die einstmals so reine Idee eines Zionismus im Sinne Martin Bubers und Gerhard Scholems und der vielen Arbeiter in den Kibbuzim erscheint in schrecklich verzerrter Gestalt. Der Angelus Novus der Geschichte scheint uns alle zu zwingen, weiterzuleben und weiterzumachen: ohne Utopie und ohne glanzvolle Alternative. Doch nicht ohne Hoffnung.

Vor vierzig Jahren, im Oktober 1945, kehrte ich aus dem Exil zurück in die deutsche Fremde. Das habe ich niemals bereut. Ich empfand mich stets, auch wenn es im Leben die wunderlichsten Umwege gegeben hat, als einen Mann des Wortes und der Literatur. Des deutschen Wortes. Dem kann man dort nur dienen, wo es gesprochen wird. Wer das, als Schriftsteller, nicht wahrhaben will, büßt es an seinem Werk. Es gibt warnende Exempel.
Als ich im Jahre 1968 erstmals nach Israel kam, vorgestellt als Redner durch den Botschafter der Bundesrepublik Deutschland, gab es heftige Angriffe auf der Pressekonferenz. »Wie konnten Sie als Jude ...« Inzwischen war ich Gastprofessor an der Hebräischen Universität zu Jerusalem. Mehr noch: am 23. Oktober 1983 hielt ich in Jerusalem den Eröffnungsvortrag zu einer israelisch-deutschen Gelehrtentagung über die Geschichte der deutsch-jüdischen Literaturbeziehungen. Die Texte dieses im guten Sinne aufregenden Symposions werden noch dieses Jahr erscheinen.

»Alles Getrennte findet sich wieder ...« Wird man es so sagen können? In Jerusalem spielt die Parabel vom weisen Nathan, wo demonstriert wird, wie Feinde durch das vernünftige Gespräch zu Freunden werden können. Allein wie schrecklich verzerrt bieten sie sich heute dar, die Welten Nathans, des Sultans Saladin und des Tempelherrn.

Der höchste Feiertag der Juden in aller Welt ist der Jom Kippur, der *Versöhnungstag*. Ein Tag des Gebetes, Fastens und der Gewissenserforschung. Eine Vokabel wie »Jom-Kippur-Krieg« läßt ahnen, wie unwiderruflich die Utopie Gotthold Ephraim Lessings bis ins Sprechen hinein vernichtet werden konnte. Ein betendes Volk wird zum strategisch benachteiligten Angriffsobjekt. Damals waren es Saladins Mannen, die sich aufmachten gegen Nathan und die Seinen. Allein wir ahnen, daß in den Zeiten, die wir durchleben, auch ganz andere Konstellationen denkbar sind.

Versöhnung ... Es ist gut, daß Richard von Weizsäcker in der Stadt des weisen Nathan sorgsam diese Vokabel vermied. Mehr noch: er ließ wissen, daß er sie vermieden habe. Das war gut getan. Versöhnungsfeste, man hat es erlebt, wurden zu Festen der Medien. In der Politik steht die Vokabel im Ruch der Heuchelei. In der Rechtswissenschaft, etwa im Eherecht, hat sie mit Fakten zu tun, nicht mit Gesinnungen.

Sollte sich auf deutschem Boden wieder der Bazillus des Judenhasses ausbreiten, und das ist immer noch möglich, so ist das wichtig *allein als Thema deutscher Politik*. Mit den Deutschen und den Juden hat es nichts mehr zu tun.

Jean-Paul Sartre veröffentlichte im Jahre 1946 seine »Betrachtungen zur Judenfrage«: zu einer Zeit also, da alle Welt von Auschwitz sprach. Der Philosoph aber sah über den Tag hinaus und schrieb: »Man muß jedem klarmachen, daß das Schicksal der Juden auch sein Schicksal ist ... Kein Franzose wird sicher sein, solange ein Jude in Frankreich und in der ganzen Welt für sein Leben fürchten muß.« Anders gesagt: Jeder kann der Jude für einen anderen werden. Man hat es erlebt und erlebt es jeden Tag.

Was verlorenging, als die jüdisch-deutsche Symbiose aufgekündigt wurde: verlorenging für die Deutschen wie für die Juden, das ist heute noch gar nicht auszumachen. Jene Friedrich Wilhelm Cohens, die sich retten und überleben konnten, sterben langsam aus: auch im Judenstaat. Ihre Kinder wissen nichts mehr von jener deutschen Diaspora. Vielleicht auch leben sie in Brooklyn oder Chicago. Vielleicht erhielt einer von ihnen jüngst den Nobelpreis. Ihre Namen jedoch weisen immer noch zurück nach Franken oder in die Rheinpfalz. Immer wieder auch nach *Günzburg*. Als ich Gerhard Scholem fragte, woher das komme, gab er mir die Erklärung. Günzburg war berühmt als Hochschule der jüdischen Gelehrsamkeit. Als die jüdischen Namen durch deutsche ersetzt werden mußten, nahmen viele Juden die Namen jener Städte als Eigennamen an, wo große Rabbiner gewirkt hatten. Daher Namen wie Ernst Ginsberg und Allen Ginsberg oder Natalia Ginsburg, wie viele noch. Heute denkt man an das Andere und den Anderen.

Lassen Sie mich in wenigen Sätzen noch einmal zurückschauen auf meine Herkunft und Jugend. Ein eigenes Land besitze ich nicht mehr. Ich bin Staatsbürger, Professor im Ruhestand, deutscher Schriftsteller. Doch glaube ich immer noch, meine *eigene Landschaft* zu besitzen. Die liegt am Rhein: jede Fahrt zwischen Mainz und dem Niederrhein macht es mich spüren. Auch die Vaterstadt ließ sich nicht widerrufen: das hat sich gezeigt. Darüber kann und will ich immer noch reden. Reden über die eigene Landschaft und über die eigene Sprache. Das ist nicht Vorschein von Heimat, wie Ernst Bloch gehofft hatte, eher ein spätes Licht. Aber ein Licht: nach so viel Dunklem.

II. DER GESCHICHTLICHE AUGENBLICK DES »FIDELIO«

(1985)

Sonderbar eigentlich, daß man nicht häufiger darauf hinwies, wie sehr sich die Schlußbilder des »Wilhelm Tell« von Schiller und des »Fidelio« in der Aussage und theatralischen Wirkung gleichen. In beiden Fällen, beim Schauspiel und in Beethovens Oper, ein Abschluß, den man herkömmlicherweise mit dem Adjektiv »opernhaft« zu kennzeichnen pflegt. Im »Wilhelm Tell« hat Schiller, der im Gegensatz zu Goethe die tragischen Situationen mit vielen Bühnenleichen nicht verabscheute, in der Tat einen festspielhaften musikalischen Schluß gewählt. Die Schlußzeile lautet so: »(Indem die Musik von neuem rasch einfällt, fällt der Vorhang)«. Bei Beethoven gibt es bloß beim fünftletzten Takt die Anweisung »(Vorhang zu)«. Alles übrige besorgt das C-dur des Orchesters.

In beiden Fällen, Schillers Schauspiel und Beethovens Oper, geht es am Schluß, bildlich und sinnbildlich, um die Beseitigung einer Zwingburg, denn auch das Schloß Zwing Uri hat man sich, gleich dem Gefängnis, das der furchtbare Don Pizarro beherrscht, als eine Stätte der Folter, des Mordes, der Rechtlosigkeit vorzustellen. Zu Beginn des fünften Aktes von Schillers »Wilhelm Tell« soll man sich auf einem öffentlichen Platz bei Altorf im Kanton Uri befinden. Schiller beschreibt die Dekoration: »Im Hintergrunde rechts die Feste Zwing Uri mit dem noch stehenden Baugerüste.« Was hier beginnt, ist der eigentliche Schluß des Schauspiels vom Befreiungskampf der Schweizer und von der Bildung ihrer Eidgenossenschaft. Schiller dramatisiert den Sturm auf die Bastille, Verzeihung: auf die Burg Zwing Uri aus dem angeblich 13. Jahrhundert. Der Fischer Ruodi, ein Mann aus dem Volk, der mithelfen soll, dies Volk der Hirten, Jäger und Fischer zu verkörpern, gibt die Losung aus:

> Kommt alle, kommt, legt Hand an,
>   Männer und Weiber!
> Brecht das Gerüste! Sprengt die Bogen! Reißt
> Die Mauern ein! Kein Stein bleib auf dem andern.

Der Theatraliker Schiller läßt sich nichts entgehen. Regieanweisungen im Verlauf der Handlung lauten da: »(Man hört die Balken des Gerüstes stürzen)« oder: »(Kinder eilen mit Trümmern des Gerüstes über die Szene)«. Sie rufen: »Freiheit! Freiheit!«
Die Schlußszene des »Fidelio« in Beethovens Umarbeitung von 1814, mit Hilfe der Librettisten Joseph Sonnleithner und Georg Friedrich Treitschke, soll den »Paradeplatz des Schlosses mit der Statue des Königs« zeigen. Es ist ein guter König offensichtlich, ein aufgeklärter Monarch im Sinne der dramatischen Überlieferung des deutschen und österreichischen späten 18. Jahrhunderts. Ähnelnd vielleicht dem Bilde eines idealisierten Kaisers Joseph. Weshalb der Minister Fernando bei seinem ersten Einsatz und der Ansprache an das Volk – un poco maestoso – verkündet:

Des besten Königs Wink und Wille
Führt mich zu euch, ihr Armen, her,
Daß ich der Frevel Nacht enthülle,
Die all' umfangen schwarz und schwer.

Die knienden Gefangenen erheben sich auf seinen Wink. Sie sollen nicht »sklavisch« niederknien, verkündet der adlige Minister Don Fernando. Im »Wilhelm Tell« hat der Junker Ulrich von Rudenz das letzte Wort vor dem Fallen des Vorhangs. Er wird eine bürgerliche Ehe eingehen mit dem Fräulein von Bruneck.

Und frei erklär' ich alle meine Knechte.

Pizarros Gefängnis ist nicht mehr sichtbar nach dem Willen Beethovens und seiner Librettisten. Vorausgesetzt wird jedoch beim Zuschauer und Hörer der Oper, daß er sich der Nähe der Mordstätte immer noch, im oratorischen Jubel des Finales, bewußt bleibt. Vielleicht liegt hierin, nämlich in dem von Beethoven gewünschten jähen Übergang von Florestans Hungergruft zur Sonnenhelle des Tages, des Lichtes der Aufklärung, des besten Königs und seines Reitenden Boten Don Fernando, die Erklärung dafür, daß Gustav Mahler an der Wiener Hofoper zwischen das szenische Dunkel der Tyrannei und die Opernhelle der Aufklärung das symphonische Gebilde der dritten Leonoren-Ouvertüre gestellt hat. Mit so unabsehbaren Folgen, daß kein Publikum seitdem, allen dramaturgischen Erwägungen zum Trotz, auf diese Musik in diesem Augenblick verzichten möchte. Der Wiener Hofkapellmeister Otto Nicolai, Tonsetzer bekanntlich der »Lustigen Weiber von Windsor«, hatte 1841 in Wien die dritte Leonore zwischen den beiden Akten des »Fidelio« dirigiert. Ob sich die Partitur besonders gut als Pausenfüller eignet, bleibt fraglich. Außerdem hat sie ganz sicher der Leidensmusik zu Beginn des zweiten Aktes schweren Schaden zugefügt. Der große Hans von Bülow, auch hier wieder exzentrisch, kam später auf den Gedanken, die dritte Leonore an den Schluß der Oper anzuhängen: gleichsam um alles, nach dem Fallen des Vorhangs, noch einmal zu sagen.

Trotzdem wird man heute von einem gewissen Bedürfnis nach der musikalischen Katharsis durch die reine, wie man so gern zu sagen pflegt, durch die »absolute« Musik sprechen müssen. Erst beim Aufklingen des Trompetensignals, wie es Beethoven schließlich in der dritten Leonore notiert hat, wobei er sich hütete, diesen Einfall auch noch in der endgültigen und eigentlichen Fidelio-Ouvertüre zu verwenden, tritt ein, was Ernst Bloch, just am Beispiel des Trompetensignals aus dem »Fidelio«, als Vorschein eines »Prinzips Hoffnung« bezeichnet hat.

Schillers »Wilhelm Tell« war ein Befreiungsschauspiel: mit der Maßgabe freilich, daß der oratorienhafte Schluß, mit dem Gedanken der Beseitigung aller Feudalität und der Verkündung einer bürgerlichen Gesellschaft der Freien und Gleichen, zurücktreten mußte hinter dem dramatischen Grundkonflikt einer Befreiung des Volkes von der Fremdherrschaft und aller Willkür einer Besatzungsmacht. Insofern setzt der »Wilhelm Tell« nach dem Willen Friedrich Schillers die zeitgenössische und national-dramatische Konzeption der »Jungfrau von Orleans« folgenreich fort.

Beethovens »Fidelio« hingegen hat in allen drei Fassungen von 1804/05, 1806 und 1814 das einzige Thema der bürgerlichen Befreiung von Adelswillkür und feudaler Rechtlosigkeit. Schil-

lers »Tell« endet im nationalen Befreiungskampf. Beethovens »Fidelio«, mit Recht verstanden als Befreiungsoper, verkündet das Ende des Absolutismus und eines feudalen Ancien Régime.
Der französische Dramatiker Jean Nicolas Bouilly, eigentlicher Librettist des »Fidelio« durch sein Drama »Léonore ou L'Amour conjugal« von 1789, hatte gewußt, warum er die Handlung, die offenbar auf ein Geschehen in Frankreich zurückging, und die Pizarros Gefängnis als Pariser Bastille zu verstehen hatte, wohlweislich nach Spanien verlegte. Genauso wie Beaumarchais das Geschehen um Figaros Hochzeit in und um Sevilla ablaufen läßt. In Sevilla lebten auch, wie man weiß, Leonore und Florestan. Der Gefangene fleht seinen Kerkermeister an, er solle einen Boten nach Sevilla schicken: zu Leonore Florestan. Offenbar einer bürgerlichen Frau.
Es ist daher ein schlimmer historischer Irrtum, wenn der Vorwort-Verfasser des Klavierauszugs zum »Fidelio« in der Edition Peters behauptet, der Dramatiker Bouilly habe 1789 die Handlung der »Leonore« nach Spanien verlegt, »da die Schreckenszeit der Französischen Revolution noch in zu frischer Erinnerung lebte«. Die Schreckensherrschaft Robespierres beginnt aber vier Jahre nach 1789 und endet mit dem Thermidor im Jahre 1794 und dem Sturz Robespierres und Saint-Justs. Bouilly hat sein Libretto folglich im Jahre 1789 entweder noch vor dem 14. Juli, dem Fall der Bastille, oder unmittelbar danach konzipiert. Zu einer Zeit also, da man nicht wissen konnte, welche Folgen sich aus den Pariser Ereignissen des Quatorze Juillet für eine Weiterführung der Revolution oder eine kräftige Repression durch den Absolutismus ergeben könnten.
Für Schiller jedoch wie für Beethoven waren die Folgen längst einsehbar geworden: als Weiterführung der Revolution durch Napoleon Bonaparte, im Falle von Beethoven. Durch die Ankündigung einer Fremdherrschaft als Folge der französischen militärischen Expansion, für Friedrich Schiller.
Beide Werke, der »Wilhelm Tell« und der »Fidelio«, sind fast zur gleichen Zeit entstanden. Der »Wilhelm Tell« wurde im wesentlichen im Jahre 1802 und in der ersten Hälfte von 1803 entworfen. Dann drängte sich die Arbeit an der »Braut von

Messina« vor. Zu Beginn des Jahres 1804 aber schrieb Schiller, offenbar in einem Zuge und im Schaffensrausch, das Werk nieder. Bereits im Oktober veröffentlichte Cotta in Tübingen den sogleich sehr erfolgreichen Text, der noch vor Jahresende eine neue Auflage nötig machte. In Schillers Todesjahr 1805 war abermals eine neue Edition fällig geworden. Die Uraufführung fand am 17. März 1804, also unmittelbar nach Vollendung der Niederschrift, lange vor der Buchausgabe, in Weimar statt. Es folgten sogleich die Aufführungen in Berlin und auch in Mannheim.

Auch der Beginn der Arbeit Beethovens am »Fidelio« fällt in diese Jahre 1803 und 1804. Sonderbarerweise begann es anscheinend fast wie die Parodie einer Mozart-Nachfolge. Das »Theater an der Wien« nämlich wurde im Jahre 1803 immer noch von Emanuel Schikaneder geleitet. Der engagierte sich den 33jährigen Beethoven, welcher außer dem Ballett »Die Geschöpfe des Prometheus« nichts für die Bühne geschrieben hatte, als Theaterkomponist und lieferte ihm auch sogleich ein Libretto. Eine Zeitungsnotiz vom Juni 1803 berichtet: »Beethoven schreibt eine Oper von Schikaneder.« Daraus ist nichts geworden. Beethoven verwarf, im Gegensatz zu Mozart, diese Art der Librettistik. Nicht so ganz indessen. Denn die Musik zum Duett der Leonore und des Florestan am Schluß des Kerkeraktes »O namen- namenlose Freude« stammt noch, wie die Forschung herausgefunden hat, aus diesem ersten Textversuch von der Hand des Librettisten der »Zauberflöte«. Schikaneder mußte dann das »Theater an der Wien« abgeben, es wurde zum Hoftheater erhöht und vom Intendanten Baron Braun geleitet, der Beethoven nun gleichfalls aufforderte, eine Oper zu entwerfen. Der Hoftheatersekretär Joseph Sonnleithner brachte dann eine Übersetzung des Leonoren-Stoffes von Bouilly. Beethoven komponierte die erste Fassung mit dem Titel »Leonore, oder: Die eheliche Liebe« im Jahre 1804 und in den ersten Monaten des Jahres 1805.

Es ist aber nicht allein diese zeitgenössische Gemeinsamkeit der Entstehung von »Tell« und »Fidelio«, auch nicht das gemeinsame Grundkonzept der Befreiungsoper (in beiden Fällen!), was Schiller und Beethoven hier abermals, lange vor der Vollendung einer Neunten Symphonie, miteinander verbindet. Man kann im Gegenteil behaupten, daß Beethoven im »Fidelio« vielleicht stärker innerlich mit Schiller verbunden bleibt als im Schlußsatz der Neunten Symphonie. Die Parallelität ist evident. In Schillers Ode an die Freude, von Beethoven komponiert, stehen die Zeilen

Wem der große Wurf gelungen,
Eines Freundes Freund zu sein;
Wer ein holdes Weib errungen,
Mische seinen Jubel ein!

Es ist bekannt, daß Beethoven schon früh daran dachte, die Verse Schillers zu vertonen. Im Finale des »Fidelio« intoniert Florestan, »vortretend und auf Leonore weisend«: »Wer ein solches Weib errungen / Stimm' in unsern Jubel ein ...«. Es ist eine leise Stelle. Nach dem Fortissimo von Chor und Orchester begleiten chromatisch niedersteigende Triolen, sempre più piano, schließlich pianissimo, den Dankgesang an die Hoffnung und die Retterin, die zum Werkzeug des Prinzips Hoffnung geworden war: hier klingt ein schüchternes Vertrauen. Auch darin spürt man die nahe Verbundenheit Ludwig van Beethovens mit Friedrich Schiller. Nicht Goethe, der gesunde Mann, der trotz allem unbeirrbare Künstler, konnte zum Dichter der Hoffnung werden, sondern der kranke, stets zwischen Glück und Würde schwankende spekulative Dichter, den das Auseinanderfallen von Ideal und Leben immer von neuem bedrückte.
Die Gemeinsamkeit Friedrich Schillers und Ludwig van Beethovens kann man vielleicht am besten als *Übereinstimmung in der Anerkennung des Prinzips Hoffnung* erblicken. Es gibt einen tiefen inneren Zusammenhang zwischen Schillers Gedichten »Hoffnung« von 1797 oder »Das Eleusische Fest« von 1799 – und dem Befreiungsschema des »Fidelio« mit Leonores großer Anrufung des Prinzips Hoffnung. Im Gedicht »Das Eleusische Fest« wird bereits die Welt der Pizarros beschworen: kurz vor der Jahrhundertwende. Zwei Jahre später wagt Hölderlin, der Schüler Friedrich Schillers, den großen Harmonie-Entwurf seines Gedichts »Friedensfeier«. Abermals zwei Jahre später

beginnt Beethoven mit der Arbeit an einer Oper »Leonore«. Es ist *ein großer geschichtlicher Augenblick*, eine Konstellation, da das Prinzip Hoffnung ins Bewußtsein tritt: Schiller hatte es in dem Gedicht »Hoffnung« gültig formuliert, die Leonoren-Arie stellt sich in eine große und heikle Überlieferung.

Es ist kein leerer schmeichelnder Wahn,
Erzeugt im Gehirne des Toren.
Im Herzen kündet es laut sich an:
Zu was Bessern sind wir geboren!
Und was die innere Stimme spricht,
Das täuscht die hoffende Seele nicht.

Uneingelöste bürgerliche Aufklärung dies alles. Jenes Gedicht vom Eleusischen Fest mit der entsetzten Klage über die Menschheit hatte Schiller in der ursprünglichen Fassung als »Bürgerlied« betitelt: er wußte, was damit gemeint sein sollte. Die Klage ist gegenwärtig geblieben. Thomas Mann hat sie, wahrlich aus gegebenem Anlaß, in seiner letzten Rede zum Schiller-Jubiläum 1955 in Stuttgart und Weimar zitiert: »Find ich so den Menschen wieder ...«. Mußte nicht eine heutige Menschheit in die Klage der Ceres einstimmen, als sich auf dem Ettersberg, oberhalb von Weimar, in Goethes Buchenwalde, das Tor zur Freiheit öffnete und ausgemergelte, kaum noch menschenähnliche Gerippe, gleich den Gefangenen im »Fidelio«, ans Licht und in die Freiheit wankten? Wir wissen heute beim Lesen der Nachrichten, beim Anblick der Tagesschau, warum Schillers Postulate gültig geblieben sind und warum sich Ernst Bloch, ganz wie Thomas Mann übrigens, mit liebender Ehrfurcht zu Schiller ebenso bekannte wie zum »Fidelio«.

Dennoch darf alle Gemeinsamkeit zwischen Schiller und Beethoven nicht die *tiefen Unterschiede* vergessen machen. Es sind Gegensätze des geschichtlichen Erlebens. Für die Generation der deutschen Stürmer und Dränger, vom Goethe des Jahrgangs 1749 zu Schiller, Jahrgang 1759, war die bürgerliche Emanzipation als Auflehnung gegen fürstlichen Absolutismus wie kirchliche Orthodoxie *nur denkbar als ein bürgerlich-höfischer Kompromiß*. Deshalb dominieren in den großen Werken des Sturm

und Drang nicht die Revolutionäre und künftigen Bastillestürmer, sondern die Reformatoren, die ihr Heil setzen müssen in die geistige Erleuchtung eines an sich nach wie vor absolutistischen Machthabers, eines Joseph von Habsburg, Friedrich von Preußen, Karl August von Sachsen-Weimar und Eisenach. Die Sprecher für die Sache des Bürgertums heißen Götz von Berlichingen oder Graf Egmont, Marquis Posa, Reichsgraf von Moor, Ferdinand von Walter. Auch bei Jakob Michael Reinhold Lenz sind es Aristokraten. Noch bei Mozart, den man mit guten Gründen als Repräsentanten einer Kunst des Sturm und Drang bezeichnen darf, wird in der Musikdramatik, wie Ivan Nagel jüngst in seinem Mozart-Buch unter dem Titel »Autonomie und Gnade« demonstriert hat, der Kampf weitergeführt zwischen der Milde des Monarchen oder »besten Königs«, heiße er nun Bassa Selim oder Thoas von Tauris bei Goethe, oder Sarastro oder Kaiser Titus bei Mozart, und den autonomen Stürmern aller Gefängnisse aller Pizarros.
Hier aber wird der Gegensatz offenbar zwischen Schillers Weiterentwicklung vom Stürmer und Dränger der »Räuber« zum behutsam komponierenden und modifizierenden Dramatiker des »Wilhelm Tell« auf der einen Seite, und der Lebenserfahrung eines Ludwig van Beethoven und seiner Zeitgenossen vom Jahrgang 1770.
Bei Schiller dominiert nach wie vor, gerade auch in seiner Beurteilung der Französischen Revolution, der bürgerlich-höfische Kompromiß. Auch nach der Berufung als Geschichtsprofessor in Jena müht er sich immer noch ab mit dem Plan einer großen Dichtung zu Ehren des verstorbenen Königs Friedrich von Preußen. Er gibt den Plan dann auf und teilt dem Freunde Christian Gottfried Körner in Dresden auch die Gründe dafür mit. Er habe sich nun einmal genauer mit diesem realen König Friedrich befaßt: um erkennen zu müssen, daß hier, wie er schreibt, »eine Riesenarbeit der Idealisierung« geleistet werden müsse.
Der Jahrgang 1770 hingegen erfährt die Pariser Nachrichten im empfänglichsten Jugendalter. Man möge es nicht vergessen: zum Jahrgang 1770 gehören Hölderlin, Hegel und Beethoven. Die Parallelen zwischen ihnen sind ebenso unverkennbar wie

ihrer aller Gegensatz zum gescheiterten deutschen Sturm und Drang, zum gesellschaftlichen Kompromiß, zu einer bloß ästhetischen Erziehung des Menschen im Sinne des Weimarer Klassizismus.

Was Beethoven gleichzeitig mit der geistigen Welt Friedrich Schillers verband, und was ihn davon trennte, entspricht in erstaunlicher Weise der Ambivalenz aus glühender Bewunderung und tiefem Befremden in *Friedrich Hölderlins* Verhalten zu seinem schwäbischen Landsmann und Mentor Friedrich Schiller.

Sie waren neunzehn, die jungen Menschen vom Jahrgang 1770, als die Bastille fiel. Sie waren glühende Jakobiner zu einer Zeit, da Schiller daran dachte, eine Verteidigungsschrift für den angeklagten Ludwig XVI. zu entwerfen. Die Episode aus dem Tübinger Stift, wo zu Beginn der Neunziger Jahre die Zöglinge, vermutlich angeführt durch Hegel aus Stuttgart und Hölderlin aus Lauffen und den noch jüngeren Joseph Schelling aus Leonberg, einen Freiheitsbaum errichteten und umtanzten, war keine Legende. Die Dokumente sind eindeutig. Auch die Vorfahren, Vater und Onkel, des späteren Dichters Justinus Kerner waren Jakobiner. Der württembergische Herzog Karl Eugen, wohlbekannt aus Schillers Jugendgeschichte und vom späteren Schiller spöttisch als »der alte Herodes« bezeichnet, hatte gegen das Lebensende noch viel zu tun mit dieser Unbotmäßigkeit des Jahrgangs 1770. Einen Tag vor Hegels 23. Geburtstag, am 26. August 1793, forderte der Herzog energische Maßnahmen »wegen der in dem Theologischen Stift zu Tübingen obwalten sollenden democratischen und anarchischen Gesinnung«.

Dies alles ist nicht schnurrige oder halb komische Reminiszenz zur deutschen Geschichte und Kulturgeschichte. Die Gegensätze zwischen dem gesellschaftlichen Reformismus der Weimarer Klassik, insbesondere Friedrich Schillers, und der demokratisch-egalitären Bejahung der Französischen Revolution in all ihren Phasen, bis hin zum Jakobinismus und später zum Bonapartismus, wirken bis heute nach in den großen Werken, die damals entstanden. *Hegels* großes philosophisches Jugendwerk, die »Phänomenologie des Geistes«, die 1806 fertig wurde, fast gleichzeitig mit dem Zusammenbruch des preußischen Ancien

Régime in der Schlacht von Jena, also vor den Toren der Stadt des Professors Hegel; *Hölderlins* großes Gedicht »Die Friedensfeier«, worin Napoleon Bonaparte umgeht, und *Beethovens* Helden-Symphonie in Es-dur, der Tonart der »Zauberflöte«, gehören zusammen. Auch die von Beethoven geplante Widmung der Eroica für Napoleon Bonaparte, die dann zerrissen wurde bei der Kunde vom »Kaisertum« des Korsen, ist keine Legende gewesen, sondern Wirklichkeit. Der Aufbau der Eroica ist eine genau durchkomponierte Darstellung des revolutionären Prozesses seit dem Quatorze Juillet von 1789. Der Trauermarsch gilt den Gefallenen in einem Befreiungskrieg. Der Schlußsatz der Eroica ist ein gewaltiges Gebäude über dem von Beethoven wohl schon in Bonn entworfenen *Prometheus-Thema.* Prometheus aber war für sie alle, die frühen Stürmer und Dränger bereits wie den jungen Goethe, wie für die Menschen vom Jahrgang 1770, der Inbegriff des Rebellen, des Selbsthelfers in der Zeit der gesellschaftlichen Unordnung, des Begründers eines neuen Menschentums.
Sie gehören zusammen: die Eroica und der »Fidelio«. Gemeinsam ist ihnen der geschichtliche Augenblick und dessen gemeinsame geistige Deutung. Dies ist *nicht mehr* der geschichtliche Augenblick Friedrich Schillers und des »Wilhelm Tell«. Vergleicht man diese künstlerische Symbiose von Helden-Symphonie und Befreiungsoper mit der späten Synthese aus Schiller und Beethoven in der Neunten Symphonie, so spürt man in Beethovens letzter symphonischer Schöpfung, wie immer wieder erkannt wurde, den merkwürdigen Anachronismus einer Ungleichzeitigkeit. Beethoven hat die Ode an die Freude, geschichtlich verstanden, *vielleicht zu spät komponiert*, und er hat das auch gewußt, denn seine Entwürfe zu dieser Komposition reichen noch zurück in die Bonner Jugendzeit: die Zeit der Revolution.
Bereits für Schiller selbst war dieses Gedicht, aus der verzweifelten Notzeit und Einsamkeit im Häuschen zu Gohlis vor den Toren von Leipzig, wo die Ode an die Freude entstand, bald darauf fast unerträglich geworden. Es sei einfach ein schlechtes Gedicht, so wies er die poetische Vision von sich ab. Auch der späte Beethoven muß den Anachronismus empfunden haben.

Er war keineswegs zu einem geruhigen Bürger des Metternich-Regimes geworden, wie man weiß. Allein es muß doch eine tiefe Enttäuschung gegeben haben, die den Tonsetzer dazu veranlassen mochte, weil es ohnehin nichts mehr bedeutete, die Widmung dieser Neunten Symphonie aus Beethoven und Schiller ausgerechnet dem Dritten König Friedrich Wilhelm von Preußen anzutragen, dem stumpfen Monarchen einer mühsam restaurierten feudalen Gesellschaft.

Beethovens Leonore ist weit stärker die Verkörperung einer Idee als einer sinnlichen Menschlichkeit. Darum auch verbietet sich das Feixen im Zuschauerraum beim Anblick der als Mann verkleideten Frau und beim Gerede über die Verlobung der Marzelline mit dem angeblichen Fidelio. Leonore bedeutet die Vermenschlichung des Prinzips Hoffnung. Die rhetorische Frage des Rezitativs richtet sich an den belauschten, nun fernen und furchtbaren Pizarro: »Des Mitleids Ruf, der Menschheit Stimme, / Rührt nichts mehr deinen Tigersinn?« Dann geht, beschworen durch menschliches Vertrauen in den Sinn unserer Sterblichkeit, der Stern des Prinzips Hoffnung auf. Sehr langsam geht er auf, pianissimo:

> Komm, Hoffnung, laß den letzten Stern
> Der Müden nicht erbleichen,
> Oh komm, erhell mein Ziel, sei's noch so fern,
> Die Liebe wird's erreichen.

Dies kann und sollte man nicht mit interesselosem Wohlgefallen als Höhepunkt eines schönen Opernabends entgegennehmen. Es ist nicht bloßer Schein, was hier gesagt und gesungen wird. Hans Magnus Enzensberger hatte in einem Text, der sich an die Stelle von Beethovens Opernbuch zu setzen gedachte, postuliert, in der Oper schlechthin, also auch in dieser hier, sei nichts wirklich, was dort scheine. Noch deutlicher behauptet: »Im Schein der Oper ist auch die Macht nur ein Schein.«
Sie ist es nicht. Pizarro ist wirklich, in jedem Augenblick auch unseres Daseins nach wie vor lebendig. Er hat überlebt: auch er, denn in dieser Oper »Fidelio«, die sich aufrichtet gegen den Tod, darf keiner umkommen, auch nicht der Mörder. In dieser

Oper Beethovens bricht immer wieder die Wirklichkeit durch: vielleicht nur hier im gesamten Bereich der musikalischen Dramatik.
Diese Vision einer freien und gleichen Menschheit ist ebenso bald schon, im frühen 19. Jahrhundert, zurückgenommen worden, ganz wie die Vision vom Hohen Paar. Auch das Finale im *»Freischütz«* steht in C-dur. Es ist in aller Bewußtheit sowohl in der Ouvertüre wie am Schluß der Oper, der dem Abschluß der Freischütz-Ouvertüre entspricht, dem Fidelio-Finale nachgebildet. Was Carl Maria von Weber jedoch in solcher Dithyrambik besingt, hat diesen Wortlaut:

> Ja, laßt uns die Blicke erheben
> Und fest auf die Lenkung des Ewigen bau'n,
> Fest der Milde des Vaters vertrau'n!
> Wer rein ist von Herzen und schuldlos im Leben,
> Darf kindlich der Milde des Vaters vertrau'n!

Im Mittelpunkt steht der Eremit. Die Regieanweisung hatte gelautet: »Er kniet nieder und hebt die Hände. Agathe, Kuno, Max, Ännchen und mehrere des Volks folgen seinem Beispiel.« Es ist ein Opernschluß der vollkommenen theologisch-politischen Heteronomie. Von Gott zum Eremiten, zum Landesfürsten, zum Erbförster, zum Jägerburschen. Das heteronome C-dur des Freischütz-Finales wird man als Zurücknahme des autonomen C-dur bei Beethoven verstehen müssen. Es muß nicht gesagt werden, daß hier nicht der »Fidelio« ausgespielt werden soll gegen Webers Meisterwerk. Angedeutet wird allein jener stets gefährdete, rasch wieder verschwindende geschichtliche Augenblick, da Beethovens »Fidelio« in seiner Einzigartigkeit entstehen konnte.
Was den geschichtlichen Augenblick des »Fidelio« so tief und grundsätzlich unterscheidet von aller Abhängigkeit und Untertänigkeit, wie in jenem Finale des »Freischütz«, verkündet Leonore in einem einzigen Satz in der Kerkerszene. Allein darum verbietet sich das übliche Spötteln über das Libretto des »Fidelio«. Es ist ein großer Text geblieben. Beethoven wußte, warum er davon nicht loskam. Derselbe Beethoven, der sich später

nicht dazu entschließen konnte, immerhin einen eigens für ihn geschriebenen dramatischen Entwurf von Franz Grillparzer zu komponieren.
Was Leonore hier ausspricht, lange bevor sie in dem unglücklichen Gefangenen des stockdunklen Kerkers den eigenen Gatten erkannt hat, ist nichts anderes als das ethische Grundprinzip des Philosophen Immanuel Kant. Er hatte postuliert, menschliches Handeln solle stets dessen eingedenk sein, daß es von anderen Menschen als gültig und moralisch, oder auch als unmenschlich und unmoralisch, empfunden werden könne. In jeder Einzelaktion müsse die Maxime einer menschlichen und vernünftigen Gesetzlichkeit durchscheinen.
So handelt Leonore bei Beethoven. Sie weiß nicht, wer dort im Todeskerker des Pizarro hingemordet werden soll, allein sie spürt und sagt: »Wer du auch seist, ich will dich retten.« Das ist der tiefe und humane Gegensatz zu allem Gerede von Menschenmaterial, und zu allem Tun, das nur sich selbst will und keinen Anderen zu kennen glaubt. Das also handelt nach der schrecklichen Formel: »Ohne Rücksicht auf Verluste.«
Der geschichtliche Augenblick des »Fidelio« war rasch vergangen. Das Werk ist geblieben. Wer für sich dabei einen schönen Opernabend erwartet und nachher darüber räsoniert, ob Sopran und Tenor ihre Sache gut gemacht haben, hat dies einzigartige Werk nicht verstanden. Er hat dann – leider – auch sich selbst (uns selbst!) nicht verstanden: die Zeitgenossen unserer eigenen Tage und ihrer Tagesnachrichten.

III. AUF DER SUCHE NACH DEM VATER
REDE ÜBER HUBERT FICHTE

(1986)

Für Leonore Mau

Dies ist Freundeswort: kein Nachruf, auch keine literarische Wertung, erst recht keine Verteidigung. Wogegen übrigens? Erinnerungen werden aufgerufen an mehr als zwanzig Jahre, an kürzere und lange Augenblicke, vergeßbare und unvergeßliche. Da ist das erste Zusammentreffen im Herbst 1963 im schwäbischen Saulgau. Hubert Fichte liest auf einer Tagung der Gruppe 47. Die nächste Tagung findet in Schweden statt; er wurde abermals eingeladen und liest diesmal aus dem Buch »Das Waisenhaus«, das 1965 erscheinen sollte und mit dem Hermann-Hesse-Preis ausgezeichnet wurde. Im schwedischen Sigtuna und in Stockholm sprachen wir viel miteinander.
Später sehe ich mich mit ihm und Leonore Mau auf der Spanischen Treppe in Rom. Weihnachtszeit, und es gibt einen sonderbaren Weihnachtsmarkt auf der Treppe, mit gewaltiger Krippe und savoyardischen Dudelsackpfeifern, das Murmeltier auf der Schulter, dem die Münzen zugereicht werden. Leonore Mau plant einen Film über die Spanische Treppe und ihre Menschen. Ich werde von ihr immer wieder in der winterlichen Kälte »abgelichtet«, wie man so schön zu sagen pflegt. Übrigens kann ich meine Erinnerungen an Hubert Fichte kaum einmal trennen von jenen an Leonore Mau. Merkwürdigerweise lernte ich Fichtes Lebensgefährtin, die Teilhaberin an seiner Arbeit, früher kennen als ihn selbst. Mit ihr traf ich in Berlin wohl schon zu einer Zeit zusammen, als ich noch in Leipzig wirkte, also vor dem Herbst des Jahres 1963.
Auch Berlin kommt vor in meinen Erinnerungen an Hubert Fichte. Da war jenes literarische Colloquium, das Walter Höllerer und Hans Werner Richter dort seit 1964 installiert hatten. Alles ist längst zur Legende geworden, mehr noch: zur Germanistik. Hubert Fichte war nicht sehr gern im Kreis dieser Schriftsteller und auch einiger vergeblicher Anwärter auf die

Schriftstellerei. Es steht zu vermuten, daß der große späte Romanentwurf einer »Geschichte der Empfindlichkeit« auch von diesen Berliner Zeiten berichten wird.
Beinahe hätten wir uns auch in seinem geliebten Portugal getroffen. Als ich in Lissabon ankam, war er gerade abgereist, aber viele Leute erzählten mir, lächelnd, verwundert, auch jedoch bewundernd, von dem langen Deutschen mit dem blonden Vollbart, der am Hafen von Lissabon herumging, wo die Schiffe einst geankert hatten vor der Abfahrt zur Weltumsegelung. Der blonde Deutsche trug stets ein Buch in der Hand. Er sprach gut Portugiesisch. Als man wissen wollte, was er denn da immer mit sich herumtrage, waren es die »Lusiaden« des portugiesischen Nationaldichters Luis de Camões. Ein merkwürdiger Fall.
Fülle der Erinnerungen. Zuletzt saßen wir im vergangenen Jahr in Hamburg zusammen, tranken Kaffee, sprachen ausführlich über das epische Riesenprojekt und über die künstlerische Notwendigkeit, die zugleich Schwierigkeit bedeutete, diesen »roman-fleuve«, diesen epischen Strom also, auf einmal und kürzer zu publizieren. Alle Publikationspolitik der Häppchen mußte an die unästhetische Praxis sogenannt »schöner Stellen« erinnern, den künstlerischen Gesamtplan mithin von Anfang an zerstören. Mit dieser Schwierigkeit aber ist nun auch die Schwierigkeit des überlebenden Freundes verbunden: von einem Menschen sprechen zu wollen, dessen wichtigste Leistung vorerst nur geahnt werden kann.
Da hilft auch nicht die nüchterne und schnöde Bemerkung von *Jean-Paul Sartre*, der erklärt hat, und zwar im Bericht über die eigene Jugend, also in dem Buch »Die Wörter«: mit den Toten könne man gut fertig werden; es sei leicht, über sie zu reden. Man wisse schließlich als Überlebender, wie es mit ihnen zu Ende ging, und man kenne ihre Werke. Denke ich nach über diese These von Sartre, so wird mir sofort klar, daß *beides nicht zutrifft für Hubert Fichte.* Mithin auch nicht für das Reden des Überlebenden über diesen Mann und sein Werk. Wir haben Kenntnis von seiner letzten Krankheit. Mir genügt sie nicht. Als ich die Todesnachricht in der Zeitung las (oder war es eine Mitteilung des Rundfunks?), spürte ich sogleich, wie sich ein

Gedanke insgeheim vordrängte: er hat früh sterben wollen. Nach dem fünfzigsten Geburtstag, den er mit großer Freude und Dankbarkeit erlebt und auch genossen hatte. So starb er kurz vor dem 51. Geburtstag. Er hat mir einmal im Gespräch gesagt, und ganz sicher hat er es auch vor anderen wiederholt: er wolle nicht alt werden. Sein Leben und Empfinden, folglich auch seine Schöpfungskraft, blieben seit der frühen Jugend untrennbar verbunden mit dem Bewußtsein einer erfahrbaren Lebensfülle. Gerade auch im Körperlichen. Der Künstler Hubert Fichte, dem alle sinnliche Erfahrung mehr und mehr entgleitet, worauf er sich zurückgeworfen sieht auf die Welt der Erinnerungen, auf eine verlorene Zeit, die für ihn von nun an bloß noch Bitterkeit erregen mag, ist für mich unvorstellbar. Ich glaube ihn hier richtig verstanden zu haben. Hubert Fichte hat unendlich viel gelernt als Leser von Marcel Proust, daraus machte er niemals ein Geheimnis. Aber ein Leben, das nur noch Erinnern ist im verdunkelten Zimmer mit allen Arten der Schalldämmung, war undenkbar für einen, der ein Buch schreiben konnte wie »Die Palette« oder die minutiöse Beschreibung von Innenwelt und Außenwelt der Insel Grenada.
Nein: wir können nicht genau wissen, wie dieses Leben zu Ende ging. Wir können auch sein Werk, einschließlich des großen Nachlasses, nur in unscharfen Umrissen vor uns sehen.

Wie also soll man von ihm sprechen, von Hubert Fichte? Lebensende und Tod helfen nicht weiter. Die Konturen des Werkes bleiben ungenau. Vielleicht ist es richtiger, wohl auch notwendiger, den Anfängen dieses Lebens und der davon gespeisten Lebensarbeit uns zuzuwenden. Wie immer nämlich die Aspekte der Gesamtleistung dereinst aussehen mögen, evident ist wohl jetzt bereits, daß Hubert Fichtes Werk, ganz wie übrigens das Werk von Marcel Proust und so vielen anderen Meistern des Schreibens, immerfort gespeist wurde vom Erleben der Ursprünge, von früher und später Kindheit, von Jugenderfahrung. Nicht zuletzt, wie Fichtes Buchtitel »Versuch über die Pubertät« andeutet, von den Erfahrungen und Erweckungen des Geschlechts.
Von einem »Lob des Herkommens« hat Gottfried Keller ge-

sprochen zu Beginn seines Jugendberichts in dem Roman »Der Grüne Heinrich«: wohlweislich übrigens erst in der späten zweiten, notdürftig harmonisierten Fassung der eigenen Jugendgeschichte. Hubert Fichte hat bei seinen eigenen frühen Lebensvisionen und Erfahrungen die eigene Herkunft zwar als unauslöschliche Prägung empfunden, doch an ein Lob dieser Herkunft hätte er niemals denken mögen. Allein was wissen wir von dieser Herkunft? Es sei mir erlaubt, die nüchterne Tatsachenmitteilung hier vorzulesen, die ich an den Anfang des einzigen Lexikonartikels stellte, den ich jemals schreiben mochte. Es war der Beitrag »Hubert Fichte« für ein »Lexikon der deutschsprachigen Gegenwartsliteratur«. Hubert Fichte war es lieb, daß ich diese Aufgabe übernahm. Was ich jetzt vorlese, ist die wörtliche Übernahme von kurzen Notizen, die Fichte mir damals auf meine Bitte hin zuschickte. Die Zusammenfassung lautete so:

»Fichte, Hubert, am 21. 3. 1935 in Perleberg in der Westpriegnitz geboren. Sein Vater war Jude. Mit der Mutter übersiedelte er kurz nach der Geburt nach Hamburg-Lokstedt zum mütterlichen Großvater, einem Zollinspektor. Mit sechs Jahren gelangt der kleine Protestant, im Rahmen einer Kinderlandverschikkung, nach Schrobenhausen in Bayern. Dort bringt er ein Jahr im katholischen Waisenhaus zu. 1943 ist er wieder in Lokstedt bei der Mutter, wird dann aber nach Liegnitz evakuiert.

Nach dem Kriege schlägt er sich zunächst als Kinderdarsteller an Hamburger Bühnen durch. Im Jahre 1949 macht er die Bekanntschaft des aus der dänischen Emigration nach Hamburg zurückgekehrten Schriftstellers Hans Henny Jahnn. Seit 1950 ist er befreundet mit dem Regisseur und Schauspieler Alexander Humpinger und absolviert ein Schauspielstudium bei Helmut Gmelin. Gleichzeitig besucht er in Hamburg Sprachkurse am Institut Français. Mit 17 Jahren erhält er ein Stipendium der Universität von Poitiers und arbeitet 1953/54 als Landwirtschaftseleve in der Provence. Nach einer schweren Erkrankung kehrt er nach Hamburg zurück und verpflichtet sich abermals als Landwirtschaftseleve nach Holstein. Es folgt (1956/57) ein Landwirtschaftspraktikum in Schweden, das verbunden ist mit einer Tätigkeit als Pädagoge in einem Heim für schwer erzieh-

bare Kinder. Von 1958 bis 1961 befindet sich Fichte abermals als Agrarpraktikant in der Provence.
In der Zwischenzeit entstanden erste schriftstellerische Arbeiten: Kurzgeschichten und Kritiken. Sie wurden durch Hans Bender, Peter Härtling und andere angenommen und gedruckt. Um 1960 begann auch die Freundschaft und Zusammenarbeit mit der Fotografin Leonore Mau. Seit 1962 lebt Fichte als freier Schriftsteller in Hamburg.«
So hat er sie selbst wohl gesehen, seine Ursprünge, weil er sie in solcher Weise sehen wollte. Ist es wirklich so zugegangen? War er der Sohn eines Juden, oder hat er es behauptet, weil er es sein wollte? Jedenfalls ist er als vaterloses Kind aufgewachsen. Wodurch er nun auch wieder an Jean-Paul Sartre gemahnt und zugleich nicht gemahnt. In Sartres Buch »Die Wörter« wird berichtet, wie der junge Marineoffizier ein Kind zeugt, einen Sohn, den er aber niemals erblicken sollte, weil der Vater an einer Fieberkrankheit stirbt, die er sich in den französischen Kolonien zugezogen hatte. Sartre selbst hat den Vorgang bündig so beschrieben: »Ich ließ hinter mir einen jungen Toten, der nicht die Zeit hatte, mein Vater zu sein, und heute mein Sohn sein könnte. War es ein Glück oder ein Unglück? Ich weiß es nicht; aber ich stimme gern der Deutung eines bedeutenden Psychoanalytikers zu: ich habe kein Über-Ich.«
Das wird später noch einmal kurz erläutert und soll hier zitiert werden aus Sartre, weil es, wie mir scheint, unmittelbar hinüberführen könnte zu den Widersprüchen und Aufgaben des vaterlosen, also gleichfalls eines Über-Ich beraubten Hubert Fichte. Sartre hat den Fall so diagnostiziert: »Unablässig erschaffe ich mich; ich bin der Geber und die Gabe. Lebte mein Vater, ich hätte meine Rechte und Pflichten kennengelernt; da er tot ist, kenne ich sie nicht.« Die Befreiung vom väterlichen Ich erweist sich mithin, nicht allein für Sartre, als Bürde. Verurteilt zur Rechtlosigkeit wie offenbar zur Ungesetzlichkeit. Daran hatten, zu unseren Lebzeiten, drei vaterlose, folglich insgeheim ursprunglose Kinder zu arbeiten: durch Schaffung eines Werkes: *Jean-Paul Sartre*; *Jean Genet*; *Hubert Fichte*. Jean-Paul Sartre suchte, fand und erfand wohl auch seinen Komplementärfall mit Namen Jean Genet. Hubert Fichtes berühmtes Ge-

spräch mit Jean Genet zeigt gleichfalls: hier sitzen Partner beieinander.
Dreimal die Suche nach dem Vater: in Sartres Philosophie einer Freiheit, zu welcher man verurteilt ist, da es einem an den Rechten und Pflichten fehlt. In der von Jean Genet im Leben wie später im Schreiben erschaffenen Gegen-Ethik und Gegen-Ästhetik. In Hubert Fichtes großem und wohl auch großartigem Lebensentwurf, die eigenen Erfahrungen und Empfindlichkeiten, da es von Geburt aus am Über-Ich fehlte wie an den dazugehörigen Rechten und Pflichten, als *Sinnbild heutiger einzelmenschlicher und gesellschaftlicher Gegebenheiten* zu deuten.
Die Erfahrungen Hubert Fichtes als Hinweise auf menschliche Befindlichkeiten. Dergestalt, daß Hubert Fichte bis in den letzten Lebensaugenblick hinein damit beschäftigt war, nicht bloß mit den eigenen Ursprüngen innerlich fertig zu werden, sondern seinerseits hinter den etablierten Lebensformen einer »normalisierten Welt«, wie das Peter Brückner genannt hat, am Über-Ich aus Gott, Vater Staat und Paterfamilias, die durch Repression wie durch gezinkte Geschichtsüberlieferung beschwiegenen Lebensformen einer vaterlosen, familienlosen, autoritätsfeindlichen Gesellschaft sichtbar zu machen. Von der Hamburger Halbwelt und Unterwelt im Umkreis der einstigen »Palette« räumlich hinüberreichend in die Karibik, nach Brasilien, nach dem Senegal. Zeitlich zurückreichend über Renaissance und Barock bis zu Homer und zur Ilias.
Allein dem vaterlosen Kind war die *Mutter* geblieben. Die Radikalität eines *Jean Genet* erklärt sich auch daraus, daß er ein Leben als Vollwaise zu bestehen hatte. Er kannte weder den Vater noch die Mutter. Ausgesetzt vielleicht, ein Findelkind, Genet scheint nicht weiter nachgeforscht zu haben, wenn man ihm glauben darf. Der kleine *Jean-Paul Sartre* hat von Anfang an, wie er genau berichtet, ganz ohne Beschönigung, die Mutter beherrscht und als Bollwerk aufgebaut gegen den übermächtigen Großvater Charles Schweitzer. Auch der Vater von *Elias Canetti* starb früh, worauf der Sohn, offenbar planmäßig, darangging, sich seinerseits als Beschützer der Mutter aufzubauen. Darüber hat der Autor Elias Canetti in den drei Bänden seiner

Jugendgeschichte referiert. Er brach die Erzählung folgerichtig ab, als vom späten Tod der Mutter berichtet worden war.
Hubert Fichtes Mutter hat den Sohn überlebt. Ohne sie, was auch heißen muß: ohne den Widerstand gegen die Mutter, ist Fichtes Werk gleichfalls undenkbar. Das hat kaum etwas zu tun mit Gefühlen von Haß oder Liebe: es geht nicht um Emotionen, sondern um die Existenz. Existenz ist nämlich gemeint, wenn Hubert Fichte den Ausdruck »Empfindlichkeit« verwendet. Ein Text innerhalb des großen Fragments einer »Geschichte der Empfindlichkeit« (Band XVII) trägt den Titel »Die Geschichte der Nanã«. Geschrieben im Oktober 1981. Auch hier versehen mit der Gattungsbezeichnung »Roman«. Keine Rede davon, daß diese Nanã, deren Name in einem portugiesischen Nasallaut auszuklingen hat, als romanhafter Bericht über Fichtes Leben mit der Mutter verstanden werden dürfte. Diese Nanã ist auch hier räumlich und geschichtlich fast grenzenlos erweitert worden zum mütterlichen Prinzip. Der Roman beginnt abermals mit synkretistischen Einweihungsriten der lateinamerikanischen Welt. Die ist immer gegenwärtig, auch wenn über die wirkliche Mutter des Erzählers berichtet wird. Übrigens entbehrt der Bericht aller Eindeutigkeit. Jede Emotion wird sogleich wieder im Gespräch und durch Reflexion in Frage gestellt. Wie gesagt: es geht nicht um Haß oder Liebe zwischen Sohn und Mutter, sondern um Bewußtsein.
Ich möchte mich an dieser Stelle bei Leonore Mau herzlich dafür bedanken, daß sie meine Bitte erfüllt hat und mir Einblick gewährte in das Manuskript gerade dieses Romans. Auch die Geschichte der Nanã ist Leonore Mau von Hubert Fichte ausdrücklich in der Handschrift geschenkt und zugeeignet worden. Es ist, wie nahezu alles im Schreiben dieses Autors Hubert Fichte, immer zugleich ein Teil ihres eigenen Lebens. Als »Detlev« hatte Fichte sich in den Anfängen, vor allem im »Waisenhaus«, als Kunstfigur erschaffen. Das »Waisenhaus« beginnt mit dem Namen Detlev. Später gibt es das Paar Jäcki und Irma. Beide unterhalten sich in der »Geschichte der Nanã« über die Rätsel und Widersprüche in den Beziehungen zwischen Mutter und Sohn. Irma wirft dem Partner vor, sein eigenes Suchen nach den sinnlichen Erfahrungen der sogenannt »primitiven« Völker

sei zugleich als nachträglicher Widerstand gegen die Mutter zu verstehen, die den Sohn mit allen Mitteln zum Anthroposophen bekehren, also vergeistigen wollte. Der Dialog zwischen Jäcki und Irma ist überaus hellsichtig. Da steht Rede gegen Rede wie in einem spannenden Theaterstück.

»– Es ist wahnsinnig komisch, wenn ihr euch gegenübersitzt und werft euch gegenseitig den falschen Einweihungsweg vor. – Sie steigt zu Astralleib und Sternensilber hoch und das finde ich verlogen und borniert.

– Und du steigst zu Nanã und Blutbad hinunter und das findet sie lebensgefährlich und atavistisch.

– Mir geht es um das Bewußtsein.

– Sie glaubt eben auch, ihr gehe es um Bewußtsein.

– Das Bewußtsein kann man nicht glauben.«

Es gibt aber auch eine Reinschrift des Romans, wo das Kapitel »Die Entstehung eines Gespenstes« so beginnt: »Was Jäcki seiner Mutter wirklich vorwarf, daß sie ihn nicht Griechisch hatte lernen lassen.

Das war objektiv ein schwerer Fehler.« ...

»Alles andere waren Vorwürfe, die nur aus ihm herausragen, wenn sie ihn bedrängte.«

Drei wesentliche Elemente für die Entstehung des literarischen Werks waren damit gegeben. Das vaterlose Kind. Der Konflikt mit der Mutter als Auseinandersetzung zwischen den Tendenzen, grob vereinfacht, von Spiritualität auf der einen, einer Affirmation aller sinnlichen Erfahrung auf der anderen Seite. Noch gröber vereinfacht: das Goetheanum in Dornach und der Strich am Hauptbahnhof Hamburg. Der abschließende XIX. Roman heißt Hamburg Hauptbahnhof.

Dazwischen die gesellschaftliche Konstellation eines Menschen, der als Halbjude im Dritten Reich geboren wird. Bereits auf der zweiten Seite der Geschichte vom achtjährigen Detlev, dem kleinen Protestanten bei den katholischen Schwestern in Bayern, hat die eine Schwester zwar festgestellt: »Detlev hat schöne große Ohren.« Worauf es sogleich heißt: »›Seine Ohren sind so groß wie Judenohren‹, sagte die Lehrerin, ehe sie ihm mit dem gespaltenen Rohrstock über die Finger schlug.« Dies waren frü-

heste Erfahrungen. Hinzu kamen dann die durchaus heterogenen Berufe des Landwirtschaftseleven und Pädagogen bei schwer erziehbaren Kindern, in der Hamburger Theaterwelt wie im Umkreis der »Palette«.
Hubert Fichte hatte also nicht Altgriechisch lernen dürfen, was er gegen das Ende seines Lebens schließlich nachgeholt hat. Zuletzt hörte ich noch eine Lesung Fichtes im Süddeutschen Rundfunk. Es ging um Homer und die Ilias. Fichte äußerte sich kritisch über die berühmte Homer-Übersetzung von Johann Heinrich Voss, zitierte mühelos den griechischen Originaltext, machte philologische Korrekturen. Ich selbst habe ein Humanistisches Gymnasium besuchen dürfen, kann also mitreden. Es stimmte alles. Er hatte die Bildungslücke, die er offenbar von Anfang an als Wunde empfand, schließen können. Seine Sprachbegabung war außerordentlich. Bei der Tagung der Gruppe 47 in Schweden war Fichte auch als Übersetzer beim Schwedischen Rundfunk hilfreich seinen deutschen Kollegen.

Bleibt zu fragen, wie sich das Lebenswerk dieses Autors aus solchen persönlichen und gesellschaftlichen Bewandtnissen heraus entwickeln konnte.
Der Versuch einer definitorischen Kennzeichnung des Schriftstellers Fichte muß mit Notwendigkeit mißlingen. Leicht kann man, bei oberflächlicher Betrachtung der Arbeitstechnik in den frühen Erlebnisbüchern und den späteren scheinbaren Dokumentarbänden, eine Wendung vom subjektiven Lyrismus zur objektiven Darstellungsweise konstatieren, allein gerade dadurch würde die ungewöhnliche Kontinuität der literarischen Arbeitsweise mißverstanden. Das »Waisenhaus« bereits ist bemüht, große und schwierige Realzusammenhänge des Lebens aus der Perspektive eines Kindes zu schildern, doch gleichzeitig zu objektivieren. Andererseits bezeichnete Fichte die »Palette« und »Detlevs Imitationen« ausdrücklich als Roman. Auch der »Versuch über die Pubertät«, der unverkennbar sehr konkrete Nachkriegserfahrungen des Autors verarbeitet, soll als Roman verstanden werden. Es gehört zu dieser Technik einer literarischen Umsetzung, daß Fichte im »Versuch über die Pubertät« seine Beziehungen zu dem Schriftsteller Hans Henny Jahnn

nicht direkt schildert, sondern vermittelt durch die Romanfigur »Herr Pozzi«.

Hans Henny Jahnn und Hubert Fichtes Kunstfigur des Herrn Pozzi. Auch ich habe sie gekannt, die Nachkriegswelt des Herrn Pozzi draußen im Park über der Elbe, die im »Versuch über die Pubertät« beschrieben wird. Ich habe Fichte gegenüber auch nicht verschwiegen, daß ich die Charakterisierung Jahnns mit Hilfe einer Kunstfigur und eines erfundenen Namens für fragwürdig halte. Ein Zerrbild zugleich und eine literarische Fehlkonstruktion. Die erlebten Fakten mögen stimmen, allein die Vielschichtigkeit des großen Menschen und Schriftstellers Hans Henny Jahnn wird dadurch degradiert. Da mag es eine Wunde gegeben haben in den Beziehungen zwischen dem berühmten Alten und dem noch aufstrebenden, innerlich unsicheren jungen Adepten, der trotzdem von Anfang an gewußt haben muß, daß auch in ihm ein Dämon der Poesie rumorte.

Auch im Verhalten Hubert Fichtes zu Hans Henny Jahnn, ganz wie zur Mutter, ging es nicht um Psychologie, sondern um die Empfindlichkeit, also die Existenz. Dabei würde man unschwer im Werk Hubert Fichtes selbst *die Spuren seines Umgangs mit Hans Henny Jahnn*, seinem Denken und Schaffen, entdecken können. Die Hinwendung zum deutschen Barock. Die Griechenwelt, verstanden aus der Haltung eines Anti-Winckelmann. Das Archaische und nicht das Klassizistische . Bereits bei Hans Henny Jahnn war die Medea als *schwarze Medea* konzipiert. Der Mörder des Gustav Anias Horn bei Jahnn ist ein Strichjunge.

Sogar in »Xango« sind die Elemente der Fiktion innerhalb der Dokumentation nicht zu verkennen. Neben der Romantechnik wird immer auch die Technik der lyrischen Evokation verwendet. Fichtes ungewöhnliche Sprachbegabung, verbunden mit seiner nicht minder erstaunlichen literarisch-philosophischen und soziologischen Bildung, erleichtert die Bemühung um neue literarische Formen einer poetischen Anthropologie.

In dem Buch »Xango« werden die Arbeitsprinzipien der früheren, gleichsam »europäischen« Bücher beibehalten, um eine Welt des – scheinbar – ganz Anderen zu evozieren. Abermals spezifische Zusammenarbeit von exakter Dokumentation und erlebter Grenzverwischung zwischen mythischer und aufgeklärter Religiosität. Übrigens führt der Erzähler hier, mit neuen literarischen Mitteln und einem scheinbar ganz divergierenden Thema, die epischen Bemühungen eines *Robert Musil* fort. Im »Mann ohne Eigenschaften« geht es immer wieder um jene Grenzzustände des Seelischen, die Musil bald als den »Anderen Zustand«, bald auch als »Mondstrahlen bei Tage« bezeichnet hatte. Aber die Amalgamierung sollte damals noch in der Wirklichkeit des Landes Kakanien gesucht und gefunden werden.

Fichte hat sich einer Wirklichkeit gestellt, die bessere Arbeitsmöglichkeiten bot bei solcher Grenzgeherei: den afro-amerikanischen Mischkulturen mitsamt ihren adäquaten und überaus vielschichtigen Mischreligionen. Andererseits bleibt das Buch »Xango« bewußt ein Werk der europäischen Literatur. Fichte verkennt nirgendwo die Bedeutung des scheinbar sehr Fremden, das er mitansehen muß, für das Verstehen unserer eigenen sogenannt westlichen Zivilisation. Immer wieder kommt er auf die Gemeinsamkeiten zurück. Plötzlich entdeckt er die Verbindung des Atavismus mit dem modernen Kulturphänomen der Allergie. Überdies präsentieren sich, in Brasilien wie auf Haiti oder Trinidad, die Phänomene einer noch nicht begonnenen und schon hinfällig gewordenen bürgerlichen Aufklärung inmitten einer hochkapitalistischen Dingwelt. Auch Fichte arbeitet, ähnlich wie Uwe Johnson in dem Roman »Jahrestage«, mit der *Konfrontation des Gesehenen und des offiziell Berichteten.* Wenn er geschildert hat, wie ein Elendsviertel brennt, wobei es Tote und Verwundete gibt, alle Welt zu wissen scheint, wer den Brand legte und warum, so setzt er gleich dahinter die Meldungen aus der offiziellen Presse einer Diktatur, die Mitgefühl äußert und Hilfsmaßnahmen ankündigt. Danach zeigt der Berichterstatter, worin diese Maßnahmen faktisch bestehen oder nicht bestehen.

Die Ethnologen und Anthropologen sprechen hier vom Phänomen des Synkretismus. Eine Vermischung findet statt zwischen den theologischen Importen aus dem afrikanischen Mutterland und aus der weißen Welt der Eroberer und Kolonisatoren. Im-

mer wieder streben die afro-amerikanischen und die katholischen Götter zusammen und dann wieder voneinander weg. Wenn dann noch die Protestanten hinzukommen und die Freimaurer und die Historischen Materialisten, ist der Synkretismus, wie Fichte oft humorvoll zeigt, ganz undurchdringlich geworden.
Auch vor dem *sprachlichen Synkretismus* schreckt der Erzähler nicht zurück. Er kann die wissenschaftliche Fachterminologie nicht gebrauchen, kommt jedoch bisweilen nicht ohne sie aus. Die Literatursprache ist das Mittel für genaue Beschreibungen der ungenauen Verhaltensweisen. Der sprachliche Mischmasch der Menschen, mit denen es Fichte zu tun hat, muß zitatweise angedeutet werden. Bei rüden Vorgängen aber der Gewalt und der Sexualität, woran es nicht fehlen kann, bedient sich Fichte unbeirrt der rüden deutschen und europäischen Ausdrucksweise. An »unkeuschen« Wörtern ist kein Mangel, doch der Ausdruck entspricht stets genau der Situation.
Wie hätte es weitergehen sollen? Wenn ich mir vorzustellen suche, was Fichte beabsichtigt haben mochte beim Projekt einer »Geschichte der Empfindlichkeit«, so muß ich mich an Gespräche mit dem Autor erinnern, nachlesen, was zu Lebzeiten bereits an Analytischem abgeschlossen und der Öffentlichkeit unterbreitet worden war. Am besten hilft, wie mir scheint, jener Text weiter, dem Fichte die Überschrift *Elf Übertreibungen* gab. Auch der Untertitel gehört zur Sache: »Dakar Januar 1976«. Ich möchte vermuten, daß Fichte den Text, verfaßt in der Hauptstadt des Senegal, ausdrücklich niederschrieb als Einleitung zur Vertragsarbeit für den S. Fischer Verlag: ein höchst persönliches »Lesebuch« zusammenzustellen. Der Text »Elf Übertreibungen«, der dies Lesebuch in der Tat eröffnet, wurde unterderhand, oder wohl eher: ganz ausdrücklich, nicht bloß als Reflexion über eine neue Form der Anthologie redigiert, sondern als *poetologische Selbstaussage.* In der letzten, der elften Übertreibung heißt es zum Abschluß:
»Zwei neue literarische Genres hat die Nachkriegszeit unter dem Einfluß amerikanischer Autoren, des BBC und der Affaires Culturelles Françaises aktualisiert: Das Feature (die zwanghafte Ungebundenheit) und das Interview (Beichte, Verhör,

Psychoanalyse, Gespräch) – ›König Ödipus‹ und ›Das Gastmahl‹.
Mein Deutsches Lesebuch: Ein Feature aus Gedichten, Theaterstücken, Features, Prosa – ein Lesebuch als ›Symposion‹.«
Dies ist ein Bekenntnis zur Literatur des Logos und Melos und eines genauen Studiums der konkreten Phänomene. Indem Hubert Fichte die Literatur seiner eigenen Lebenszeit, abermals synkretistisch, zu interpretieren sucht mit Hilfe heutiger Medienformen des Features und des Interviews, spricht er selbstverständlich zugleich von seiner eigenen, höchst eigentümlichen und eben dadurch gleichzeitig historisch stellvertretenden Poetik. Das *Feature* wird verstanden als »zwanghafte Ungebundenheit«, was heißen soll: als ein Nebeneinander der heterogensten Ausdrucksformen. Fernab folglich aller klassizistischen Bemühungen um irgendwelche traditionellen Gattungen. Das *Interview* aber basiert auf der menschlich-literarischen Grunderfahrung eines dialogischen Prinzips des Miteinander-Redens: wobei jedoch der Dialog in den meisten Fällen, wie fast immer auch im sozusagen »richtigen Leben«, zum windschiefen Gespräch verkommt. Man redet aneinander vorbei. Mit diesem Prinzip hat Fichte seine Interviews konzipiert. Allein ich selbst habe vor Jahren meinerseits, bei einer Besprechung des Buches »Wolli Indienfahrer«, von den »Grenzen der Befragung« gesprochen. Fichte hat meinen Text gelesen und durchaus gebilligt.
Wichtig ist aber, zum Verständnis des literarischen Nachlasses, und damit für das Verstehen des gesamten Lebenswerkes, daß Fichte in dieser elften und letzten Übertreibung die scheinbar modischen Begriffe des Features und des Interviews an illustren Beispielen der griechischen Poetik und Philosophie illustriert. An Sophokles und an Platon. »König Ödipus« als Feature. Platons »Symposion« als Interview.
Ich könnte mir denken, daß Platons »Gastmahl«, das als philosophisches Gespräch angelegt wurde über *Wesen und Formen des Erotischen*, sowohl in der Form wie in der Substanz als ein Idealbild alles dessen verstanden werden kann, was Hubert Fichte für sich als Selbstaussage und Weltaussage erstreben mochte. Und innerhalb des Platonischen Symposions, könnte

ich mir denken, hätte Fichte sich nur mäßig interessiert für das erotische Spielen, Werben und Verweigern zwischen Sokrates und Alkibiades. Ich hätte ihn nach der Rede des Aristophanes in Platons »Gastmahl« fragen müssen. Gerade der konservative, die Päderastie des Platon und Sokrates bekämpfende Aristophanes, vertritt bei Platon, was möglicherweise als Platonische Bosheit verstanden werden muß, das Prinzip, daß der menschliche Eros von Anfang an *zweigeschlechtlich* gewesen sei. Die Aufteilung nach dem männlichen und dem weiblichen Prinzip sei als Verkümmerung zu interpretieren. Die Doppel- oder Allgeschlechtlichkeit bleibe eine utopische, doch anzustrebende Vision. Soweit Aristophanes bei Platon. Daß Sokrates nicht zustimmt bei dieser großen Gesamtbefragung über Eros, Logos und Poesie, weiß jeder Leser des Platonischen Meisterwerks.
Hubert Fichte hat den Platon *nicht* aufgenommen in die Liste jener Autoren, zu denen er sich zu Beginn seines Lesebuches bekennt. Das fängt an mit Homer und schließt mit den zeitgenössischen Namen Jean Genet und José Luis Borges.
Der Platonische Sokrates glaubt zu wissen, was das sein könnte: *die* Gerechtigkeit, *die* beste Staatsform, *der* glückhafte Eros. Seine Ahnungen möchte er den Schülern vermitteln. Indem er vorgibt, nichts zu wissen, um durch sein Nicht-Wissen die Wissenden zu beschämen.
Diese Art des Interviews und der Befragung war Hubert Fichte von Grund auf zuwider. Er hielt nichts von Formeln über den Eros und den Staat, die normierte menschliche Existenz. *Er wollte kein Über-Ich in irgendeiner Gestalt.* Daher die Grenzen einer Befragung, weil es nicht auf Resultate ankam, sondern auf ernsthaften Logos. Genauigkeit des Details. Glanz der Sprache, nämlich *aller Sprachen.*
Woraus hervorgeht, daß der scheinbare Exotismus bei Fichte seit Anbeginn all seines Schreibens als Vision feststand. Bereits die Welt des »Waisenhauses« und der »Palette« war exotische Welt: genauso wie Trinidad oder der Senegal. Auch die wissenschaftliche Art der Betrachtung stand fest seit Anbeginn. Der Erzähler objektiviert sich als Detlev oder Jäcki. Es fällt auf in all diesen Büchern, daß Detlev oder Jäcki niemals eigentlich han-

deln, agieren, mitmachen. Sie beobachten, schauen genau hin, schreiben höchst genau auf, was sie gesehen haben. Der Überschuß des Poetischen entspringt nicht den gefühlvollen oder schrecklichen Begebenheiten, sondern ist ein Erzeugnis der Form, also der Sprache.

Allein neben diesem von früh auf gegebenen Exotismus gab es stets auch den gleichfalls von früh auf gegebenen *totalen Traditionalismus.* Hubert Fichte hat sicherlich *die Leiden des verhinderten Enzyklopädisten* durchgemacht; ganz wie der von ihm gerühmte Borges. Bleiben wir einen Augenblick bei unserem größten deutschen Gedicht, bei Goethes Faust, so hat Hubert Fichte, wenn ich ihm nachdenke, *gleichzeitig* die Schmerzen des Doktor Faust und des Famulus Wagner durchlitten. Famulus Wagner wußte zwar viel, doch wollte er alles wissen. So gelang ihm, und mißlang zugleich, der Homunculus. Doktor Faust hatte allem Wissen verzweifelt abgesagt. Er wollte alles leben und erleben, jede menschliche Erlebnisform hineinzwingen in die eigene faustische Biographie. Das Paradox bei Goethe ist doppelter Art. Faust hat sie *nicht* kennengelernt, auch nicht mit Teufels Hilfe, alle menschlichen Glücks- und Schmerzensformen. Und er mußte leider am Ende uralt werden und erblinden. Hubert Fichte kannte die Gefahren des Enzyklopädisten wie die Gefährdung dessen, der alles erleben möchte. Und gerade darum mochte er wohl nicht alt werden.

Allein die Utopie des totalen Wissens hat ihn bis zuletzt verstört. Die geordnete humanistische Schulbildung, die ihm versagt blieb, war eine existentielle Wunde.

Fichte brauchte diese Anfänge einer mittelmeerischen Zivilisation. Die meisten Freunde und Interpreten hielten die Faszination der afro-amerikanischen Kulturformen bei ihm für einen Endzweck. Vielleicht sogar bloß für eine sexuelle Obsession. Es war viel mehr, und es war vor allem wohl nur ein Durchgangsstadium auf dem Wege zu den Griechen.

Soweit ich sehe, hat diese Perspektive der Arbeit Hubert Fichtes *in seinen letzten Lebensjahren* vor allem Jürgen Martini erkannt in seinem Beitrag zu Fichtes fünfzigstem Geburtstag. Da heißt es: »Die neu hinzutretenden Schichten des Politischen, nicht mehr Afrika und Karibik allein, sondern die Auseinanderset-

zung mit älteren Schichten der Beschäftigung: Interviews nicht mehr mit Lebenden, mit Büchern ... Die Geschichte der Befassung mit Geschichte in die Gegenwart hineinholen ... Und schließlich ›Mein Freund Herodot‹.«
»Mein Freund Herodot« ist der Titel eines Manuskripts vom Jahre 1980.

Auch diese Suche nach einer möglichen Freundschaft mit Heródotos war also nach wie vor als Suche nach dem Vater zu verstehen. War abermals Absage an die Mutter. Daß Hubert Fichte allen Assoziationen mit Goethes Faust zu entgehen suchte, wenngleich er soviel in sich selbst mitbrachte für die beiden Existenzen des Doktor Faustus und des Famulus Wagner, hängt vielleicht mit den Anthroposophen zusammen, mit DORNACH, mit dem Kult von Faust II, mit dem erlaubten und hoch gepriesenen Synkretismus aus Klassizismus und Christentum, aus himmlischer und irdischer Liebe. Doktor Faust mußte uralt werden und blind. Dann gelang es dem Ewig-Weiblichen, ihn hinaufzuziehen und hinan.
Hubert Fichte starb mit fünfzig Jahren. Daß seine Arbeitsvision nicht nur Fragment geblieben ist, sondern von vornherein unvollendbar sein mußte, war auch ihm evident. Sie haben es wohl alle gewußt, die in seiner Lage waren: Robert Musil mit dem »Mann ohne Eigenschaften«, Marcel Proust, Arno Schmidt. Allein sie alle haben bis in die letzten Lebenstage hinein nicht aufgegeben, sondern weitergearbeitet an dem Unvollendbaren.

Es ist an der Zeit, daß wir uns als Nachdenker über Hubert Fichte verstehen, als Nachdenker über einen der großen Schriftsteller, der unter uns gelebt hat. Hätten wir eine Literaturkritik, es wäre ihre Aufgabe gewesen, bei diesem Verstehen mitzuhelfen. Wir haben sie nicht.
An Hubert Fichte ist viel gesündigt worden. Ein bißchen hat er dabei selbst immer mitgeholfen. Er war der große und besessene Künstler, den man immer wieder für eine Skandalnudel hielt. Allein Fichte haßte Skandale, ganz wie übrigens Hans Henny Jahnn: weil sie ihnen zu klein waren. Fichtes gesamte Existenz,

seine Empfindlichkeit mußte ein Ärgernis sein und bleiben. Das hat er immer wieder bewußt angeschärft. Die Folgen ließen nicht auf sich warten. In seinen Anfängen ging das noch glimpflich zu: Hermann-Hesse-Preis für das »Waisenhaus«. Später der Berliner Fontane-Preis für den »Versuch über die Pubertät«. Aber den Georg-Büchner-Preis hat er ebensowenig bekommen wie Arno Schmidt. Nun wird ihm nachträglich der Alexander-Zinn-Preis verliehen.
Wenn ich nach den bedeutendsten deutschen Schriftstellern seit Ende eines Zweiten Weltkriegs gefragt würde, ich müßte den Namen Heinrich Böll in Klammern setzen, weil sich die Größe Heinrich Bölls nicht allein auf sein Werk als Schriftsteller gründet. So blieben mir vier Namen:

Arno Schmidt
Günter Grass
Uwe Johnson
Hubert Fichte.

Viermal, in grundverschiedenen Formen und Anstrengungen, ein Werk der *radikalen Innovation*: ganz ohne Zugeständnisse an irgendwelche Erwartungshaltungen. Viermal ein Lebenswerk, das von Grund auf verpflichtet ist den emanzipatorischen Grundbegriffen des Wissens und der Bildung: also der Aufklärung.
Wer von Aufklärung spricht, zumal in Hamburg, hat den Namen *Gotthold Ephraim Lessing* genannt. Es gibt einen Gotthold-Ephraim-Lessing-Preis der Freien und Hansestadt Hamburg. Hat ihn der Hamburger Arno Schmidt erhalten? Günter Grass hat ihn nicht erhalten. Uwe Johnson hat ihn nicht erhalten. Hubert Fichte hat ihn nicht erhalten. Es dauerte lange, und gab damals viel Gezeter, ehe man Hans Henny Jahnn, den Begründer und Präsidenten unserer Akademie, ins Rathaus holte, um ihn in Lessings Namen auszuzeichnen. Einer der wenigen glücklichen Augenblicke im späten Leben eines großen Schriftstellers aus Hamburg, der den ersehnten fünfundsechzigsten Geburtstag nicht mehr erleben konnte. Ersehnt, weil dieser 17. Dezember 1959 vielleicht wieder ein bißchen Glückwunsch und Förderung gebracht hätte. Vielleicht auch einen kleinen lokalen

Ruhm. Allein Hans Henny Jahnn starb bereits am 29. November in Hamburg einen ärmlichen Krankenhaustod.

Auf der Suche nach dem Vater. So muß sie lauten, die Überschrift einer Rede zum Gedenken an Hubert Fichte. Um es zu wiederholen: sie ist kein Nachruf, keine Würdigung oder Verteidigung. Sie bleibt Freundeswort. Allein die Suche nach dem Vater blieb gleichzeitig auch eine Suche nach der Mutter, nach dem komplementären Lebensprinzip. Für sein Lesebuch hatte sich Hubert Fichte vor zehn Jahren vier Gedichte von Gottfried Benn ausgesucht.

Das erste Benn-Gedicht im Lesebuch trägt die Überschrift »Mutter«. Ich war nicht erstaunt, als ich es wiederfand an entscheidender Stelle, nämlich als Motto, in dem nachgelassenen Manuskript »Die Geschichte der Nanã«.

Mutter

Ich trage dich wie eine Wunde
auf meiner Stirn, die sich nicht schließt.
Sie schmerzt nicht immer. Und es fließt
das Herz sich nicht draus tot.
Nur manchmal plötzlich bin ich blind und spüre
Blut im Munde.

Allein dies Mutter-Gedicht von Gottfried Benn ist dem nachgelassenen Roman »Die Geschichte der Nanã« als *zweites* Motto vorangestellt. Das erste Motto jedoch lautet so:

Du sollst deinen Vater und deine Mutter ehren
auf daß dirs wohlergehe und du lange lebest
auf Erden.

Martin Luther

Wie aber, wenn beides nicht möglich ist? Darüber nachzudenken ist Hubert Fichte, davon zeugt sein Werk, nicht müde geworden. Er hat wohl auch die Formulierung Martin Luthers »in den Willen aufgenommen«: daß der Verzicht auf die gebotene Ehrung der Eltern mit einem frühen oder zu frühen Sterben erkauft werden müsse.

Die von uns bewunderten Schöpfungen der Kultur, die Werke der Religionsstifter, der großen Bildner, Sänger und Dichter, entsprangen in den meisten Fällen einer einbekannten oder geheimen *Widersetzlichkeit.* Die großen Planer eines allgemeinen und normierten Glücks für die Menschheit haben daher, mit guten Gründen, den Künstlern von jeher mißtraut. Platon wollte die Dichter aus seiner Politeia vertreiben. Nur die Dithyrambiker blieben zugelassen: wenn sie Staatshymnen schrieben. Jean-Jacques Rousseau hielt ein Theater in seiner Vaterstadt Genf für unnötig, sogar für schädlich. In Hegels Vorlesungen über die Ästhetik wird der geliebte und bewunderte Jugendfreund Hölderlin nicht einmal erwähnt. Allein die genau geplanten Staatsschöpfungen für ein normiertes und normalisiertes Menschenglück sind alle gescheitert, und sie haben niemals Kunst hinterlassen und Dichtung.
Hubert Fichte hat allen dekretierten Normierungen der Politik, heutiger Bürgermoral und etablierter Kunstgesinnung mißtraut. Das macht: er besaß noch ein reines, gesamthaftes Bild vom Menschen. Kein westliches und kein östliches, unabhängig von Herkunft und Hautfarbe. Bejahung alles Lebendigen, worin geprägte menschliche Form sich nach eigenen Gesetzen entwikkelt.
War das ein »anarchisches« Begehren? Aber was besagt eine solche Terminologie? Wir wissen es nicht. Hubert Fichte suchte in den Trümmern unserer Zivilisation, in dem von ihm sehr genau verstandenen Nebeneinander des Noch-Nicht und des Nicht-Mehr nach Scherben, die man vielleicht wieder, mit Künstlers Hilfe, zusammensetzen könnte. Damit sich eine heutige und vielleicht auch künftige Menschheit, aller Sprünge ungeachtet, darin spiegeln könnte. Wir haben allen Grund, dankbar zu sein.

IV. NACHDENKEN ÜBER DEN GROSSEN NÖRGLER KARL KRAUS ZUM 50. TODESTAG

(1986)

Wer den Karl Kraus liest, der vor fünfzig Jahren starb, am 12. Juni 1936, und in Wien, der lebt immer im Heute. Das mag sonderbar klingen, denn auf den ersten (und grundfalschen) Blick waren alle Texte dieses Kritikers und Polemikers an den Tag gebunden: als Antwort bisweilen auf Ereignisse, weit häufiger jedoch auf journalistische Reaktionen aus Anlaß von Ereignissen. Journalisten haben mit dem Tag zu tun, dem jeweils ablaufenden. Journalismus ist Gelegenheitsarbeit und Alltagsarbeit. Karl Kraus sammelte all diese Leitartikel und Glossen, Berichte über Kriminalfälle, Lobreden und Verrisse, sichtete, las genau, nur allzu genau!, schrieb darüber und dagegen – und machte alles dauerhaft.

Er schleifte die Tagesschreiber von einst mit sich in eine – begrenzt haltbare – literarische Unsterblichkeit. Wer dächte noch an einen einstmals mächtigen Mann im Wiener Zeitungswesen wie jenen Moriz Benedikt, den Herausgeber und Leitartikler der liberalen »Neuen Freien Presse«, gäbe es nicht, bei Karl Kraus, den alten Biach aus den »Letzten Tagen der Menschheit«, jenem Riesendrama über den Ersten Weltkrieg. Wer wüßte noch den Namen jener eifrig mitschreibenden Frontberichterstatterin Alice Schalek, die im Schützengraben auftaucht und darum bittet, ein bißchen mitschießen zu dürfen auf den Feind, was ihr gewährt wird, und worüber sie anschließend berichtet. Man kennt sie auch heute noch, denn sie lebt weiter in solchen schrecklichen Zitaten bei Karl Kraus.

Als der Zweite Weltkrieg zu Ende war, sprachen die Darsteller des Schauspielhauses Zürich, zumeist Emigranten, die noch einmal davongekommen waren, an zwei Abenden die Texte dieser »Letzten Tage der Menschheit«. Als Rückblick und zugleich als Gegenwart. Therese Giehse sprach die Alice Schalek, und die Schalek war abermals Gegenwart: lange nach dem – physischen – Tode einer im übrigen vergessenen Journalistin. Die

Schalek war eine große Kunstfigur geworden, ganz wie Lady Macbeth oder Offenbachs Metella aus dem »Pariser Leben«, oder wie der Schuster Knieriem, der an den Kometen glaubt, aus Nestroys »Lumpazivagabundus«. Um drei Meister zu nennen, die Karl Kraus geliebt hat: William Shakespeare, Johann Nestroy und Jacques Offenbach.

Wie konnte das geschehen: die Verwandlung des Ephemeren ins Dauerhafte, der Tagesereignisse und Tagesglossen in Dokumente einer zu Ende gehenden Menschheitsgeschichte, wie Karl Kraus wirklich vermutet, nicht bloß behauptet hat. Es geschah als Verwandlung. *Verwandlung durch Sprache.* Die Sprache von Karl Kraus verwandelte das Sprachlose leidender Menschen, auch den Schrei, auch die Zote, er verwandelte die gedruckte Lüge ebenso wie die gesprochene Phrase in Literatur, die man zitieren kann, und woran sich Leser und Bewunderer von Karl Kraus wiedererkennen. Mitten im Ersten Weltkrieg, als sich zwischen Berlin und Wien die Bande der Allianz bereits gelokkert hatten, unterzeichneten die Diplomaten der beiden Kaiserreiche ein großtuerisches neues Dokument, worin die frühere Allianz »ausgebaut und vertieft« wurde. Man las darüber hinweg, wußte genau, was davon zu halten war. Karl Kraus wußte es auch, doch er las nicht darüber hinweg. Er spießte die Formel auf, wiederholte sie auch später, bei anderen Anlässen immer wieder. »Ausgebaut und vertieft«. Ernst Bloch liebte und zitierte die Formel. Er kannte seinen Karl Kraus.

Berlin und Wien. Ein Bündnis »auf Gedeih und Verderb«. Das klingt markig und schön und hat nichts zu bedeuten. Bei Karl Kraus aber, in den »Letzten Tagen der Menschheit«, wird das aufgeteilt auf zwei Sprecher. Ein Dialog. »Auf Gedeih –«, sagt der eine. »Und Verderb«, wiederholt der andere. Genau so ist es gekommen.

Karl Kraus, der Jude aus Gitschin in Böhmen, hat an die Sprache und ihre unfehlbare Wahrheit geglaubt: an seine deutsche Sprache. Und er glaubte an den eigenen Zorn über Trägheit des Denkens und Fühlens. Vor allem jedoch übermannte ihn stets von neuem der große Zorn, wenn er zusehen mußte, wie *Erinnerung betrogen und zerstört wurde.* Mit Hilfe von Tagesdenken und ephemerem Fühlen: mit den Verhaltensweisen also, wie man heute sagen würde, einer Wegwerfgesellschaft. Karl Kraus hat wohl als einer der ersten unter uns und in unserem Jahrhundert *den Erinnerungsverlust* und die ebenso gedanken- wie gefühllose bloße »Modernität« als Untergangssymptome benannt.

Sein Zorn war nicht mit dem Haß zu verwechseln. Kraus hat viele verachtet. Heute wird man zugeben müssen: in den meisten Fällen war er historisch im Recht. Bei Kaiser Wilhelm II. wie bei dem ungarischen Herausgeber eines Wiener Erpresserblättchens, wo vor allem an jenen Artikeln verdient wurde, die nicht erschienen. Sein öffentlich plakatiertes »Hinaus mit dem Schuft aus Wien!« hatte Erfolg. Nicht erfolgreich war eine andere von Kraus aus eigener Tasche bezahlte Plakataktion, als er den Wiener Polizeipräsidenten Schober, den er zu Recht verantwortlich machte für polizeiliche Willkür nach dem Brand des Wiener Justizpalastes, zum Rücktritt aufforderte. Natürlich tat Schober, wie er zu betonen pflegte, »nur seine Pflicht«, und blieb im Amt. Ein schönes Couplet von Kraus, das Schoberlied, blieb übrig. So kam auch dieser Schober auf die Nachwelt.

Die Psychologen, nicht zu reden von den Psychoanalytikern, hatten es stets schwer mit Karl Kraus, da alles scheinbar so leicht schien. Jüdischer Selbsthaß. Organminderwertigkeitsgefühl, weil Kraus das nicht aufweisen konnte, als er in seiner Jugend Schauspieler werden wollte, was man damals eine »schöne Bühnenerscheinung« zu nennen pflegte. Aristokratische Freundschaften *und* gnadenloser Hohn für alle offiziellen Wiener Günstlinge der Literatur, des Theaters, der Presse: nicht zu reden von der innigen Vermischung der Literatur mit dem Kommerz. Kraus legte sich gleichzeitig mit den Juden an und mit den Antisemiten, mit den Aristokraten vom Ballhausplatz und mit seinem einstigen Bewunderer Franz Werfel. Er war stets ein Ärgernis.

Der Briefwechsel zwischen Sigmund Freud und Arnold Zweig droht zu scheitern, als bei Zweig von Karl Kraus die Rede ist. Als Max Rychner, der schweizerische Essayist, der gleichzeitig Hofmannsthal bewundert *und* Karl Kraus, ein kleines Buch veröffentlicht über den Herausgeber der »Fackel«, bemerkt Hofmannsthal herablassend: »Ich kenne Ihr Buch über Kraus nicht. Ich habe es nur einmal in Wien in einem Buchladen liegen sehen und war verwundert über die Zusammenstellung der beiden Namen...« Die Fackel habe er seit 15 Jahren nicht mehr gelesen; ein negatives Urteil von Kraus über ihn selbst berühre ihn nicht. Kraus habe dafür keine »Substanz«. Freilich wird dann, im Jahre 1924, hinzugesetzt: »Ich habe ihn vor dreißig Jahren recht gut gekannt; wir waren beide damals sehr junge Menschen, doch ich erinnere mich genau: Es war auch damals nichts in ihm, auch kein Wille, sich zu fundieren, nichts als ganz kurze Zwecke und Absichten.«

Auch damals. Das war am Ausgang des 19. Jahrhunderts. Zur Zeit des glanzvollen Auftretens eines jungen Dichters mit dem Pseudonym Loris, der Terzinen schrieb über die Vergänglichkeit, ein lyrisches Dramolett mit dem Titel »Der Tor und der Tod«, symbolistische Prosa im Zeichen des Engländers John Ruskin oder des Italieners Gabriele d'Annunzio. Der Glanz des jungen Loris-Hofmannsthal verlosch dann bald. Am Ausgang des Jahrhunderts stand Hofmannsthals Absage an den immoralischen Ästhetizismus, der das Elend nicht sehen will, in Hofmannsthals »Märchen der 672. Nacht«, wo der reiche Liebhaber der schönen Dinge sehr sinnlos und auch sehr häßlich zu Tode kommt.

Um dieselbe Zeit beschloß der nun auch nicht mehr junge Karl Kraus, gleichfalls vom Jahrgang 1874, eine Zeitschrift zu gründen. Das berühmte rote Blättchen, das Unzähligen im Lauf der Jahre und Jahrzehnte zur geistigen Nahrung, bisweilen zur Droge werden sollte. »Die Fackel. Herausgeber: Karl Kraus. Erscheint dreimal im Monat. Preis der einzelnen Nummer 20 Heller.« Herausgegeben im III. Wiener Bezirk im eigenen Verlag »Die Fackel«.

Wie hatte es der späte Hofmannsthal formuliert, fünf Jahre vor seinem Tode mit 55 Jahren? Kraus entbehre der Substanz. Er habe »nichts als ganz kurze Zwecke und Absichten«. *Hier* lag das profunde Mißverstehen. Hofmannsthal verwechselte die stets ephemeren Anlässe des Schreibens von Kraus mit dessen Riesenarbeit: der Verwandlung des Tagesgeschehens ins Dauerhafte. In eine bis dahin ungekannte und unerhörte Form der Literatur. Mit Hilfe von Sprache. Doch ohne Hofmannsthals illusionäre Hoffnung auf »ewige« Werte und Substanzen. So wurde Hofmannsthal nach 1914 zum Lobredner des Prinzen Eugen und zum Propagandisten im Pressequartier. Karl Kraus übernahm für sich die Rolle des Nörglers. Der reichsdeutsche Parallelfall machte *Thomas Mann* zum Laudator Friedrichs von Preußen. Sein Bruder Heinrich Mann wurde auch seinerseits zum Nörgler. Er machte sich, mitten im Kriege, zum Laudator des französischen Erbfeindes Emile Zola.

Der Nörgler steht allein und hat ein schweres Leben. Er freut sich nicht, wenn die Zeitung Freudiges zu berichten hat. Er trauert nicht bei der Hoftrauer. Karl Kraus war berühmt als Redner und Vorleser. Ausverkaufte Säle. Er selbst sprach vom »Ein-Mann-Theater«. Allein die österreichische Geheimpolizei, gut geschult seit den Tagen des weiland Fürsten Metternich, war nach dem Kriegsausbruch am 1. August 1914 auf der Hut. Kraus durfte vorerst nicht öffentlich auftreten. Als das Verbot dann aufgehoben wurde und man sich noch Siegesfreuden erhoffte, begann er seine Rede mit dem Klischeesatz »In dieser großen Zeit« ..., um sogleich hinzuzusetzen, die er noch gekannt habe, als sie sooo klein war. ... Abermals hatte Kraus nichts getan, als die Sprache beim Wort zu nehmen.

Der »Nörgler« wird nun seine Rolle in dem Riesendrama, das er wohl schon im Sommer 1915 zu schreiben beschloß. Das Vorspiel, das alles bereits im Keim enthält, entstand im Sommer dieses zweiten Kriegsjahres. Der Epilog, nach Angaben von Kraus, im Juli 1917: also mehr als 15 Monate *vor* dem tatsächlichen Kriegsende mit Kapitulation und Untergang des Kaiserreiches. Kraus hatte alles vorausgedacht. In der endgültigen Buchausgabe umfaßt dies Drama für ein »Marstheater«, wie Kraus, abermals im sprachlichen Doppelsinn, formuliert hatte, genau 770 Seiten. Es endet, von heute her gesehen, bereits mit der genauen Vorausschilderung einer Atomkatastrophe. Dann spricht eine »Stimme von oben«, allein sie erinnert nicht mehr an Goethes Rufe von oben im »Faust«. Sie spricht:

> Der Sturm gelang. Die Nacht war wild.
> Zerstört ist Gottes Ebenbild!
> Großes Schweigen.

Dann noch ein einziger Satz. Die Stimme Gottes.

Ich habe es nicht gewollt.

Gesperrt gedruckt. Der Satz ist ein Zitat. So hatte der uralte Kaiser Franz Joseph gesprochen, als sich das Unglück ankündigte. Wer so zu Ende denkt und alles vorauszufühlen vermag, ist wahrhaft einsam. Dem Manne, der das verachtet, was die anderen als »Literatur« bezeichnen, und was für ihn nur den Titel einer satirischen Operette abgibt, opfert das Leben seiner besonderen, unvergleichbaren Art der Literatur.
Eines der schönsten Gedichte von Kraus, die er selbst als »Worte in Versen« zu kennzeichnen liebte, hält den Vorgang fest.

Nächtliche Stunde

Nächtliche Stunde, die mir vergeht,
da ich's ersinne, bedenke und wende,
und diese Nacht geht schon zu Ende.
Draußen ein Vogel sagt: es ist Tag.

Nächtliche Stunde, die mir vergeht,
da ich's ersinne, bedenke und wende,
und dieser Winter geht schon zu Ende.
Draußen ein Vogel sagt: es ist Frühling.

Nächtliche Stunde, die mir vergeht,
da ich's ersinne, bedenke und wende,
und dieses Leben geht schon zu Ende.
Draußen ein Vogel sagt: es ist Tod.

Er starb mit 62 Jahren. Noch in Wien. Ein paar Jahre später hätte man wohl auch ihn an die Rampe transportiert: zur Selektionierung, wie der Mörderausdruck lautete. Kraus war herzleidend. Man weiß wenig von ihm. Der scheinbar so unablässig von sich selbst zu sprechen und über sich zu schreiben schien, von Theaterbesuchen und Streichen, die er den Redakteuren gespielt hatte, gab kaum je etwas von sich preis. Eines seiner letzten Worte, so wird versichert, habe, wohl in einem Augenblick der Schmerzen, »Pfui Teufel« gelautet. Das letzte Wort eines einsamen Nörglers?

Eines Großen Nörglers. Karl Kraus hat stets gewußt, wer er war und was sein Werk bedeutete. Er hat sich nicht »überschätzt«, wie jene behaupteten, denen er nachwies, daß sie überschätzt seien. Er war in Wirklichkeit auch niemals einsam. Karl Kraus und die Folgen. Die sind unabsehbar. *Elias Canetti* hat davon einen Lebensbericht gegeben. Der zweite Band seiner Erinnerungen trägt den Titel »Die Fackel im Ohr«. Was wörtlich zu verstehen ist: die Diktion und Thematik der »Fackel« von Karl Kraus erweckt den zögernden Schriftsteller Elias Canetti, der keine Vorlesung des Meisters versäumt. Der Umschlag dieses Memoirenbandes zeigt die Kärntnerstraße und die Wiener Oper. Genauer gesagt: die sogenannte »Sirk-Ecke« aus den »Letzten Tagen der Menschheit«.

Man sollte genauer nachdenken über diese beiden Männer vom Jahrgang 1874: *Hugo von Hofmannsthal und Karl Kraus.* Nicht etwa, um abgestorbene literarische Polemiken zu beleben, sondern *um die Polarisationen damaliger Politik, Literatur und Ästhetik zu verstehen*, die mit diesen beiden Namen verbunden sind. Übrigens auch, um die geheimen Gemeinsamkeiten zu ahnen, von denen beide wußten. Hofmannsthals Hinweis auf eine frühe Nähe, die später zur eisigen Fremdheit werden sollte, verdient es, überdacht zu werden: auch im Wortsinne des »gemeinsamen Daches«.

Beide gehörten im untergehenden Österreich-Ungarn zur Minderheit einer Minderheit einer Minderheit. Deutsche Minderheit in einem slawischen und ungarischen Nationalitätenstaat. Städtisch-bürgerliche Minderheit zwischen Bauern und Großgrundbesitzern in einem Staatswesen, das durch Metternich kunstvoll vom modernen Kapitalismus ferngehalten wurde, daß die Wiener Filiale des Hauses Rothschild als einzige erfolglos blieb. Jüdische Minderheit schließlich unter den Bürgern und den Deutschen. Als Großdeutschland ausgerufen wurde, registrierte man auch Hofmannsthal: unreine Herkunft. Man übersah sie großzügig im Opernhaus und dem Richard Strauss zuliebe, weil der Verfasser des »Rosenkavalier« seit 1929 tot war.

Diese Nähe war es wohl, die schließlich Entfremdung und Feindschaft hervorrief. Als beide jedoch zur schöpferischen Identität gelangten, entstand jene Antinomie, die unüberwindbar blieb. Beide stehen, Kraus wie Hofmannsthal, in einer sonderbaren Privatphilosophie *zwischen Ursprung und Untergang.*

Im Januar 1924, also kurz vor dem fünfzigsten Geburtstag, schreibt Karl Kraus: »Das Übermaß meiner Arbeit beruht nicht in der Verpflichtung, meine Darstellung den Tatsachen folgen zu lassen, sondern in dem Zwang, daß die Tatsachen meiner Darstellung folgen, wodurch, so winzig und thematisch unwürdig jene auch sein mögen, die endgültige Gestalt zum ungeheuerlichen Problem wird.« Genauso beginnt das berühmte Lied von der Presse, das Couplet aus der magischen Operette »Literatur« von 1922:

> Im Anfang war die Presse
> Und dann erschien die Welt.

Das Paradox ist durchaus ernst gemeint. In der Metaphysik von Karl Kraus ist die Kausalität ebenso aufgehoben, wie die Subjekt-Objekt-Relation. Kraus glaubt in seinen Visionen am nächtlichen Schreibtisch alle Ereignisse, alle Einzelheiten einer Welt-Dekomposition vorweggenommen zu haben, so daß er die Ereignisse, die ihn ausnahmslos zu bestätigen scheinen (und bestätigt haben!), als Nachlieferung durch die Wirklichkeit betrachtet. Darum wird er nicht müde zu betonen, er vertrete keinerlei Meinung, denn Meinung könne sich nur als Meinen von Realitäten darstellen, die eben durch Kraus dieses Vorranges und verursachenden Charakters entkleidet wurden. Die Presse als Ursprung ist gleichfalls wörtlich gemeint. Daß sie schuld an den Ereignissen sei, sie eigentlich verursacht habe, daß ihre Schwarze Magie zum Weltkrieg führte und zum Weltuntergang führen werde, war Grundüberzeugung. Vielleicht sehen wir heute diese Art, Beziehungen zwischen Wirklichkeit und Zeitung herzustellen, als gar nicht mehr absurd an ...

All diese Positionen aber sind Ausdruck einer Grundposition. Die ist allerdings, von Kraus her gesehen, nicht historisch, son-

dern übergeschichtlich. Es ist *die Position zwischen Ursprung und Untergang*. Beides sind Grundbegriffe dieser Metaphysik, sie entsprechen einander. Im Begriff der *»Nachwelt«* sind sie dialektisch vereinigt, denn Kraus empfindet sich als Nachwelt gegenüber dem Ursprung, und er sieht die Nachwelt, die nach ihm kommen wird, im Zeichen des Untergangs. Mit dieser dialektischen Verschränkung begann bereits im Mai 1912 die Rede »Nestroy und die Nachwelt«, die zum fünfzigsten Todestag des großen Wiener Dramatikers gehalten wurde. Kraus dekretierte damals: »Wir können sein Andenken nicht feiern, indem wir uns, wie's einer Nachwelt ziemt, zu einer Schuld bekennen, die wir abzutragen haben. So wollen wir sein Andenken feiern, indem wir uns zu einer Schuld bekennen, die wir zu tragen haben, wir Insassen einer Zeit, welche die Fähigkeit verloren hat, Nachwelt zu sein (...).«
Das Wort vom »Ursprung« hatte für Kraus eine Bedeutung, worin sich Kunst und Religion in eigentümlicher Mischung vereinigten. Ursprung bedeutet Kindheit und Kindheitserleben: von dort her sein Leben und das seiner Mitwelt zu messen, wird dieser Mann nicht müde. Auch er ist in Leben und Werk, ganz wie der um drei Jahre ältere, 1871 geborene *Marcel Proust*, auf der Suche nach einer verlorenen Zeit, nach der Kinderzeit. Ursprung bedeutet weiterhin die bewahrte oder unter Mühen wiedererrungene Ursprünglichkeit des Erlebens, vor allem des Kunsterlebens. *Sprache vor allem ist Ursprung*: nur dem authentischen Dichter gewährt sie den Umgang mit ihrer Ursprünglichkeit, also daß ein Spracherlebnis »unmittelbar« bleibt und nicht durch dazwischengeschaltete literarische Erlebnisse und Reminiszenzen vermittelt wurde. »Beim Ursprung bleiben« hat schließlich für Karl Kraus noch einen religiösen Sinn: den der Gottesnähe, die aber für ihn von der Sprach- und Kunstnähe nicht zu trennen ist.

(...)
Zwei Läufer laufen zeitentlang,
der eine dreist, der andre bang:
Der von Nirgendher sein Ziel erwirbt;
der vom Ursprung kommt und am Wege stirbt.

Der von Nirgendher das Ziel erwarb,
macht Platz dem, der am Wege starb.
Und dieser, den es ewig bangt,
ist stets am Ursprung angelangt.

Karl Kraus verstand sich als Dichter, der dem Ursprung nahe geblieben war und von daher das Recht herleitet, eine ursprungslos gewordene Mitwelt zu verurteilen. Eine Mitwelt, die das Recht verloren habe, Nachwelt zu heißen, da Nachwelt noch eine Beziehung des Späteren, Nachgeborenen zu den Ursprüngen einstiger Meisterschaft voraussetzt; was Karl Kraus seiner Mitwelt und Umwelt ausdrücklich absprach.

Von hier aus, vom Gedanken des »Ursprungs«, erschließt sich die rätselhafte, widerspruchsvolle Gestalt dieses Menschen und Künstlers. Schaut man die Jahrgänge der »Fackel« durch, dazu die Versbände und dramatischen Gebilde, die Aphorismenbücher, Übersetzungen und Bearbeitungen, so will es scheinen, als habe dieser rastlos Arbeitende stets nur von sich gesprochen, kaum etwas anderes betrieben als lärmende Autobiographie. Er spricht stets in der ersten Person, scheinbar werden wir in die Einzelheiten seiner Nachtarbeit, Theaterbesuche, Vorleseabende und Kaffeehausstunden eingeweiht. In Wirklichkeit verschwimmen die Bildkonturen immer mehr, je weiter einer den gesamten Karl Kraus liest. Am Schluß ist die menschliche Substanz, der dieses große poetisch-kulturkritische Werk entsproß, nahezu rätselhaft geworden. Hinter dem, was die Zeitgenossen, auch Freunde von Kraus, oft als Geltungssucht bezeichneten, als Ich-Besessenheit, sogar als Exhibition der Privatsphäre, verbirgt sich eine strenge Distanz, spürt man Scheu und Takt. Von seinem Eigensten scheint Karl Kraus nur wenig enthüllt zu haben.

Es gibt kaum einen Künstler der neueren Literaturgeschichte, der so sehr wie Kraus *aller Elemente des Utopischen, des Zukunftssüchtigen* ermangelt. Kraus hält es mit der antiken Vorstellung, wonach das Goldene Zeitalter am Ursprung war, und später bloß noch als Verfall verstanden werden muß. Dieser Auffassung vom Ursprung entsprach folgerichtig die Häufung von Untergangsvisionen in dieser dichterischen Vorstellungswelt. Wenn die aurea aetas längst vergangen ist, nur noch vom Kind Karl Kraus als Abglanz erahnt werden konnte, so bedeutet die Nachwelt bloß noch Niedergang und schließlich Untergang.

Auch das Werk *Hugo von Hofmannsthals* ist, vor allem nach dem Ende des Weltkriegs, als Dichtung einer Endzeit und Todessucht entstanden.

Hofmannsthals insgeheim angstvolle, nach außen hin selbstsicher auftretende Forderung einer Erneuerung der modernen Kunst aus dem Geist des Barock, verstanden als festliche Einheit aus Landschaft und Geschichte und Theater, gipfelnd in einem Salzburger »Großen Welttheater« nach Calderón, war nicht bloß ein Irrweg, sondern ein – damals – höchst zeitgemäßer Irrweg. Man möge sich die Parallelaktion von Hugo von Hofmannsthal und *Paul Claudel* vor Augen halten. Auch bei Claudel in jener ersten Nachkriegszeit der Versuch, ein Welttheater aus dem Geist der Katholizität, der Konterreformation und der spanischen Bühnentradition zu errichten. Der »Seidene Schuh« als Gegenstück zu Hofmannsthals Bemühungen um das neubarocke Welttheater. Beide aber, Hofmannsthal wie Claudel, stellten sich mit diesem Rekurs auf das Jesuitentheater der Gesellschaftsproblematik ihrer Zeit entgegen. Ihr Barockbegriff war in aller Bewußtheit als Heilformel gegen gesellschaftliche Zusammenbrüche und Revolutionen gedacht. Allein Claudel ist ungebrochen, sein Tun hängt mit der arroganten Glaubensgewißheit eines Bekehrten zusammen. Sein Briefwechsel mit André Gide in jenen Jahren zeigt eine Art des Dichtens und des Verhaltens zur Zeit, die ebenso abgefeimt ist wie naiv, ebenso unbelehrbar wie monumental.

Hofmannsthal war weder abgefeimt noch naiv, weder unbelehrbar noch monumental. Das macht: er war nicht von Hause aus, was Claudel, wenngleich ebenfalls in bewußter Stilisierung, zu sein vermochte. Claudel stand in einer Tradition, Hofmannsthal besaß Tradition. Die Ambivalenz seines Verhaltens zu den Religionen, literarischen Überlieferungen, Gesellschaftsklassen verhinderte immer wieder, daß sich die Einheit aus Mensch und Zeit, Sein und Schein, Leben und Schreiben

verwirklichte. Ein anderer, auch ein österreichischer Dichter, der jüdischen Herkunft nach gleichfalls in einer Lage, die den bösen Blick erlaubte auf Hofmannsthals geheime Schwächen, hat diesen Fall Hofmannsthal, bei aller Sympathie, sehr nüchtern beschrieben. In *Hermann Brochs* berühmter Studie über »Hofmannsthal und seine Zeit« kann man lesen: »Der Bruch mit dem von Vater und Großvater eingerichteten bürgerlichen Sein war keineswegs bloß das Aufgeben von etwas, mit dem man wie mit einem natürlichen Besitz frei schalten dürfte, nein, es war weit mehr, es war ein Verrat, war Verrat an ihrer Assimilationsleistung, war wiederum ein Verstoß gegen das ›Erwirb es um es zu besitzen‹ und war daher Schuld; wahrlich, es war Schuld, und wie jede Schuld wäre sie unentschuldbar gewesen –, doch war es wirklich nichts als Schuld? War es nicht gleichzeitig eine notwendige Wiedervergeltung? Denn auch jene beiden hatten Schuld auf sich geladen, da sie die jüdisch-feudalen Absichten des Ahnen zunichte gemacht hatten und ins christlich-bürgerliche Lager abgeschwenkt waren.«
Hermann Broch folgert daraus bei seiner Sozialanalyse des Falles Hofmannsthal: »Der Adelsanspruch des Künstlers, gegründet auf der Kraft des Über-sich-selbst-Hinauswachsens, das war die Assimilationsaufgabe, und Hofmannsthal wäre der letzte gewesen zu meinen, daß sie vermittels gesellschaftlicher Beziehungen zur Aristokratie hätte erfüllt werden können. Denn durch keinerlei Leistung kann man sich in eine Klasse einkaufen; selbst ins Proletariat muß man hineingeboren sein, auf daß die Klassenzugehörigkeit den sozialen Platz im Volksganzen verbürge.«
Auch Hofmannsthal leitet seine Dichtung der Endzeit, wie Hermann Broch erkannt hat, aus dem Ursprungsverlust ab. Allein diese Entwicklung gehörte nicht allein zur jüdischen Existenz, sondern zum Anachronismus des Österreich/Ungarn. Ein nichtjüdischer Schriftsteller und Zeitgenosse von Hofmannsthal, den er übrigens nicht mochte, nämlich Robert Musil, sprach vom Reiche Kakanien.
Hofmannsthal fühlte sich vorgeprägt und zum Untergang geprägt: Dies hängt mit dem Tode zusammen und einer Todessüchtigkeit, die in aller Dichtung Hofmannsthals ihr Wesen

treibt. Für den jungen Loris war das ein oft kokettes, wohl auch modisches Spiel: ein Getändel mit den Agonien.
Darin lag noch viel Attitüde einer modischen Décadence. Später wurde im »Jedermann« der Tod sogar Requisit. Schließlich aber stellte sich Hofmannsthals Verhältnis zum Leben und zur Tradition immer deutlicher und ernsthafter *unter das Gesetz des Todestriebs*. Die Zukunft war ausgespart worden. Historismus und Bildungsgläubigkeit wurden für diesen Dichter, soviel Bedeutung er ihnen als Ideologie jeweils einräumen mochte, mehr und mehr zum Ausdruck einer Sehnsucht nach dem, was dahinging und unwiederholbar ist. Die Überfeste seiner mythologischen Opern waren insgeheim als Leichenfeiern zu verstehen. Das Ritual, bei dessen Erfindung dieser Dramatiker so erfolgreich zu sein pflegte – von der silbernen Rose bis zum Kredenzen des Glases mit Wasser in der »Arabella« –, war Totenritual. In Hofmannsthals Aufzeichnungen aus der letzten Lebenszeit findet sich folgender Satz: »Was uns zur Betrachtung der Vergangenheit treibt, ist die Ähnlichkeit des Gewesenen mit unserem Leben, welche ein Irgend-wie-Eins-Sein ist. Durch Erfassung dieser Identität können wir uns selbst in die reinste Region, den Tod versetzen.«
Das hatte bereits der junge Loris empfunden und in den »Terzinen über Vergänglichkeit« ausgesprochen:

Und daß mein eignes Ich, durch nichts gehemmt,
Herüberglitt aus einem kleinen Kind
Mir wie ein Hund unheimlich stumm und fremd.

Dann: daß ich auch vor hundert Jahren war
Und meine Ahnen, die im Totenhemd,
Mit mir verwandt sind wie mein eignes Haar,

So eins mit mir als wie mein eignes Haar.

Präexistenz und Todessüchtigkeit. Man ist nicht fern der Privatmetaphysik von Karl Kraus, der Spannung zwischen Kult des Ursprungs *und* Wollust des Untergangs. Im Grunde waren auch für Hofmannsthal alle Ideologien und historisch-politischen Sinngebungen des Augenblicks nicht überaus wichtig. Das Wesentlichste in ihm, so glaubte er zu spüren, war die Vorprägung durch die Toten. Sein Schaffen war für ihn nichts anderes als ein Weg zum Tode: Progression und Regression in einem.

Vom *»habsburgischen Mythos«* in der Literatur hat man oft gesprochen, um diese sonderbare Konstellation aus Hofmannsthal und Karl Kraus, Musil und Hermann Broch, Rilke und Werfel und Trakl und Kafka zu charakterisieren. Vielleicht kommt man bei der Deutung besser vorwärts, wenn einer auf den beliebten Ausflug ins Mythische verzichtet. Nimmt man die bildenden Künstler der Sezession hinzu und die Wiener Schule von Arnold Schönberg, auch einem Manne vom Jahrgang 1874, und Sigmund Freud und die Wiener Schule der neuen Logiker, so entsteht eine sonderbare Integration, die mehr ausdrückt als eine bloße Addition der berühmten Namen und folgenreichen Strömungen in Kunst und Wissenschaft. Natürlich hat alles unmittelbar mit dem Untergang dieses habsburgischen Reiches zu tun, das seit der Revolution von 1848 und der Thronbesteigung Franz Josephs in der Agonie lag und nicht sterben konnte. Als ein »monstrum sui generis« hatte man im 17. Jahrhundert das Staatsgebilde des Heiligen Römischen Reiches Deutscher Nation gekennzeichnet. Auch der Nationalitätenstaat der Habsburger war ein solches »monstrum« höchst besonderer Art. In den Anfängen des Todeskampfes gehörten dazu noch oberitalienische Reichsteile mit Venedig und Mailand. Wer heute dort herumreist oder in Kroatien und Slowenien ebenso wie in Ungarn und noch in Galizien, das heute zur Sowjetunion gehört, wird an der gelben Tünche der öffentlichen Gebäude die Residuen dieses habsburgischen Monstrums diagnostizieren können: zählebig und absurd, anachronistisch und gegenwärtig. Die Angehörigen einer bürgerlichen Oberschicht deutscher Sprache wußten, daß sie ein unzeitgemäßes Leben führten: was Behaglichkeit ebensowenig ausschloß wie Zynismus.

Der bürgerliche Liberalismus in Österreich nach der Niederlage von 1866 hatte, im Gefolge einer nun langsam nachgeholten Kapitalisierung des Landes und der Schaffung von neuen Ver-

kehrswegen, etwas spärliche Zuversicht aufkommen lassen. Zu Beginn der 90er Jahre hingegen, als Hofmannsthal und Kraus debütierten und die Ära des Imperialismus angebrochen war, offenbarte sich die Absurdität dieses Reichsgebildes auf allen Gebieten: in Technik und Wirtschaft, Außen- wie Innenpolitik, nicht zuletzt im Kontrast zwischen der starken proletarisch-industriellen Zusammenballung in Wien und der bäuerlichen Struktur der sogenannten habsburgischen Erblande. Nun empfanden die jungen Debütanten, in wie hohem Maß sie als Minderheit einer Minderheit zu wirken hatten. Ihr Schaffen stand damit, nicht allein bei Kraus und Hofmannsthal, in der *Dialektik von fragwürdigem Ursprung und präzis berechenbarem Untergang*. Fragwürdig war der Ursprung dieses Reiches, das zusammengerafft wurde durch Eheschließungen und Allianzen, Verrat und Gewalt, und das keine Legitimität besaß, wenngleich es sich als einzig legitim ausgab. Da man in der modernen *bürgerlichen* Gesellschaft lebte, war Legitimität im Sinne des Ancien Régime nicht mehr möglich; nach dem modernen bürgerlichen Nationalitätenprinzip erst recht nicht. Das haben Hofmannsthal und Kraus genau gewußt.
Ein Gedicht von Karl Kraus trägt die Überschrift »Felix Austria« und spielt damit an auf das lateinische Diktum der Habsburger: Bella gerant alii, tu felix Austria nube. Kriege sollen die anderen führen. Das glückliche Österreich erweitere sich durch profitable dynastische Heiraten. Dazu diese Worte in Versen:

Sie wollte sich durch Heirat nur vermehren
und hat das Siegen andern überlassen,
und dies behagte allen Landeskindern.
Um aber noch gemütlicher zu spaßen,
geizte sie einmal doch nach blutigen Ehren.
Und glänzend glückt' es ihr, sich zu vermindern.

Dies ist abermals des Nörglers Stimme. Verzweifelt muß er mitansehen in diesen Zwanziger Jahren und in einer österreichischen Republik, daß alle Greuel und Gemeinheiten der Kriegszeit nichts bewirkt haben. Man richtet sich wieder ein. Im wienerischen Jargon: Man richtet sich's. Das Reich Kakanien ging unter; die felix Austria ist arg vermindert! Und doch: das Vorwort zu den »Letzten Tagen der Menschheit« spricht es aus in unvergeßlichen Sätzen: »Denn über alle Schmach des Krieges geht die der Menschen, von ihm nichts mehr wissen zu wollen, indem sie zwar ertragen, daß er ist, aber nicht, daß er war. Die ihn überlebt haben, ihnen hat er sich überlebt, und gehen zwar die Masken durch den Aschermittwoch, so wollen sie doch nicht aneinander erinnert sein. Wie tief begreiflich die Ernüchterung einer Epoche, die, niemals eines Erlebnisses und keiner Vorstellung des Erlebten fähig, selbst von ihrem Zusammenbruch nicht zu erschüttern ist, und von der Sühne so wenig spürt wie von der Tat, aber doch Selbstbewußtsein genug hat, sich vor dem Phonographen ihrer heroischen Melodien die Ohren zuzuhalten, und genug Selbstaufopferung, sie gegebenenfalls wieder anzustimmen.«

Sätze, die nach einem Ersten Weltkrieg und einer ersten Niederlage geschrieben wurden. Wie gesagt: Wer den Karl Kraus liest, der lebt immer im Heute.

Karl Kraus und die Folgen. Wer so fragt, hat Karl Kraus selbst zitiert: dessen berühmtes Pamphlet über »Heine und die Folgen« vom Jahre 1910. Gipfelnd in der – ungerechten – These: »Heine war nur ein Draufgänger der Sprache; nie hat er die Augen vor ihr niedergeschlagen.« Das ist abermals Metaphysik des Ursprungs. »Er kam vom Ursprung nicht.« Heine und die Folgen: die finde man im Feuilleton. Heine gleichsam als Bahnbrecher des modernen Journalismus. Auch hier die Vertauschung von Kausalitäten. Erst die Presse, dann die Weltentstehung. Erst Heines Lyrik und Prosa, dann der moderne Journalismus. Karl Kraus und die Folgen?

Die sind gewaltig: man kann sie allenthalben beobachten. Die selbstgewollte Einsamkeit, wenn sie gewollt war, ließ sich nicht erzwingen. Die großen Verächter der Kulturindustrie wurden bald schon von ihr vereinnahmt: Stefan George, Karl Kraus, Arno Schmidt.

Bert Brecht hatte das früh schon erkannt: im Falle von George. Brecht meinte, die Säule, die sich dieser Säulenheilige ausgesucht habe, stehe »in einer allzu belebten Gegend«. Auch das gesellschaftliche Phänomen Karl Kraus hat Brecht, bei aller Be-

wunderung für den Meister der »Fackel«, richtig eingeschätzt, nämlich nicht als ein Phänomen der Einsamkeit, sondern der *geistigen und gesellschaftlichen Polarisierung.* An Kraus mußten sich die Geister scheiden. Auch hier gibt es die weit über den Einzelfall Kraus – Hofmannsthal hinausreichende Antinomie und Alternative. Vertrackte Dialektik aus Nähe und Ferne bei diesen beiden. Entweder – oder. Hofmannsthal fand sich zusammen mit Richard Strauss und Max Reinhardt. Drei Meister der von Brecht verspotteten »kulinarischen« Kultur. Salzburger Festspiele und Empfänge auf Schloß Leopoldskron. »Agonien, Episoden«, wie der junge Hofmannsthal gedichtet hatte.
Oder: dialektische Dramatik, Lehrstücke, Negation der kulinarischen Kulturindustrie, Absage an bürgerliche Apologetik. Brecht und Schönberg.
Wenn er verriß und verurteilte, mochte Kraus bisweilen ungerecht sein, weil er, in allzu großer Nähe, den Künstler mit seinen Lobrednern gleichsetzte. Zum Beispiel im Falle von Arthur Schnitzler. Trat er jedoch für einen Künstler ein, *so hat er niemals geirrt.* Er setzte sich, zu einer Zeit, als man den Dramatiker *Frank Wedekind* als Pornographen verfolgte, für das polizeilich verbotene Theaterstück »Die Büchse der Pandora« ein und veranstaltete am 29. Mai 1905 in Wien eine Privataufführung vor geladenen Gästen: was die Polizei nicht verhindern durfte. Die Einleitungsrede gehört zu seinen großartigsten Texten. Am Beispiel der Lulu wird abgerechnet mit allen damaligen (und heutigen) »Männerphantasien«. Kraus enthüllt sie mit einem einzigen Satz: »Der Erwählte sein wollen, ohne der Frau das Wahlrecht zu gewähren«.
Else Lasker-Schüler hat er früh schon für sich entdeckt, später auch den Lyriker der »Hauspostille«, den Lyriker und Dramatiker Brecht.
Sie alle gehörten fortan zu den Seinen. Arnold Schönberg widmete im Jahre 1913 seine »Harmonielehre« dem vermutlich nicht sehr musikalischen Karl Kraus, der immerhin aber, ohne Notenkenntnis, die Couplets nach Offenbachs Musik öffentlich vorzutragen wußte. Schönberg schrieb: »In der Widmung, mit der ich Karl Kraus meine Harmonielehre schickte, sagte ich ungefähr: ›Ich habe von Ihnen vielleicht mehr gelernt, als man

lernen darf, wenn man selbständig bleiben will...‹« Schönberg gab, als Lehrer, solche Lehre weiter. Zum 60. Geburtstag von Karl Kraus am 28. April 1934 bekannte sich *Alban Berg* zu ihm »als einem der größten deutschen Meister... in unwandelbarer Treue«. Es führte auch ein langer, doch gerader Weg von jener Privataufführung im Jahre 1905 zur späteren Oper »Lulu« von Alban Berg.
Immer wieder Karl Kraus und die Folgen. Um das Jahr 1912 entstand der folgende Vierzeiler:

Karl Kraus: weißer Hohepriester der Wahrheit,
Kristallne Stimme, in der Gottes eisiger Odem wohnt,
Zürnender Magier,
Dem unterm schwarzen Mantel der blaue Panzer des Kriegers klirrt.

Verse von *Georg Trakl.*

Karl Kraus wurde zum Zuordnungspunkt. Für den Schönberg-Schüler Hanns Eisler und für Theodor Wiesengrund-Adorno, der bei Alban Berg in die Lehre ging. Adornos großer Essay über das Buch »Sittlichkeit und Kriminalität« von Karl Kraus aus dem Jahre 1964 ist noch ein spätes Zeugnis der frühen Erweckung. Da klärt Adorno, auch mit einem einzigen Satz, die endlosen Debatten, die seit dem Jahre 1933 nicht mehr aufhören wollten: darüber nämlich, ob der späte Karl Kraus ein »Reaktionär« gewesen sei, oder nicht. Adorno formuliert: »Immanente Kritik ist bei ihm stets die Rache des Alten an dem, was daraus wurde, stellvertretend für ein Besseres, das noch nicht ist.«
Als »Deutschland erwachte« im Frühjahr 1933, warteten viele in aller Welt auf die Stimme von Karl Kraus. Er schwieg. Dann erschien, zum Ende des Jahres, ein Gedicht von zehn Zeilen:

Man frage nicht, was all die Zeit ich machte.
Ich bleibe stumm,
und sage nicht, warum.
Und Stille gibt es, da die Erde krachte.

Kein Wort, das traf;
man spricht nur aus dem Schlaf.
Und träumt von einer Sonne, welche lachte.
Es geht vorbei;
nachher war's einerlei.
Das Wort entschlief, als jene Welt erwachte.

Über diese zehn Zeilen ist damals und immer wieder viel geschrieben, geeifert, nachgedacht worden. Beim 60. Geburtstag von Kraus im Folgejahr 1934 flammte die Polemik hell auf. Damals schrieb der Emigrant Brecht zum Geburtstag ein Gedicht mit der Überschrift: »Über die Bedeutung des zehnzeiligen Gedichts in der 888. Nummer der Fackel.« Der poetische Kommentar schließt so:

Als der Beredte sich entschuldigte
daß seine Stimme versage
trat das Schweigen vor den Richtertisch
nahm das Tuch vom Antlitz und
gab sich zu erkennen als Zeuge.

Das Schweigen. War es nicht eine *späte Gemeinsamkeit der drei Männer vom Jahrgang 1874*? Das Schweigen im Brief des Lord Chandos bei Hugo von Hofmannsthal. Es war diesmal nicht kokette Müdigkeit gewesen. Schrittweise hatte Hofmannsthal zuerst die Lyrik von sich abgetan, dann die lyrischen Dramen, darauf die Erzählungen. Das Trauerspiel »Der Turm« war als Abschied von der dramatischen Gattung gedacht. (Die Libretti für Strauss zählten bloß noch als Broterwerb.)

Der dritte Akt von Schönbergs Oper »Moses und Aron« blieb unkomponiert. Der Schluß des zweiten Aktes sah den verzweifelten Ausbruch des Propheten und Ursprungskünders Moses, der nicht singen kann wie der talentierte Bruder Aron: »O Wort, du Wort, das mir fehlt!«

»Kein Wort, das traf; man spricht nur aus dem Schlaf«, hieß es bei Karl Kraus.

Das Wort, selbst eines Karl Kraus, vermochte nicht zu treffen, weil Sprache stets sowohl dem Moses zu Gebote steht, wie dem

Aron. Karl Kraus versuchte einmal noch, das selbstauferlegte Schweigen zu durchbrechen. Er schrieb an gegen die erwachte deutsche Welt in einer »Dritten Walpurgisnacht«, die sich den beiden Vorgängerinnen in Faust I und II zugesellen sollte. Er ließ aber den vollendeten Text nicht drucken. Der wurde viel später aus dem Nachlaß publiziert. Karl Kraus hätte auch auf einen früher bereits veröffentlichten Vierzeiler verweisen können:

An die Sucher von Widersprüchen

Mein Wort berührt die Welt der Erscheinungen,
die darunter oft leider zerfällt.
Immer noch meint ihr, es gehe um Meinungen,
aber der Widerspruch ist in der Welt.

Er sei dagewesen, wenngleich ihn niemand erkannt habe. Oder die letzten Worte des Nörglers bei Karl Kraus. Oder das philosophische Zitat, das Gott bei Karl Kraus zu sprechen hat, und das von Kaiser Franz Joseph im Weltkrieg gesagt wurde: »Ich habe es nicht gewollt.«
Dies ist nicht bloß Geschichte, noch weniger Literaturgeschichte. Nichts davon ist abgetan; auch darf nicht vergessen werden, daß es beiden gelang, Kraus und Hofmannsthal, die höchste Unzuversicht in die eigene Zukunft und den Sinn des eigenen Seins *durch Lachen* mitzuteilen: im Humor, in der Ironie, als Lustspiel wie im »Schwierigen«, auch in der Satire. Der berühmte Ausspruch aus Wien mitten im Weltkrieg war weit mehr als ein Bonmot, wenn es hieß: in Berlin sei die Lage ernst, aber nicht hoffnungslos. In Wien sei sie hoffnungslos, aber nicht ernst. Das war Zynismus, ganz gewiß, aber viel mehr. Auch dazu gehörten Mut, Gestaltungskraft, sogar Zuversicht. In das Lachen nämlich: als eine Möglichkeit, inmitten der Agonien und Episoden, *die Erkenntnis zu pflegen als heitere Wissenschaft.* Es schloß die Bereitschaft zu einem gesellschaftlichen Neubeginn keineswegs aus. Kraus und Hofmannsthal haben nicht an ihn geglaubt. Andere haben anders gedacht und anders gehandelt. Für Karl Kraus hat es in schöner Weise sein dankbarer Schüler Bertolt Brecht ausgesprochen.

Die Ereignisse des Frühjahrs 1933 hatten dem großen Publizisten im unmittelbarsten Sinne »die Sprache verschlagen«. Ein Gedicht von zehn Zeilen, zu Ende des Jahres 1933 in der »Fakkel« veröffentlicht, bot das Zeugnis einer Verwirrung, die dem Weltuntergang, erste Etappe, in Wort und Geist noch gewachsen war, aber beim Anbruch des zweiten Weltuntergangs das Wort entschlafen sah:

Man frage nicht, was all die Zeit ich machte.
Ich bleibe stumm;
und sage nicht, warum.
Und Stille gibt es, da die Erde krachte.
Kein Wort, das traf;
man spricht nur aus dem Schlaf.
Und träumt von einer Sonne, welche lachte.
Es geht vorbei;
nachher war's einerlei.
Das Wort entschlief, als jene Welt erwachte.

V. EIN LEBEN MIT TROILUS UND CRESSIDA

(1986)

Als sich in diesem Theatersaal, gegen den Schluß des Shakespeare-Abends hin, die Abschlachtung des wehrlosen Hektor vorbereitete, wurde ich immer erregter. Das war nicht mehr Freude am Spiel, farbiger Abglanz des Lebens, sondern etwas von draußen: erinnerte Wirklichkeit. Was aber war es? Achill braucht sich nicht schmutzig zu machen, oder gar blutig. Dafür hat man seine Leute. Myrmidonen gibt es immer, die den Fall erledigen, wenn man die Macht hat. Achill braucht nur zu befehlen:

Strike, fellows, strike! this is the man I seek.

Dann wird zugeschlagen. Shakespeare notiert bloß: »Hector falls«.

Den Schluß des Abends habe ich kaum mehr wahrgenommen. Da läßt Shakespeare noch einmal die Schwätzer zu Wort kommen, denn die Ermordung Hektors hat nichts mehr mit Krieg zu tun: sie ist eine moralische Katastrophe, ein Menschen-Unglück. Ich war verstört. Verstört im Theater? Was war es? Kaum vermochte ich den Schauspielern zu applaudieren.

Beim Heimweg wußte ich es plötzlich: *Gustav Landauer.* Die Abschlachtung Gustav Landauers am 2. Mai 1919 im Gefängnishof von Stadelheim. Das war es. Und meine Emotion war folgerichtig.

Gustav Landauer nämlich war, fünf Jahre nach dem Mord, *mein Erwecker zu Shakespeare* gewesen. Davon möchte ich hier berichten. Mein Thema lautet: »Ein Leben mit Troilus und Cressida«. Keine Anführungszeichen vor und hinter dem Titel des Stückes. Es geht um die Gestalten und ihre Bedeutung in meinem Leben. Nicht bloß natürlich um die beiden Liebesleute, sondern eben auch um Hektor und Achill, um den Ulysses, der immer Argumente hat für alles, und dem der Interpret Landauer merkwürdigerweise getraut hat. Und da war Thersites, der »verkrüppelte und skurrile Grieche«, wie uns Shakespeare mitteilt.

Die Szene war also Stadelheim. Auch dies ist abgestritten worden bei einer Abschlachtung, über welche dann später so viel gelogen wurde. Genausoviel wie über die Exekution von Rosa Luxemburg und Karl Liebknecht: dreieinhalb Monate vor Stadelheim.

Gustav Landauer, geboren am 7. April 1870 in Karlsruhe, Jude, Vertreter eines libertären, wohl anarchistischen, also staatsfeindlichen Sozialismus, hatte noch in London den Fürsten Peter Kropotkin kennengelernt, den Fortsetzer Michail Bakunins. So geriet er immer wieder in Konflikt sowohl mit der Staatsgewalt des Kaiserreiches wie auch mit der Sozialdemokratie August Bebels. Marxismus und Anarchismus: das schloß sich aus. Marx hatte es am Beispiel Bakunins demonstriert; Lenin am Beispiel Kropotkins.

Als der Krieg von 1914 ausbrach, zog sich Landauer mit seiner Familie nach Krumbach bei Augsburg zurück. Doch fuhr er regelmäßig nach Berlin, um Vorlesungen über Shakespeare zu halten. Das begann im Frühjahr 1917 und dauerte bis zum November 1918, also bis zum Ausbruch der Revolution. Dann holte ihn Kurt Eisner, der spätere Ministerpräsident, der auch ermordet wurde, als – parteiloses – Mitglied des »Arbeiterrates des provisorischen Nationalrates der Bayerischen Republik« nach München. Landauer wurde tätig als Kulturpolitiker. Eine Photographie zeigt ihn neben dem Sarge beim Trauerzug für den ermordeten Kurt Eisner. Hunderttausend Menschen, das ist niemals abgestritten worden, gingen damals mit, um den toten Juden und Sozialisten zu ehren.

Nach Ausrufung der Räterepublik am 6. April 1919 wurde Landauer als »Provisorischer Volksbeauftragter für Volksaufklärung«, eine Art Kulturminister, berufen. Dann marschierten die Truppen in München ein, und die Freikorps. Landauer fand man in der Wohnung der Witwe von Kurt Eisner. Das war am 1. Mai. Am 2. Mai das Ende unter Keulen- und Kolbenschlägen, und mit dem Fangschuß.

Ein Jahr später, also 1920, erschien Landauers Buch »Shakespeare. Dargestellt in Vorträgen« in Frankfurt. Mit dem Vermerk: »Im letztwilligen Auftrag des Verfassers herausgegeben von Martin Buber«. Martin Buber und der später, nach 1933, im Konzentrationslager Oranienburg ermordete Dichter Erich

Mühsam gehörten zu Landauers nächsten Freunden. Buber wurde, wie bekannt, im Jahre 1938 aus dem Lande getrieben. Im Jahre 1953 verlieh man ihm in der Frankfurter Paulskirche den Friedenspreis des deutschen Buchhandels.

Ein Leben mit Troilus und Cressida. Die Shakespeare-Vorlesungen waren sogleich ein großer Erfolg. Der Kontrast wurde spürbar zwischen dem hohen geistigen und moralischen Anspruch dieser Analysen und der bestialischen Tötung ihres Verfassers. Ich war damals in Köln einem humanistischen Gymnasium anvertraut worden, das sich mit Friedrich Schillers Namen schmückte. Humanismus – das war der lateinische Cicero und der griechische Xenophon. Als Siebzehnjähriger entdeckte ich die Expressionisten. Die Inflation war zu Ende am 1. Januar 1924. Auch das Geschehen an der Feldherrnhalle in München war ebenso absolviert wie der Hamburger Kommunistenaufstand. 1 Rentenmark gleich 1 Billion der alten Mark. Zum Geburtstag im März 1924 schenkte man mir den »Shakespeare« von Gustav Landauer. Ich begann zu lesen: es war die Erwekkung.

Meinen Shakespeare glaubte ich leidlich zu kennen. Der stand im Bücherschrank der Eltern: August Wilhelm Schlegel und Dorothea Tieck mit ihrem Grafen Baudissin. Im Schauspielhaus gab es Schüleraufführungen, auch wenn Premiere war. Der »Sommernachtstraum« war lustig, und den Mendelssohn kannte ich ohnehin. Als Hamlet gastierte der berühmte Alexander Moissi. Mir hat er gefallen, übrigens später viel besser in einem Pirandello: da spürte man den vorzüglichen Schauspieler, der sich hatte verkommen lassen. Vor dem Hamlet hatte uns der Deutschlehrer gewarnt, als es zur Schülervorstellung kommen mußte. Bei Ophelia solle man nicht so genau hinhören: »Das versteht ihr noch nicht.« Bei dieser Gelegenheit machte man uns klar: wenn schon Shakespeare, dann den jungen oder mittleren. Mit Hamlet, meinetwegen. Die späteren Werke würden nicht gespielt, seien also Lesedramen. Was für uns hieß: die muß man nicht lesen.

Nun aber las ich Landauer. Ihm verdanke ich seit damals die Kenntnis und das Verstehen von »Maß für Maß« und von »Troilus und Cressida«. Das Kapitel über den Trojanischen Krieg beginnt bei Landauer mit folgenden Sätzen: »Troilus und Cressida gehört zu Shakespeares bedeutendsten Stücken; wenn mich irgend etwas zwänge, nur fünf seiner Dichtungen besitzen zu dürfen, wäre dies Drama dabei. Daß es heute ein im allgemeinen unbekanntes und verkanntes Werk ist, kommt in erster Linie von den starken Anforderungen an die Reife, die es stellt; in zweiter von der gewaltig gedrängten Sprache, der bisher noch kein Übersetzer genugtun konnte.«

Gespielt wurde das nicht, oder in unsäglichen Bearbeitungen. Landauer gibt ein Beispiel: »Ernst von Wolzogen empfiehlt, das Drama ja nicht zu überschätzen; es sei eine lustige Posse, nichts weiter; und so behandelt er es denn als Bierulk und wirft alles hinaus, was zu dieser Auffassung nicht paßt.« Wolzogen hatte in München das Überbrettl gegründet; er war der Librettist der »Feuersnot« von Richard Strauss.

Zur selben Kaiserzeit bearbeitete der Dresdner Kammersänger Scheidemantel die Oper »Cosi fan tutte«. Da Pontes Libretto warf er weg und ließ Mozarts Musik zur »Dame Kobold« von Calderón spielen.

Ich erinnere mich nicht, daß man im Kreise der Familie und der Freunde jemals von einer Aufführung des Shakespeareschen Trojastückes gesprochen hätte. Das war, wenn man überhaupt davon wußte, wie gesagt: ein Lesedrama.

Ich aber vertraute meinem Landauer. Und ich hatte auch die Zeitungsblätter nicht vergessen, die vom Geschehen in Stadelheim berichteten. Ich mache mir nichts vor und weiß es bis heute: meine erste politische Emotion verbindet sich mit den Nachrichten über die Ermordung von Liebknecht und Rosa Luxemburg. Mein Vater war außer sich. Das liberale »Berliner Tageblatt« wand sich um die Wahrheit herum: das war zu spüren. Liebknecht »sollte« einen Fluchtversuch gemacht haben. Auf der Flucht erschossen. Rosa Luxemburg »sollte« von der wütenden Menge, trotz aller Versuche, das zu hindern, getötet worden sein. Dafür spräche auch, daß man die Leiche im Landwehrkanal auffand.

Ich glaubte kein Wort. Ich wußte von der Schule her, was ich davon zu halten hatte. Lehrer und die Eltern der Mitschüler wußten es anders.

Die Berichterstattung über die Räterepublik fiel ähnlich aus. Man mag im »Miesbacher Anzeiger« nachlesen, was damals Ludwig Thoma nach den Morden an Eisner und Landauer drucken ließ. Es lief auf den Satz hinaus: »Endlich! Zwei weniger!«

Ich habe das Fahndungsblatt der Münchener Polizei für Gustav Landauer in Händen gehabt. Auf der Rückseite ist notiert als Fahndungsergebnis: »standrechtlich erschossen«. Was allen Augenzeugenberichten widerspricht.

Der Regierungsbericht, abgedruckt in der »Bayerischen Staatszeitung« vom 6. Juni 1919, teilt mit: »Keiner der bisher vernommenen Zeugen konnte angeben, dass unter Lächeln und freudiger Zustimmung der Begleitmannschaft auf Landauer geschossen worden ist. Nach Zeugenaussagen ... hat sich das Begleitkommando sehr, sehr anständig benommen und versuchte, Landauer zu schützen; es sei aber gegenüber der wie rasend sich gebärdenden Menge machtlos geblieben.«

Die rasende Menge im Gefängnishof von Stadelheim? Es gibt viele Dokumentarbücher, die es anders von den Zeugen erfuhren. Ernst Toller, dessen Leben damals gerettet wurde, weil sich Max Weber für ihn einsetzte, auch Thomas Mann, hat die Vorgänge nachgezeichnet. Es gab bereits 1922 das Buch von Emil Julius Gumbel über »Gustav Landauer – vier Jahre politischer Mord«. In dem Buch von Fritz Gross »Die letzte Stunde« von 1929 wird das Geschehen rekonstruiert. »Im Hof kam ein Mann in Zivil, es war Major Breuer, und schlug mit einer schlegelartigen Keule Landauer mehrmals über den Kopf. Landauer brach zusammen.« Und so weiter.

Im Juni/Juli 1976 zeigte die Akademie der Künste in Westberlin eine sorgfältig recherchierte Ausstellung mit dem Titel: »Literaten an der Wand. Die Münchner Räterepublik und die Schriftsteller«. Abermals zehn Jahre früher (1966) hatte Tankred Dorst seinem Schauspiel »Toller« eine Dokumentation folgen lassen: »Die Münchner Räterepublik. Zeugnisse und Kommentar«. *Nichts davon ist vergessen worden.* Von Diesen wie von Jenen. Der Berliner Akademievorschlag, die Ausstellung auch in München zu zeigen, hatte keinen Erfolg.

Auch in meiner Gymnasiastenzeit in Köln, die 1925 zu Ende

ging, war nichts vergessen worden. Der Mathematikprofessor war ein deutschnationaler Elsässer, der sich für Deutschland entschied. Offenbar ein tüchtiger Fachmann, aber ich war ein miserabler Mathematiker. Als es wieder einmal vor der Tafel zum Debakel kam, weil er mich für verstockt hielt, brach es aus ihm heraus: »Sie sind auch einer von den Werfel, Landauer und Konsorten!« Ich habe den Vorgang in meinen Erinnerungen beschrieben, weil er nun einmal zum Leben eines »Deutschen auf Widerruf« gehört.

So antwortete ich verhältnismäßig ruhig, ich wüßte nicht, was gemeint sei. Werfel hätte ich noch nicht gelesen. Wohl aber Landauer über Shakespeare, und das fände ich sehr gut. Die Antwort kam leise und bebend: »Und ich will Ihnen mal was sagen: ›Der Kerl ist pervers vom Scheitel bis zur Sohle!‹« Ich habe das immer noch im Ohr. Bis heute weiß ich nicht, worin Landauers tiefe Perversion bestehen soll. Die Zusammenstellung mit Franz Werfel ergab keinen Sinn. Hier hatte einer nach dem Hörensagen und dem Zeitungsblatt dahergeredet. Landauer war ein Gerücht, und ich glich für ihn diesem Gerücht. Zumal ich mich nicht für Mathematik interessierte.

Dies war es also, was mich verstörte an jenem Münchner Theaterabend im Jahre 1986. Die Myrmidonen und Stadelheim. Landauer und Shakespeare. Der Deutschnationale, der die Juden und die Intellektuellen haßte. Intellektuelle sind immer Juden. Daran hat man sich gehalten, wie bekannt.

Gustav Landauers Interpretation von »Troilus und Cressida« teilt merkwürdigerweise mit vielen früheren Deutern und vielen späteren Spielleitern das Vorurteil, daß er Cressida verachtet und Thersites, und Pandarus natürlich. Die Klage des Troilus um Cressida: »O beauty, where is thy faith?« (O Schönheit, wo ist deine Treue?) wird tief symbolisch gesehen: »Seine Klage gilt der Welt, gilt dem Trug des schönen Scheins.« Das ist sehr expressionistisch, fände seine Entsprechung in Stücken von Georg Kaiser. Die schreckliche Selbstverachtung der Cressida, – »Ah, poor our sex...« – findet Landauer, mitleidig ablehnend, bloß »rührend«.

Da der Shakespeare-Deuter in einem Ersten Weltkrieg sonderbarerweise die Gestalt des Troilus als Selbstdarstellung Shakespeares interpretiert, im Hinblick wohl auf die Shakespeare-Sonette, kann ihm die Position des Thersites, der alles von außen sieht, nicht mitmacht und alles nur als »war and lechery« deutet, als Kriegsspiel und Geilheit, nur widerwärtig sein. Der so politisch interpretierende Landauer behilft sich mit Psychologie. Die radikale Negativität als berechtigte politische Haltung: das paßte nicht zu Landauers idealistischem Menschenbild. So heißt es denn über Thersites, der als Zuschauer sowohl den Schmerz des Troilus wie Cressidas Verwirrung des Gefühls mitansehen kann: »Wenn ein Zwerg sich recken könnte, bei dieser Entlarvung der Menschennatur, die er wieder einmal mitansehen darf, hätte es der bissige Wicht getan. Aber auch in seiner Kleinheit liegt Größe der Dämonie...«

Man wird es wohl so sehen müssen, wenn man, wie Landauer, die *Gegenwelt* zu soviel Rauflust und Geilheit nicht in der totalen Negativität des Thersites erkennen möchte: sondern im männlichen Vernunftbündnis zwischen Hektor und Ulysses.

Der Schlüsselsatz bei Landauer behauptet, daß Shakespeare, »indem er seinen grimmigen Krieg gegen die Weiber- und Brunsthelden führt, *das Positive* zeigt, das statt dessen die Gesellschaft neu aufbauen soll: *die Freundschaft*«. Das paßt genau zu Gustav Landauers »Aufruf zum Sozialismus«, doch kaum zur Dramaturgie von »Troilus und Cressida«. Die Erstausgabe des Stückes ist von 1609. Damals regierte bereits, als Nachfolger der Elisabeth, der Schottenkönig James über ein Vereinigtes Königreich. James war der Sohn der Mary Stuart. Im Jahre 1605 war er dem Attentat der Pulververschwörung entgangen. Er suchte die Aussöhnung zwischen Anglikanern, Calvinisten und Katholiken. Ohne Erfolg, wie man weiß. Karl I., Sohn König Jakobs, endete, wie Mary Stuart, auf dem Schafott. Shakespeare muß die Calvinisten gehaßt haben. Man schaue sich den Malvolio an.

Landauer wird nicht müde, im Verlauf seiner dramaturgisch streng und Szene für Szene deutenden Erläuterung, den Theaterleuten unter seinen Hörern, vielleicht den künftigen Lesern, die Aufführbarkeit von »Troilus und Cressida« ans Herz zu legen. Er hatte mit dem Theater gearbeitet und gehörte zum engsten Kreis der Leute vom Düsseldorfer Schauspielhaus, also zu Louise Dumont und Gustav Lindemann. Er sollte 1919 im Herbst zu ihnen an den Rhein kommen. Auch dies wurde in Stadelheim verhindert.

Den Landauer las ich als Siebzehnjähriger. Die *erste Aufführung* erlebte ich mit zwanzig Jahren: in Heidelberg. Wirkungen des Shakespeare-Buches von Landauer, ohne Frage. Seit den Zwanziger Jahren gibt es Aufführungen von »Maß für Maß«, für welches Stück sich, übrigens im Gegensatz zum Trojastück, immer wieder *Karl Kraus* als Vorleser und Übersetzer zu begeistern pflegte: nicht ohne anzumerken, das Stück »Maß für Maß« spiele in einem shakespearischen Wien!
Dennoch wüßte ich nicht, daß damals eine der großen Berliner Bühnen, mit ihren Spielleitern Reinhardt und Jessner, Fehling oder Erich Engel, das Trojastück mit großen Schauspielern aufgeführt hätte. Erich Engel inszenierte den »Coriolan« mit Kortner und Agnes Straub. Fehling scheiterte, trotz oder wegen der Paarung Bergner und Kortner, am »Kaufmann von Venedig«. Reinhardt hielt sich, unablässig verspottet durch Karl Kraus, weiter an den »Sommernachtstraum«: bis ins amerikanische Exil hinein. Rudolf Forster als Richard II.; die Bergner als Viola und als Rosalinde; Kortner als Melancholiker Jacques im Ardennerwald. Kein Troilus und keine Cressida. Kein Thersites und kein Pandarus.
So kam es denn, daß ich geraume Zeit an *Heidelberg* denken mußte, wenn ich mich abermals mit dem trojanischen Liebespaar im Krieg innerlich abgab. Das war nicht häufig der Fall in jenen ausgehenden Zwanziger Jahren. Ich durchlebte damals eine Phase, die sich, freilich bloß in schwacher Analogie, vergleichen ließe mit der deutschen Seelenstimmung um das Jahr 1968. Was soll alle Literatur, auch die große, zum Beispiel Shakespeare? In unserer eigenen Gegenwart bereitete sich Unausdenkbares vor. Man konnte alles vorausahnen, schließlich voraussehen, und sollte daher nicht rückblickend behaupten, man habe es nicht gewußt. Unsere Agitation und Propaganda freilich verband uns mit den Arbeitern und den schließlich

sechs Millionen zählenden Arbeitslosen. Unsere theoretischen Debatten fanden in Arbeiterkneipen und in den überfüllten Sälen der Volkshäuser statt, nicht im Großen Auditorium. Um es zu wiederholen: Hunderttausend Menschen gaben dem toten Intellektuellen Dr. Kurt Eisner das Geleit. Die Münchener Räterepublik, wie immer man sie historisch beurteilen mag, tagte nicht im Caféhaus, sondern in den überlieferten Stätten der Macht und der Staatsgewalt.

Die Weimarer Republik war offenbar nicht zu retten vor sich selbst: das spürte ich genau mit meinen zwanzig Jahren. Allein die Heidelberger Aufführung von »Troilus und Cressida« hatte mir das schwierige Werk eher entfremdet als nähergebracht. Was mich Gustav Landauer gelehrt hatte, wurde im Heidelberger Schloßhof leider nicht bestätigt. Ein hübscher Theaterabend, aber war es nicht eher eine Art von Revue im Zeichen jener ausgehenden Zwanziger Jahre? Man saß im Schloßhof, denn die Heidelberger Festspiele waren angelegt, um ein damals besonders erfolgreiches Lustspiel von Molnár anklingen zu lassen, als »Spiel im Schloß«. Rudolf Goldschmit-Jentner hatte die Festspiele begründet. Sein Sohn, unser unvergeßbarer, so früh gestorbener Freund Rudolf Goldschmit, kam in Heidelberg zur Welt.

Spielleiter für alle Aufführungen war *Gustav Hartung*. Den kannte ich von Köln her. Dort hatte er eine Spielzeit lang (1924/25) ein wunderbares Theater fast aus dem Nichts erschaffen. Freilich mit nach Köln gelockten Schauspielern wie Maria Koppenhöfer und Heinrich George. Es gab auch junge Anfänger, die Hartung mit seinem untrüglichen Blick für Begabung in Köln debütieren ließ: den Spielleiter Heinz Hilpert und den Schauspieler Ewald Balser. Aber nach ein paar Monaten war alles zu Ende. Der Kölner Oberbürgermeister mochte das nicht. Als Hartung ein berühmtes Stück von John Ford aus dem englischen 17. Jahrhundert inszenierte, das von einer Geschwisterliebe handelte, war alles aus. Konrad Adenauer und Gustav Hartung trennten sich wieder.

Hartung übernahm ein Theater in Berlin und wurde gleichzeitig der Spielleiter im Heidelberger Schloß. Auch er mußte natürlich emigrieren im Jahre 1933. Aus dem schweizerischen Exil, wo man ihm schließlich ebenfalls das Inszenieren verbot, kehrte er früh schon, im Herbst 1945, nach Deutschland zurück: nach Heidelberg. Dort habe ich ihn einmal noch wiedergesehen im Oktober dieses Jahres 1945: im Hause von Alexander Mitscherlich.

Hartung hatte drei Stücke ausgesucht für seine Sommerspielzeit: zweimal Shakespeare und den »Florian Geyer« von Gerhart Hauptmann. Man hätte denken können, da sowohl der Bandhaussaal des Schlosses als Innenraum zur Verfügung stand wie auch der Schloßhof selbst, daß Gerhart Hauptmanns Historie vom deutschen Bauernkrieg, oder was der Dramatiker dafür hielt, im Schloßhof vonstatten gehen würde. Hartung entschied sich beim »Florian Geyer« für den Innenraum. Der freilich wurde durch Heinrich George in der Titelrolle, auch in der Theatersprache, durchaus »raumfüllend« genutzt. Ein herrlicher Schauspieler, doch mein Mißtrauen gegen dieses Stück vermochte er nicht zu widerlegen.

Die beiden Shakespeare-Komödien durfte man im Schloßhof besichtigen. Das Publikum saß oben: auf den sanft ansteigenden Wölbungen der riesenhaften Hofanlage. Unten wurde gespielt. Alle vorhandenen Bäume und Bauwerke hatten mitzuspielen. Sie halfen mit als Wald im »Sommernachtstraum« und auch beim ritterlichen Spektakel der Duellszenen in »Troilus und Cressida«. Die Stimme der Seherin Kassandra mit dem durchdringenden Ruf: »Weint, Troer, weint!« erklang zuerst von der Turmhöhe des Ott-Heinrich-Baus. Ein bißchen Salzburger »Jedermann« hatte dabei wohl mitgespielt.

Warum hatte Gustav Hartung gerade diesen Shakespeare unbedingt spielen wollen? Vermutlich: *weil man nicht mehr an Kriege glaubte*, sondern an eine erfolgreiche Diplomatie. Noch wirkte das Prinzip Hoffnung weiter, daß man mit Hilfe des Völkerbundes und des Internationalen Gerichtshofes im Haag alle Kriegsspielereien verhindern könnte. Zwischen den beiden Außenministern Gustav Stresemann und Aristide Briand hatte es freundschaftliche Gespräche gegeben: fern aller Erbfeindschaft und aller nationalistischen Hysterie. Bruno Frank, ein Freund Thomas Manns, schrieb darüber eine »Politische Novelle«, die sehr gelobt wurde. Stresemann und Briand erhielten den Nobelpreis für ihr friedenstiftendes Tun. Daß es bald nach dieser Euphorie abermals eine Wirtschaftskrise beispielloser Art in Deutschland geben würde, schien keiner zu ahnen.

Folglich inszenierte man das Kriegsspiel um Troilus und Cressida als anachronistische Historie, stark komödiantisch aufgeputzt. Gute und sehr gute Schauspieler. Elisabeth Lennartz war ebenso schön wie begabt, doch ihre Cressida, und das sollte ich immer wieder bei späteren Aufführungen erleben, war offensichtlich eine perfekte Lulu: noch vor der ersten Liebesnacht. Den Pandarus spielte ein russischer Schauspieler, der mit einem Gastspiel der Truppe Alexander Tairoffs nach Deutschland gekommen war, großen Erfolg hatte und von Max Reinhardt dabehalten wurde. Er hieß Wladimir Sokoloff. Später emigrierte er weiter nach Amerika. In manchen Episoden großer Filme, so in »Casablanca«, durfte man das faltige, herrlich teuflische Gesicht wiedersehen. Den Thersites, den man im wesentlichen als komischen Stänkerer ohne Bedeutung agieren ließ, spielte ein jüdischer Schauspieler, der später umgebracht wurde.

Es war ein Spiel mit Gepränge. Ich sehe noch den pompösen Zug mit der Sänfte der Helena. Alles war insgeheim unernst und wollte es sein. Die Zuschauer wußten es besser. Nie wieder Krieg. Es gab viel Musik. Ich weiß nicht mehr, wer sie schrieb, will auch nicht nachsehen, sondern meine Erinnerung walten lassen. Es gab damals viele gute Schreiber solch kesser Kabarett-Musik. Mischa Spoliansky etwa und Friedrich Holländer. Bis hinauf zu Kurt Weill. Ich erinnere mich noch genau, daß die Aufführung, ohne irgendeine Rücksicht auf Shakespeares Dramaturgie, diese beiden, Thersites und Pandarus, als die Spaßmacher des Abends auftreten ließ, und häufig gemeinsam. Ich sehe es noch vor mir, das knicksende und singende Paar, das aktuelle Coupletstrophen effektvoll vortrug. Am Schluß der Strophe jedesmal eine Verbeugung bei den Worten: »Pandarus und Thersites! Thersites und Pandarus!«

Es war lustig und auch schön am Sommerabend im Heidelberger Schloßhof. Viel Scherz, Satire und auch politische Ironie, doch ohne tiefere Bedeutung. Der »Sommernachtstraum« am Abend vorher war weniger heiter gewesen, unheimlich und mit

Recht. Heinrich George als böser Waldschrat Oberon; Wladimir Sokoloff als allgegenwärtiger, akrobatisch geschickter Puck, der immer und plötzlich hinter irgendeiner Baumwurzel versank oder auftauchte.

Man glaubte damals an Verträge und ihre Gültigkeit. Man glaubte auch, in Frankreich vor allem, an uneinnehmbare Festungslinien. Beides war irrig. Bei Shakespeare hatten Hektor und Ulysses immer noch an die Vernunft geglaubt inmitten von Krieg und Geilheit. Hektors letzter Ausruf vor Achill und seinen Myrmidonen zeugt von solcher Gläubigkeit. Er ist rührend, und vertrauend auf Vernunft und Völkerrecht: »I am unarm'd; forgo this vantage, Greek.« – »Ich bin waffenlos.« Dann wird er geschlachtet.

Völkerbund und Nobelpreis für Briand und Stresemann und ihren Pakt zur »Ächtung des Krieges« haben nichts ausgerichtet, wie man weiß.

In den Dreißiger Jahren, seit dem 30. Januar 1933, mußte es jeder wissen, der es wissen wollte. Daß man im Dritten Reich diesen kaum bekannten Shakespeare nicht spielte, verstand sich von selbst. Jene Heidelberger Aufführung war überdies auch theatralisch folgenlos geblieben. Das kann und soll man nicht spielen. Wie gesagt: ein Lesedrama.

Das Thema selbst jedoch blieb virulent: in der europäischen Wirklichkeit, und mithin auch auf dem Theater. Troilus' und Cressidas Grundthemen waren zwischen 1935 und 1939 sogar überaus erfolgreich in Europa; mit Ausnahme natürlich in der reichsdeutschen Wirklichkeit. Nur war das so erfolgreiche Stück *nicht mehr von Shakespeare*, obwohl fast alle Konstellationen bei ihm gefunden worden waren, sondern von *Jean Giraudoux*. Der französische Originaltitel seines berühmten Theaterstücks »La Guerre de Troie n'aura pas lieu« wurde deutsch ein bißchen ungenau wiedergegeben als »Der Trojanische Krieg findet nicht statt«.

Das klingt so, als habe der Trojanische Krieg in der Tat nicht stattgefunden. Das französische Original ist vorsichtiger. Es verzichtet auf Konstatierung und äußert die feste *Meinung* der beiden Unterhändler Hektor und Ulysses: daß der Krieg nicht stattfinden werde. Natürlich hat er stattgefunden. Gerade infol-

ge aller Versuche, seinen Ausbruch zu verhindern. Bei Giraudoux fehlt natürlich die Liebesgeschichte von Troilus und Cressida, dafür gerät Helena, mit Recht, in den Mittelpunkt: die Kriegsursache. Auch hier scheitern Hektor und Ulysses in ihren Bemühungen.
Wichtiger aber als die Eliminierung von Shakespeares jugendlichen Titelfiguren ist die *Abänderung der historischen Konstellation* durch Jean Giraudoux. Bei Shakespeare hat man sieben Jahre Trojanischen Krieg bereits hinter sich. Irgendwie muß man nun mit der Sache zu Ende kommen. Bei Giraudoux vollzieht sich das Bühnengeschehen vor Ausbruch des Trojanischen Krieges. Alles Geschehen findet noch in Troja statt. Vorerst drehen sich die Gespräche um das Völkerrecht. Die Griechen sind im wesentlichen gegenwärtig nur durch Ulysses als Unterhändler, und eben durch Helena.
Damit aber stellt sich Giraudoux bewußt wieder in eine große literarische Tradition, aus welcher Shakespeare ebenso bewußt ausgebrochen war. Gemeinsamer Ausgangspunkt ist immer die Feststellung: Der Kampf um Troja bleibt nach wie vor der Krieg aller Kriege. Seit Homer gibt es keine Generation der europäischen Zivilisation, die den Trojanischen Krieg nicht erinnert und reflektiert hätte. Merkwürdig bleibt aber dies: eine zynische Gesellschaft, die sich insgeheim als verurteilt empfindet, hält sich sorgsam bloß an die Vorgeschichte des Krieges, nicht jedoch an die ganzen schrecklichen zehn Jahre des Kampfes in und vor Ilion. Man wählt *entweder* die Vorgeschichte *oder* den Untergang Trojas. Entweder der Raub der Helena oder der Untergang der Troerinnen und mit ihnen der »schlotterichten« Hekuba, wie Hamlet feststellt. Jacques Offenbachs Operette von der Schönen Helena endet mit der Entführung und der Farce vom Cocu Menelaos. Die Operette erwies sich als Vorspiel zum Blitzkrieg von 1870 und zum Sturz des Offenbach-Regimes eines Dritten Napoleon. Max Reinhardt wäre kaum auf den Gedanken gekommen, in der Endphase der Weimarer Republik die bittere Komödie von Troilus und Cressida aufzuführen. Statt dessen zauberte er, einmal noch, als Ausklang gleichsam des Weimarer Regimes, die Offenbach-Welt der Schönen Helena auf die Berliner Riesenbühne seines Großen

Schauspielhauses: mit dem jüdischen Schauspieler Max Pallenberg in der Rolle des Menelaus.
Jean Giraudoux hatte den Raub der Helena bereits als Vorgeschichte behandelt. Helena lebt nunmehr in Troja und muß zurückgefordert werden. Giraudoux schrieb keine zynische, sondern eine nachdenklich-traurige Komödie. Allein auch auf sie folgte dann ein Blitzkrieg im Frühjahr 1940, fünf Jahre also nach der Pariser Aufführung von 1935.
Daß die emigrierten deutschen Schauspieler in *Zürich* für ihre gastgebende Bühne am Heimplatz auch die Komödie mit Leichen, also Shakespeares »Troilus und Cressida«, für sich entdecken würden, war folgerichtig. Man verstand nun schon besser, aus eigenem Erleben, was Shakespeare geschrieben hatte. Der Chefdramaturg Kurt Hirschfeld, nach wie vor in enger Verbindung mit Brecht in Kalifornien, dessen Stücke er während des Krieges zur Aufführung brachte in Zürich, also Mutter Courage, Sezuan und Galilei, entdeckte die Elemente eines »epischen Theaters« in diesem Shakespeare. War das eine Tragödie oder eine Historie oder eine Komödie? In der berühmten Shakespeare-Gesamtausgabe in Folio von 1623 steht das Trojanerstück als erste der Tragödien vor dem »Coriolan«, also hinter den Historien, doch die Seitenangaben deuten an, daß es dort erst nachträglich eingefügt wurde.
Landauer erläuterte seine Gattungsentscheidung: er lasse »dieses Drama der Geschichte im großen Sinne auf die Brutus- und die Hamlet-Tragödie folgen«. Er lasse in seinen Analysen folglich den »Othello« erst nachfolgen, obwohl die Tragödie des Mohren von Venedig früher entstand als das Trojastück.
Ich durfte, mitten im Krieg, diese Züricher Aufführung sehen. Unvergeßlich die Stimme der Maria Becker als Kassandra. »Weint, Troer, weint!« Das hatte man inzwischen verstanden. Wolfgang Langhoff als Hektor: ein kriegsmüder Aufklärer. Leonard Steckel als furioser Thersites. Damals entdeckte ich für mich diese Figur einer »Negativen Dialektik«. Der da ist nicht allein gegen den Krieg um Helena, sondern gegen die ganze Sippschaft: wohl auch gegen jene der Trojaner.
Episches Theater vielleicht, allein Brecht hätte wenig Freude gehabt an dieser Aufführung, die wohl auch in der Hektik der

erforderlichen Züricher Premieren nicht genau geprobt sein konnte. Immer noch war das mehr Giraudoux als Shakespeare. Shakespeare war härter. Später machte ich in London eine analoge Entdeckung: mit Christopher Marlowe und seiner Historie vom »turbulenten Regime und kläglichen Tod des englischen Königs Edward II«. Es stellte sich heraus: auch Marlowe war stärker und härter als Brechts (und Lion Feuchtwangers) einstige Bearbeitung des Stückes für die Münchner Kammerspiele.

»Als der Krieg zu Ende war«, um den Titel eines ephemeren damaligen Theaterstückes von Max Frisch anklingen zu lassen, war man Stücken wie dem von Landauer für uns entdeckten »Maß für Maß« und »Troilus und Cressida« abermals nähergekommen: wenigstens in der Sowjetischen Besatzungszone, der späteren Deutschen Demokratischen Republik. Der erste Shakespeare, wenn ich nicht irre, den Wolfgang Langhoff als Hausherr in Max Reinhardts »Deutschem Theater« in Berlin inszenierte, war »Maß für Maß«.
Dann sitzen wir zusammen, zu Beginn des Jahres 1949, in einem unzerstört gebliebenen Gebäudeteil des einstmals berühmten Hotels Adlon, um mit Brecht über mögliche Stücke für das neue »Berliner Ensemble« zu beraten. Elisabeth Hauptmann ist dabei und Egon Monk und der damals vor allem als Dramaturg tätige Peter Palitzsch. Shakespeare natürlich: aber was? Die meiste Neigung gilt Troilus und Cressida. Daraus wird nichts, auch nichts mit anderen Stücken des Briten. Erst zwei Jahre später (1951) entscheidet sich Brecht für eine Bearbeitung des »Coriolan«, den er für einen wichtigtuerischen Spezialisten hält und als solchen inszenieren möchte: in einer Umwelt der Funktionäre mit richtungweisenden Direktiven.
Warum er auf Troilus und anderes verzichten mußte, hat mir Brecht einmal so auseinandergesetzt: »Wenn ich alle Berliner Schauspieler in Ost und West zur Verfügung hätte, könnte ich trotzdem keinen großen Shakespeare besetzen!«
Im deutschen Westen war man nicht so heikel. Ich habe dann viele Aufführungen gesehen, in Berlin und in Hamburg vor allem. Einmal holte man den vorzüglichen Kabarettisten Wolf-

gang Neuss als Thersites auf die Bühne. Das ging schief, weil da eine andere starke Wirklichkeit, die des Wolfgang Neuss, das Stück zerstörte. Thersites verschwand dahinter. Immer wieder das Trojastück als zelebriertes Staatstheater ohne »tiefere Bedeutung«, wo man jedoch eingestandenermaßen Wert darauf legte, daß Helenas Page auf den Namen Horst Buchholz hörte. Ein andermal hörten Troilus und Cressida auf die Namen Götz George und Johanna von Koczian. Welche Spannung, gar Verzweiflung wäre zwischen diesen beiden denkbar gewesen? Doch der Hechtsprung des Troilus, ich habe ein paar Proben besucht, klappte immer.

Vom Unernst im Heidelberger Schloßhof zu einem Unernst solcher Art: war das die Quintessenz eines Lebens mit Troilus und Cressida?

Aber so wird man nicht fragen dürfen. Die Verwirrung aller Begriffe, und auch vieler Gefühle!, ist weit fortgeschritten in unseren Tagen. Ernst und Unernst: wer vermag das noch zu unterscheiden. *Der allgemeine Unernst wurde zum eigentlichen, im Wortsinne zum »tödlichen« Ernst.* Nun gar in allem, was Kriege und Kriegsspielereien betrifft. Was sich da als Krieg um die Falklandinseln abgespielt hat: die berühmten »Fawklands« in Margaret Thatchers unnachahmlicher Diktion, war das Ernst oder Unernst? Eine Komödie mit Leichen, wie bei Dürrenmatt, oder bei Shakespeare?

Berichte von Augenzeugen über die Abfahrt der Kampfschiffe aus Southampton nach den Falklandinseln, mit allem, was vorausging, haben offenbar an das Wüten der hohen Militärs nach 1914 erinnert. »Oh, what a lovely war!« – so hat später der Titel einer bösen englischen Revue gelautet. Immer noch, allenthalben offenbar, Agamemnon und Ajax. Und Achill mit dem Killer-Ruf: »Strike, fellows, strike!«

Wer heute das Geschehen in »Troilus und Cressida« ernsthaft überdenkt, wird feststellen müssen, *daß nichts von dem mehr gilt, was noch für Shakespeare, noch für Gustav Landauer unangefochten war.* Was ist das heute: ein Kriegsheld? Gibt es stolze Trauer, Heldentod im allgemeinen Sterben? *Jeder heutige Krieg bedeutet den Völkermord.* Das wissen die Hektor und Ulysses. Für Shakespeare hatte die vielgerühmte Rede des Mannes aus Ithaka über Disziplin und Hierarchie noch den Charakter eines positiven gesellschaftlichen Kanons. Gustav Landauer hat gleichfalls noch, zu seinem Unheil, daran geglaubt. *Wir* können es nicht mehr, selbst wenn wir einen Ulysses am Werk sähen. Bei *Heiner Müller* im »Philoktet« ist Odysseus nur noch, um es mit den Worten des jungen Neoptolemos, Sohnes des toten Achill, zu sagen, ein »Lügner, Dieb und Mörder«. Die instrumentale Vernunft des Odysseus erfindet die schwindelhaftesten Heeresberichte. Nein, hier sind wir entsetzlich weit gekommen seit Shakespeare.

Zudem sind wir übersättigt von schlechter Rhetorik der Politiker. Die der Shakespeare-Zeit waren noch geschult an den antiken Rhetoren. Rhetorik als eine der sieben freien Künste. In Deutschland hat man ihr immer mißtraut.

Politische Rhetorik als Phrase, welcher der Redende selbst nicht mehr zu lauschen gedenkt. Fertigbauteile aus Wörtern, Imponierwörtern und Grinsen. Shakespeare ist überall präsent: und mit ihm Thersites. Aber Thersites hat recht, was immer Landauer denken mochte.

Nach wie vor leben sie unter uns, die sogenannten Kunstfiguren des William Shakespeare, von dem man wenig weiß. Es gibt die Stammtischbrüller aus »Was ihr wollt« und ihren Gegenspieler, den Angeber Malvolio. Es gibt den Shylock und die Schickeria von Venedig. Es gibt den verführbaren Machthaber aus »Maß für Maß«. Es gibt das Außenseitertum der allzu schönen und allzu klugen Frau: Cleopatra und Lady Macbeth. Und es gibt die schreckliche Gefühlsverwirrung der jungen Cressida, die treu sein möchte, was die meisten Interpreten ihr nicht geglaubt haben. Ihr Selbsthaß ist genauso schrecklich wie die Abschlachtung Hektors.

Ein Leben mit Troilus und Cressida. Das führt, wie immer bei Shakespeare, ins eigene Erinnern. Zuerst an Augenblicke des Theaters, dann aber zurück zu Augenblicken des jeweils eigenen Lebens.

Der deutsche Dichter *Matthias Claudius* hat dieses merkwürdige historische Phänomen im Jahre 1771, in der Nummer 200 des »Wandsbeker Boten«, in einem Gedicht von vier Zeilen gültig interpretiert. Er wandte sich gegen Herrn Arouet, genannt Voltaire, doch eigentlich nur gegen dessen klassizistische Tragödien, nicht gegen den großen Aufklärer. Das Gedicht trägt die Überschrift

Vergleichung

Voltaire und Shakespeare: der eine
Ist was der andere scheint.
Meister Arouet sagt: ich weine;
Und Shakespeare weint.

VI. »FORTSCHRITT UND DEKADENZ« ASPEKTE DER DREISSIGER JAHRE

(1987)

Wer sie erlebt hat, in »jenen Jahren«, wie man später vertuschend zu sagen pflegte, der wird sie nicht vergessen: *die Pariser Weltausstellung*. Spricht man heute darüber vor den Nachgeborenen, so wird sogleich nach dem Pavillon der vom Bürgerkrieg bedrohten spanischen Republik gefragt, und damit natürlich nach dem Guernicabild von Picasso. Natürlich war das ein unauslöschlicher Anblick. Ich habe das Gemälde später oft noch aufgesucht: in New York. Man hatte auch die Entwürfe ausgestellt, es gab eine kaum mehr zählbare Spezialliteratur. Trotzdem sah ich, in der Erinnerung, das Bild immer noch in seinem Entstehungsjahr 1937, und in Paris, und in unserer Konstellation als Emigranten. Es war für mich dann, Jahrzehnte später, eine geheime Bestätigung, daß auch *Peter Weiss* das Guernicabild in seiner »Ästhetik des Widerstands« nicht loslösen mochte vom gesellschaftlichen und politischen Kontext jenes Damals.

Dennoch drängt sich für mich noch ein anderes Erinnerungsbild vor, es ist sogar bestimmender geblieben, in meinen Reminiszenzen und Innenbildern, als Picasso und der Kopf des tödlich getroffenen Tieres. Zuerst dachte und denke ich an die große damalige Konfrontation der staatlich-politischen Symbole und Gegensymbole. Es war sicherlich kein Zufall, wenn die Pariser Architekten und Planer den *deutschen* und den *sowjetischen* Pavillon hart gegeneinander stellten. Zwei Systeme schauten einander an. Getrennt durch eine Promenade. Wie war sie gemeint und zu verstehen, diese kleine Begehungs- oder Trennungslinie? Das würde sich herauszustellen haben. In der Wirklichkeit. In unserer Lebensgeschichte. Wir wußten es.

Auf der *deutschen* Seite die Starre und die Statik. Natürlich habe ich die Innenräume mit den Anpreisungen der Firma Joseph Goebbels nicht betreten. Der äußere Aspekt war beredt genug. Man wußte vor dem Draußen, wie es drinnen aussehen und zugehen würde. Klassizismus war gefragt. Ruhe und Würde. Man gab sich noch traditionsbewußt, in sich ruhend, nicht expansiv oder gar aggressiv. Allein obendrauf hockte der Adler. Der wirkte nicht statisch und schon gar nicht beruhigend. Der immer noch preußische Adler. *Heinrich Heine*, um diesen Namen sogleich zu nennen, und mit Grund, hat – als Rheinländer und Muß-Preuße – den Adler unbändig gehaßt. Gleich zu Beginn der Deutschlandreise von 1844, also des »Wintermärchens«, noch in Aachen wird das Preußensymbol also apostrophiert!

Zu Aachen, auf dem Posthausschild,
Sah ich den Vogel wieder,
Der mir so tief verhaßt! Voll Gift
Schaute er auf mich nieder.

Du häßlicher Vogel, wirst du einst
Mir in die Hände fallen,
So rupfe ich dir die Federn aus
Und hacke dir ab die Krallen.

Der Reichsadler, noch nicht als großdeutsches Symbol konzipiert, wirkte schläfrig und satt auf dem statischen Gebäude. Noch hatte man ihn nicht zum Triumphsymbol stilisiert, wie in dem während der Blitzkriege entworfenen Siegespalast des Albert Speer. Der Entwurf blieb erhalten. Vorgesehen war eine Riesenhalle in Berlin, wo die Kuppel gekrönt wird von der Weltkugel. Doch die Weltkugel wird umkrallt vom Reichsadler. »Und morgen die ganze Welt...« Der *sowjetische* Pavillon gegenüber wirkte ganz als Dynamik, als Bewegung von Menschen, nicht als monumentale Herrschaft eines Symboltieres. Die berühmte Plastik auf dem Dach zeigte ein Menschenpaar, wohl ein Liebespaar im Lauf. Ein Laufen nach oben ersichtlich, denn die Architektur war konzipiert als Aufwärtsbewegung von hinten hinauf zur Höhe der Fassade. Vorwärts und aufwärts! So war das vermutlich zu verstehen. Man erfuhr aus den Erläuterungen, daß der Mann ein Arbeiter zu sein habe, die Frau eine Bäuerin. Hammer und Sichel wieder einmal: aber dargestellt als Beziehung zwischen Menschen, vielleicht von

Liebenden. Man vertraute der Entwicklung, folglich der Zukunft. Es war Friedenssymbolik, die hier gezeigt wurde: wenige Zeit vor Ausbruch eines Zweiten Weltkriegs, und in einem Vorkrieg, wie man genau wußte. Picassos Darstellung der Zerstörung Guernicas hatte demonstriert, wie das sein kann: Krieg inmitten eines scheinhaften Friedens.

Wer heute zurückschaut auf diese schmale Zeit- und Hoffnungsspanne zwischen dem 30. Januar 1933 und dem 1. September 1939, diesen Ausklang einer Zwischenkriegszeit, wie man heute konstatieren muß, wird bestätigen müssen, daß er alles vorausgewußt hat. Vielleicht nicht das Unvorstellbare, nicht Auschwitz, nicht Buchenwald, wohl auch nicht Coventry oder Dresden. Daß man aber, wenn man zu sehen entschlossen war, von Anfang an, seit Deutschland in so schauerlicher Weise »erwacht« schien, mit dem Weltkrieg rechnen mußte. Die Wahlparolen der Jahre 1931 und 1932 waren exakt gewesen. Der Generalfeldmarschall kandidierte für das Amt des Reichspräsidenten, sich zur Wiederwahl stellend, gegen den Mann aus Braunau. »Wer Hindenburg wählt, wählt Hitler«, so stand es auf den gegnerischen Plakaten zu lesen. Bei der ersten Hindenburgwahl im Jahre 1925 hatte der Professor Theodor Lessing von der Technischen Hochschule Hannover seine Analyse darin gipfeln lassen, daß er Hindenburg, politisch gesehen, bloß als ein Zero diagnostizierte, um hinzuzusetzen: die Geschichte beweise aber oft, daß auf ein Zero ein Nero zu folgen pflege. Genauso ist es gekommen. Und auch jene hatten recht behalten, die den Satz: »Wer Hindenburg wählt, wählt Hitler« ergänzten durch die Prophezeiung: »Und wer Hitler wählt, wählt den Krieg!« Genauso ist es gekommen. Man konnte es gewußt haben.

Man wird deshalb das Jahr 1937 bloß als ein Folgejahr der Bewußtseinsentwicklung verstehen können. Der politisch-gesellschaftliche Reflexionsstand weist nämlich zurück ins Jahr 1935. Zurück ins Jahr 1935 und zurück zum Pariser »Kongreß der Intellektuellen zur Verteidigung der Kultur«. Er tagte vom 21. bis 25. Juni 1935. Man hat das große geistige, natürlich tief widerspruchsvolle Ereignis dieses Pariser Kongresses seitdem oft mit der berühmten Handbewegung und dem Hinweis abgetan: dort seien, unter stalinistischer Regie, die Kommunisten mitsamt ihren fellow-travellers unter sich geblieben. Das war es ganz sicher nicht. Und selbst wenn dem so gewesen wäre, bestünde viel Anlaß, einen Kongreß für wichtig zu halten, in dessen Präsidium nebeneinander Heinrich Mann und André Gide, André Malraux und der Engländer H. G. Wells zu sehen waren.

Wer jene geistige und europäische Auflehnung nicht ernst nimmt, wird jenes singuläre Phänomen kaum verstehen können, das sich seitdem in der europäischen Kulturgeschichte unseres 20. Jahrhunderts kein Gegenstück gefunden hat. Ich meine die alle inneren und ästhetischen Gegensätze übergreifende *Solidarität der Künstler und Schriftsteller* mit der durch Führer, Duce und Caudillo bedrohten spanischen Demokratie. Da gab es nicht nur die Kriegseinsätze von Malraux oder Ludwig Renn, die Verwundungen des Engländers Eric Blair, der sich als Schriftsteller George Orwell nannte, die widerwärtige Ermordung von Federico Garcia Lorca durch die Franquisten. Bedeutsamer waren die großen Bücher und Kunstwerke, die uns geblieben sind von damals: *Malraux* und *Hemingway* und *Brecht* und die »Großen Friedhöfe im Mondschein« von *George Bernanos*, um nur diese zu nennen. Fellow-travellers? Welch ein Irrtum! *Es war die Möglichkeit einer großen europäischen Synthese der kulturellen Tradition.* Verstanden als Praxis des Widerstandes. Nachzitternd noch in unseren Tagen bei Peter Weiss, bei Heiner Müller, bei Sartre wie bei Alberto Moravia. Fruchtbar geworden seitdem vor allem in den großen Filmen von Filmemachern, die bei den Damaligen in die Schule gingen: bei Jean Renoir oder Luis Buñuel.

Der Pariser Kongreß vom Juni 1935 hatte mitgeholfen, jene kulturelle Solidarität, die sich unter dem Signum des Antifaschismus zusammengefunden hatte, zu formen und zu formulieren. An Widersprüchen und heftigen Kontroversen fehlte es nicht bei dieser Tagung. Vor zwei Jahren, im Frühjahr 1985, habe ich an einem Kongreß in *Rom* teilgenommen, der einem Nachdenken über jenen Kongreß der Antifaschisten nach fünfzig Jahren gewidmet war. Einberufer waren die Stadt Rom, die

französische Botschaft und das deutsche Goethe-Institut. Es waren auch noch Teilnehmer von damals zugegen. Man hatte die Texte von einst vor sich – und sie waren, durchaus nicht erstaunlicherweise, wichtig und heutig geblieben.
Alles andere, die Skandale von damals, blieb ephemer. Die Presse hatte, im Juli 1935, entzückt berichtet, daß es Streit gegeben habe zwischen André Breton und seinen Surrealisten auf der einen, den stalintreuen Kommunisten auf der anderen Seite. Man hatte sich geprügelt. Der französische Dichter René Crevel, zugleich Surrealist und Kommunist, ein Freund von Klaus Mann, hatte sich getötet: aus Verzweiflung über den Unernst seiner Freunde in einer so überaus ernsten Konstellation.
Das alles ist nunmehr Anekdote und bloße Reminiszenz. Die Texte aber von damals, die fünfzig Jahre später in Rom interpretiert wurden, waren weit mehr. Sie bilden gleichsam die *ästhetische Grundlegung der Debatten des Jahres 1937* über Fortschritt und Dekadenz, Realismus und Formalismus, Volkstümelei und Ablehnung jeglicher Normierung in den Bereichen einer künstlerischen Kreativität.
Zwei wichtige Theoretiker der ästhetischen Konstellation hatten sich bewußt der Arbeit des Pariser Kongresses verweigert: *Walter Benjamin* und *Georg Lukács*. Benjamin trieb die Verweigerung auf die Spitze: er ging hin und er schwieg. Lukács blieb in Moskau. Er muß geahnt haben, was sich in Moskau vorbereitete. N. I. Bucharin war kurz vorher nach Paris gefahren, hielt dort einen – ausgezeichneten – Vortrag! Übrigens nicht zur Zeit des Kongresses. Davon war später in der Anklageschrift die Rede, die zur Hinrichtung führte.
Natürlich war das eine Tagung unter kommunistischer Regie, um es zu wiederholen. Das wußten alle. Die Zentren der exilierten Sozialdemokratie übten folglich Abstinenz. Andererseits bestanden gute politische Beziehungen in der Pariser Emigration zwischen den exilierten deutschen Kommunisten um Franz Dahlem, dem damaligen und späteren Widersacher Walter Ulbrichts, und den deutschen Sozialdemokraten Rudolf Breitscheid und Rudolf Hilferding. Merkwürdig, daß gerade diese beiden bemerkenswerten Vertreter einer sozialistischen Demokratie den Krieg und den Terror nicht überleben sollten.

Es war sicher und abermals ein politischer Fehler, daß die exilierten deutschen Sozialdemokraten nach wie vor in Berührungsangst verharrten vor den kommunistischen Angeboten einer Kooperation. Natürlich war nicht zu vergessen, daß der allmächtige Mann im Kreml tiefe Verantwortung trug an der Niederlage von 1933. Stalins törichte, von keinerlei Kenntnis der westlichen Welt getrübte These vom »Sozialfaschismus« hatte die Spaltung der deutschen Arbeiterschaft vertieft und die Zerschlagung ihrer Organisationen möglich gemacht. Zwei Arten des Faschismus gebe es, so hatte Joseph Wissarionowitsch uns belehrt. Die eigentlichen Faschisten und die Sozialfaschisten, sprich: Sozialdemokraten. Die letzteren seien die Gefährlichsten. Als »soziale Hauptstütze der Bourgeoisie«. Es war alles Unsinn, aber wir alle büßten jetzt das leichtfertige Theoriegeschwätz.

Die deutschen Kommunisten wenigstens hatten mittlerweile daraus gelernt. Stalin hatte sich schließlich, zu spät!, belehren lassen: durch den Bulgaren Georgi Dimitroff, der glücklicherweise dem deutschen Henker entkommen war im Reichstagsbrandprozeß. Abgeschoben nach Moskau und von Stalin mit der Leitung der Internationale betraut, gab er die Losung einer *Volks- und Einheitsfront* im Kampf gegen den Weltfaschismus aus. Der Pariser Kongreß war eine Folgerung aus der neuen Strategie, die ernst gemeint war. Das Zusammenstehen gegen Franco in Spanien war eine andere. Ein paar Jahre nach 1935 war die mächtige französische Volksfront eine andere: Liberales Bürgertum, Sozialisten und Kommunisten erringen legal die Macht, machen einen jüdischen Sozialisten, Léon Blum, zum Ministerpräsidenten im Palais Matignon.

Allein die Gegner waren mächtiger und skrupelloser. Francos Fünfte Kolonne arbeitete für ihn in Madrid, in der republikanischen Hauptstadt. In Frankreich wurde die Niederlage von 1940 mit deutscher Hilfe vorbereitet. Bekannte Leute: der Marschall Pétain, der Liberale Pierre Laval, der deutschfeindliche Dichter Charles Maurras kamen seitdem als »Kollaborateure« auf die Nachwelt. Sie starben an der Wand oder im Zuchthaus.

Auch Stalin lud abermals Schuld auf sich. Schließlich war es ihm

wichtiger, in Spanien die angeblichen Trotzkisten zu liquidieren, als Franco zu besiegen. Der in Spanien agierende französische kommunistische Politikkommissar André Marty ist ein Schreckenssymbol geblieben. Man mag das bei Hemingway und den anderen nachlesen.
Ein zum Unglück verurteilter Antifaschismus. Die vielen Selbstmorde aus enttäuschter Hoffnung gehören zum Bild jener Jahre. Die kleine Straße der Pariser Weltausstellung zwischen deutschem und sowjetischem Pavillon war gefährlich.

Faschismus – Antifaschismus. Die Begriffe klingen hohl in unseren Tagen. Ungenaues Denken und Propagandageschrei haben Widerwillen bewirkt. Bis heute gibt es keine befriedigende Theorie, die jenes Phänomen der Zwanziger und Dreißiger Jahre zufriedenstellend interpretiert hätte. »Der am meisten reaktionäre Teil der Bourgeoisie«, ließ Stalin damals erklären. Das ist Quantitätsdenken, dem aller Bezug fehlt zu irgendeiner Qualität. Gab es aber eine Gemeinsamkeit zwischen Drittem Reich und italienischem Liktorenbündel? Abgesehen von Nachäffereien im Ritual und Symbol. Nachäfferei einer Nachäfferei, denn der Duce hatte keine »antike« Tradition wiederbelebt, sondern eine Hollywoodantike installiert. Mussolinis Bauten wirken heute nicht römisch, sondern verlogen. Markiger Kitsch.
Andererseits: Wie soll man einer Nachwelt, von welcher *Karl Kraus* bereits vor einem Ersten Weltkrieg meinte, daß sie diesem Begriff nicht mehr entsprechen könne; wie soll man den »Nachgeborenen« im Sinne des berühmten Gedichts von Brecht auseinandersetzen, was für Zeitläufte das waren, worin so viele von uns untergehen mußten? Es gab die Schwarzhemden in Italien, und die Braunhemden im sogenannt Großdeutschen Reich, und Francos Blauhemden. Es gab die *rumänischen* Killer, die sich »Eiserne Garde« nannten, und die Pfeilkreuzler, beileibe nicht Hakenkreuzler, in *Ungarn.* Es gab Salazar in *Portugal* und das Regime des Marschalls Pilsudski und seiner Erben in *Polen.* In *Finnland* das Militärregime des Marschalls Mannerheim und in *Griechenland* das konservativ-autoritäre System des Herrn Metaxas: nachgeahmt später, ohne rechten

Erfolg, wie man weiß, durch die dummen Obristen um ihren Papadopoulos. In *Österreich* war man im Februar 1934, mit demonstrativ kirchlichem Segen, mit Panzern und Kanonen gegen die Sozialisten vorgegangen. Wer von den »Rädelsführern« nicht flüchten konnte, den schleppte man zum Galgen. Bundeskanzler Dollfuß wurde seines Sieges nicht froh. Im Juli desselben Jahres verblutete er in seinem Amtszimmer unter den Kugeln der Braunhemden. Abermals war man geschäftig am Galgengerüst.

So verging unsere Zeit. Wahrlich, wir lebten in finsteren Zeiten. Kunst und Literatur hatten mit alledem zu tun. *Schreiben hieß: Überlebenwollen.* Im Deutschen Reich war Kunst verboten, falls sie nicht jubeln wollte über den Führer und die Vorsehung. Der Begriff einer »Inneren Emigration« entstand erst viel später, und ich bin mir auch heute nicht sicher, ob es das in einem allgemeineren Verstande überhaupt gegeben hat: Innere Emigration. Aber es gab die *Berufsverbote.* Der Terminus stammt aus jener Zeit. Bis 1933 hatte es ihn nicht gegeben, weil es die Sache nicht gab. Jetzt aber durften entartete Maler nicht malen; übelwollenden Schreibern legte man im Wortsinne das Handwerk. Übertretung strafbar. Halbjuden durften nicht studieren. Viertelsjuden waren bestimmte, den Reinrassigen vorbehaltene Fächer versperrt.

Es ging stets um Kopf und Kragen. Mich kränkt es seitdem, wenn unter uns von »Berufsverboten« die Rede ist, und von »faschistischen« Methoden. In der jeweiligen Ablehnung wird man meistens im Recht sein. Aber man sollte stes wissen, was der Faschismus wirklich war und sein würde. Die Kommunistische Partei hatte früh schon, seit 1930, mit der Faschismus-Vokabel herumgefuchtelt. Der Brüning-Faschismus, dann der Papen-Faschismus. Als es dann soweit gekommen war, im Januar 1933, hatte man keine Vokabel mehr, und war heiser.

Dies alles muß mitgeteilt und mitgedacht werden, wenn man jener Dreißiger Jahre gedenkt. Ohne solchen gesellschaftlichen Kontext verstünde man weder die Debatten und Divergenzen des Pariser Kongresses von 1935, noch die sonderbaren poli-

tisch-ästhetischen Auseinandersetzungen über die Erbschaft des Expressionismus im Jahre 1937.
Die Strategie des Pariser Kongresses war evident: Alle kannten sie, und sie bekannten sich auch im wesentlichen zu ihr. Man wollte gemeinsam in die außerdeutsche Welt hineinwirken, um deutlich zu machen, daß jenes »Erwachende Deutschland« eine Weltgefahr bedeute, keinen skurrilen und ephemeren Sonderfall irgendwelcher verrücktgewordenen Boches.
In *Amerika* hatte es Kopfschütteln gegeben, und ahnungslose Selbstzufriedenheit beim Anhören der Nachrichten aus jenem Dritten Reich. »It can't happen here« – so lautete die allgemeine Replik. Das ist bei uns nicht möglich. Weshalb in jenem Jahre 1935 der erste amerikanische Nobelpreisträger des Jahres 1930, *Sinclair Lewis* seinen Landsleuten einen negativ-utopischen Roman verschrieb, just mit dem Titel: »It can't happen here«. Das in den Staaten spielende Romangeschehen bewies zwingend, daß »es« durchaus möglich sei in dem Riesenreich zwischen Atlantik und Pazifik.
Genau diesen Ausgangspunkt hatte auch *Heinrich Manns* programmatische Kongreßrede. Einer der Präsidenten dieser Tagung sprach ausdrücklich zum Kongreßthema. »Die Verteidigung der Kultur«, so lautet die Überschrift auf dem Manuskript eines Textes, den man jetzt wieder mit Bedrückung als einen heutigen lesen muß. Heinrich Mann geht, wie gleichzeitig der Kollege Sinclair Lewis, von der These aus, jene reichsdeutschen Abscheulichkeiten, zu welchen auch die Hinrichtung mit dem guten altdeutschen Handbeil gehörte (eine Frau war auf solche Weise bereits im Frühjahr 1933 geköpft worden), seien *etwas durchaus Neues und Schreckliches*, das alle Welt angehe und wogegen die provinzielle oder nationale Selbstberuhigung des »Ist hier nicht möglich« eine politische Gefahr bedeuten müsse.
Heinrich Mann sprach als Aufklärer und Jakobiner, wie stets. Fast verächtlich benennt er den anachronistischen Vorgang der Zeitgeschichte: »Es ist recht merkwürdig, daß im Jahre 1935 eine Schriftstellerversammlung nach der Freiheit des Denkens verlangt, denn schließlich, was geht hier vor. Im Jahre 1535 wäre es neu gewesen. Die Eroberung des individuellen Den-

kens, damit fängt die moderne Welt an, – die jetzt der Auflösung nahe scheint. Dadurch wird alles wieder in Frage gestellt, was ganze Jahrhunderte lang erledigt gewesen war.«

So Heinrich Mann vor 52 Jahren. Man kann es nicht klarer formulieren. Nichts ist inzwischen erledigt worden. Das weiß die Welt seit Helsinki und seit der Menschenrechtsdebatte unserer Tage.

So auch verstanden es die meisten Redner der Pariser Tagung: am brillantesten als Rhetoriker wohl *André Malraux.* Auch *Ernst Bloch* teilte die Sorgen und historisch fundierten Argumente Heinrich Manns. Seltsamerweise jedoch hat Bloch später jene Pariser Rede nicht ausdrücklich in sein Gesamtwerk aufnehmen wollen.

Es gab auf dem Kongreß jedoch *Abweichungen.* Von kommunistischer Terminologie her hätte man sowohl von »rechtem« wie von »ultralinkem« Dissidententum sprechen können. Zwei Redner haben deshalb auf dem Kongreß erhebliches Unbehagen verursacht. Ihnen wurde von offizieller Kongreß-Seite unwirsch erwidert. Es handelte sich um die »ultralinke« Rede von *Bertolt Brecht* und die »rechte« Abweichung des österreichischen Gastes *Robert Musil.* Das geheime Kongreßthema, nämlich *Kunst und Ideologie,* wurde erst durch solche Widerworte in aller Gefährlichkeit sichtbar.

Brecht wußte natürlich, was er trieb. Der insgeheim scheue Dichter, der immer wieder Provokationen brauchte, um sich Mut zu machen zu sich selbst, haßte das öffentliche Reden. Fünfzehn Jahre später brachte man ihn nur mit viel Überredung dazu, eine ganz kurze Rede auf einem Leipziger Kulturkongreß vorzutragen. Dabei war Brecht im kleinen Kreise durchaus wortgewandt. Hier aber, in Paris und im Jahre 1935, gedachte er mitzureden, und gegenzureden. Brecht hat auch zwei Jahre später, im Jahre 1937, abermals auf einem Kulturkongreß gesprochen: im bedrohten Barcelona, und in jener Rede wirkt die Erschütterung nach über das spanische Geschehen.

Die Pariser Rede von 1935 ist bewußt kontrovers. Natürlich wußte Brecht, daß in Paris die scharfen ideologischen Gegensätze zwischen Marxisten, Reformisten, Christen oder Freiden-

kern durchaus mißliebig sein würden. Man suchte das Gemeinsame, nicht die fundamentalistischen Antinomien.
Brecht hingegen argumentierte als marxistischer Fundamentalist. Dadurch bekannte er sich zu einem schöpferischen Marxismus, im Gegensatz zum theologisierten Marxismus-Leninismus der sowjetischen Ideologie. Brecht hielt wenig von Vertuschung der Gegensätze zwischen Ausbeutern und Ausgebeuteten. Seine Schlußworte waren schneidend. Man hat sie später oft wiederholt: je nachdem entrüstet oder beifällig.
Die Überschrift hatte gelautet: »Eine notwendige Feststellung im Kampf gegen die Barbarei.« Die notwendige Feststellung aber lautete: »Kameraden, sprechen wir von den Eigentumsverhältnissen!« Brecht hatte sich sorgfältig vorbereitet. Es gibt verschiedene Fassungen der Vorbereitung seines Textes.
Auch *Robert Musil* erprobte, wie wir heute nachlesen können, verschiedene Fassungen seines Textes vor der Abreise von Wien nach Paris. Der prinzipielle Gedankengang jedoch scheint festgestanden zu haben: Absage eines Schriftstellers an allen nichtliterarischen Aktionismus. Und dennoch hält er die Tagung selbst für wichtig. Es sei ein großer Vorzug, meint Musil gleich zu Beginn, daß »Schriftsteller und Dichter, denen die Dichtung und weiterhin das diese umfassende und ein wenig Ungewisse Etwas, das Kultur genannt wird«, hier zusammengekommen seien, um über »diesen so vom Sturz bedrohten Gegenstand« zu beraten. Dann aber trennt der Redner brüsk die Sphären des Politischen von jenen der Kultur. Sowohl grundsätzlich wie politisch-historisch. Auch Musil ist schneidend: »Die Politik holt sich heute nicht mehr die Ziele bei der Kultur, sondern bringt sie mit und teilt sie aus.« Wie wahr, wird man heute wohl kommentieren müssen.
Zudem sei Kultur stets eine Sache der Individuen, nicht der Massen, folglich auch nicht Gegenstand von Massenaktionen. Trotzdem endet die Rede als Bejahung: es sei gut, wenn kreative Individuen gemeinsam über ihren eigenen Zustand sprechen können. Das ist Musils großes Lebensthema. »Was ist das für eine besondere Eigenschaft, die ich besitze?«, so hatte sich schon der junge Zögling Törleß gefragt.

Musil war folgerichtig, als er seine Rede also abschloß: »Ich bezweifle, daß man die Welt durch Beeinflussung ihres Geistes bessern kann; die Motoren des Geschehens sind von gröberer Natur. Aber man muß sich auf die Forderungen besinnen, die der Geist an sich selbst zu stellen hat, soll sie aufstellen und, nach Vermögen, denen zu Bewußtsein führen, die den Auftrag zur Macht besitzen oder zu besitzen glauben.«

Die Auseinandersetzungen der deutschen Exilliteratur im Jahre 1937 waren eine unmittelbare Folge jener Konsense und Dissense der Pariser Tagung vom Juni 1935. In den Anfängen jenes Dritten Reiches hatte die Warnung und damit die Warnungsliteratur vorgeherrscht. Je länger dies Regime jedoch dauerte, sich legitimieren ließ von einer verblendeten Weltöffentlichkeit auf der Berliner Olympiade von 1936, um so notwendiger wurde die historische Reflexion, die Ursachenforschung. Sie dauert an bis heute, wie man weiß. War dies Dritte Reich, das sich in solcher Selbstdeklarierung unwissend einer Vokabel bediente, die man wohl zuerst bei *Heinrich Heine* finden kann, in der Tat eine Folgerung aus allem Bisherigen? Von den Staufern über Bismarck bis zu jenem so tief »undeutschen« Lohengrin aus Braunau am Inn? Oder war es der »Irrweg einer Nation«, wie der Kommunist Alexander Abusch später formulierte? Kann eine Nation in die Irre gehen? Wer entscheidet darüber? Fragen und Fragen.
Es war folgerichtig, wenn sich die wichtigste literaturkritische Auseinandersetzung der letzten sechs Friedensjahre von 1933 bis 1939 für die emigrierten deutschen Schriftsteller zur Auseinandersetzung über Substanz und Funktion des Expressionismus erweiterte. Der äußere Anlaß war fast zufällig, dennoch bedeutete die Kontroverse um einen Schriftsteller und seine ästhetischen Positionen mehr als personalisierte Politik von Emigranten gegen einen Schriftstellerkollegen von einst, der nun im Berliner Rundfunkhaus den Geflohenen und Verjagten keß formulierte Hohnworte nachwarf.
Es ging um *Gottfried Benn.* Er hatte sich, wie die Exilierten fanden, als einziger Autor von Rang nicht bloß geweigert, mit ihnen gemeinsame Sache zu machen und auszuwandern, oder

wenigstens die Formalexistenz einer »Inneren Emigration« zu kultivieren, sondern war offensichtlich bemüht, beibehaltenes Denken eines Expressionisten zu verschmelzen mit den Tagesparolen des Dritten Reichs. Benns Betrachtungen über »Kunst und Macht (1934)«, eine Fortsetzung seiner Bekenntnisse von 1933 über den »Neuen Staat und die Intellektuellen«, begannen mit folgenden Sätzen des Vorworts: »Der Nationalsozialismus ist heute eine feststehende geschichtliche Erscheinung; seine Fundamente sind eingelassen in den glanz- und opferdurchtränkten Boden Europas. Er wächst, er richtet sich aus. Er wird Europa geben, und er wird aus Europa nehmen. Er wird die Fluten seiner ahnenschweren Vitalität durch abgelebte europäische Flächen ergießen, aber er wird sich auch einspinnen in dieses Erdteils alte Geschichte, denn seine Kraft ist sowohl treibend wie sammelnd, geschichtsgebunden wie revolutionär, und seine Tendenz im ganzen ungemein synthetisch.«

Wie der damals so hochgemute Schreiber solcher Sätze bald darauf hinsichtlich der eigenen Position und eines synthetischen Vermögens des Nationalsozialismus umdenken lernte, ist bekannt. Wer sich heute mit Benns Lyrik befaßt, darf dieser »dunklen Flut« nicht ausweichen.

Wichtiger war damals, im Jahre 1934, nicht das gezeichnete Ich eines besonderen Mannes und Autors, sondern der Fall Benn als »Phänotyp«. Hinter den Erbaulichkeiten und Treuherzigkeiten des einstigen Expressionismus wurde die objektive Affinität des kleinbürgerlichen Expressionismus zur kleinbürgerlichen Sozialstruktur und Ideologie des Faschismus sichtbar. Indem die einstigen Freunde und Gegner Gottfried Benns in ihren Exilländern den Fall dieses Mannes reflektierten, der in Berlin geblieben war und sich vorübergehend »zur Verfügung stellte«, waren sie genötigt, *auch die eigene literarische Situation* kritisch und neu zu überdenken.

Als erster verstand *Klaus Mann* das Denken über Gottfried Benn als Anlaß zur Selbstinterpretation. In seinem Aufsatz »Gottfried Benn, die Geschichte einer Verirrung«, den er in der Moskauer Exilzeitschrift »Das Wort« (Herausgeber waren Brecht, Bredel, Feuchtwanger) im September 1937 publizierte, geht es nicht bloß um die Abkehr eines Jüngers vom einstigen

Meister, sondern um den Expressionismus. Die umfangreiche Diskussion, die dann ausgelöst wurde, woran sich Bloch und Kurella beteiligten, Hanns Eisler und Lukács, ist in der neueren Forschung ausführlich analysiert worden. (Helga Gallas, »Marxistische Literaturtheorie«, Darmstadt/Neuwied 1971, Seite 18ff., 182ff.)
Dennoch genügt es nicht, die damalige Auseinandersetzung, die, formal betrachtet, zwischen den in Moskau erscheinenden und von Becher/Lukács repräsentierten Deutschen Blättern der Zeitschrift »Internationale Literatur« und den Beiträgen in der Zeitschrift »Das Wort« ausgetragen wurde, ausschließlich als innermarxistische ästhetische Reflexion zu interpretieren. Die Expressionismusdebatte schien zwar, beachtet man bloß den Erscheinungsort, auf Moskauer Auseinandersetzungen hinauszulaufen, die weit mehr meinten als Literatur und »kulturelles Erbe«. Aus sowjetischer Sicht wurde hier, scheinbar auf deutsche literarische Traditionen beschränkt, eine Debatte weitergeführt, die in Moskau seit Stalins Bündnis mit Maxim Gorki, seit der Auflösung proletarisch-revolutionärer Künstlerorganisationen, seit Gründung eines Sowjetischen Schriftstellerverbandes unter Fixierung auf die ästhetische Doktrin des sozialistischen Realismus, einen amtlich dekretierten Endzustand erreicht hatte. Die Aufsätze von Lukács trugen weit mehr zu dieser theoretischen Fixierung bei, als die sowjetischen Ideologen zugeben mochten, die Lukács niemals ohne Unbehagen am Werk sahen.
Aber diese in Moskau erscheinenden Zeitschriften »Das Wort« und »Internationale Literatur« konnten in allen Emigrantenbuchhandlungen von Prag und Zürich, Amsterdam und Paris bezogen und gelesen werden. Die Auseinandersetzung über Expressionismus, Realismus und Volkstümlichkeit; über Brecht und Lukács; über Totalverurteilung der spätbürgerlichen Kunstentwicklung als galoppierender Dekadenz, wie das bei Lukács geschah und keinen Joyce ausnahm, keinen Kafka und Proust, oder auch über kritische Bemühungen Blochs, Eislers und Bertolt Brechts, die Bedeutung spezifisch ästhetischer Errungenschaften eines Proust und Schönberg, Barlachs oder der Künstler vom Bauhaus dadurch fruchtbar zu machen, daß man

zwischen künstlerischer Kühnheit des Werks und verblasen-unzulänglicher Selbstkommentierung unterschied; *diese Kontroverse war gleichzeitig eine Standortdebatte unter Emigranten.* Sie beschränkte sich im mindesten nicht auf den ästhetischen Bereich, sondern vollzog sich im politischen.

Zudem war sie ein Versuch, der wachsenden Erstarrung ideologischer Diskussionen und des praktischen Kunstschaffens in der Sowjetunion und den offiziellen kommunistischen Parteien entgegenzuwirken. Vom Standpunkt der Exilierten hatten die Theoretiker der KPDSU keinen Anspruch darauf, als Künder von Heilswahrheiten aufzutreten, die sich aller Erörterung entzogen. Freilich hatte die Oktoberrevolution in Rußland gesiegt, allein ebenso offensichtlich war die kommunistische Politik in Moskau und Berlin nicht unbeteiligt an der schweren Niederlage der deutschen Arbeiterbewegung vom 30. Januar 1933. Literaturkritik der Exilierten war aktuell gemeint und bedeutete in jedem Fall Selbstkritik: nicht bloß bei Klaus Mann, als er von Gottfried Benn als einer Verirrung sprach.

Neben dieser Art einer Kritik als Selbstkritik muß man in der Retrospektive alle anderen literaturkritischen Beiträge damaliger Emigranten als ephemer und insgeheim substanzlos empfinden. Kontroversen wurden *nur* durch jene beiden Moskauer Literaturzeitschriften ausgelöst. Klaus Manns eigene, in Amsterdam redigierte Zeitschrift »Die Sammlung« war vor allem um die Sammlung außerdeutscher und emigrierter Honoratioren bemüht: Heinrich Mann, Gide, Wells. Dort schrieben der exilierte italienische Politiker Graf Sforza und einige in der Weimarer Ära mit leidlich erfolgreichen Romanen und Theaterstücken bekannt gewordene Autoren von mittlerem Rang und blasser politischer Kontur. Mit kritischer Reflexion hatte das wenig zu tun, eher mit dem Bemühen gedemütigter Prominenz von gestern um Selbstdarstellung. Bedeutung hat die »Sammlung« für die literarische Selbstinterpretation oder Vergangenheitsdeutung der Exilierten nicht gehabt.

Auch *Thomas Manns* eigene, zusammen mit dem Schweizer Konrad Falke edierte Züricher Monatsschrift »Maß und Wert« erweist sich heute, blättert man in den Jahrgängen einer Revue, die zwischen 1937 und 1940 erschien, bloß noch bemerkenswert durch einige Vorabdrucke von Erzählwerken des Herausgebers und einige Essays ohne evidenten Bezug zum damaligen Zeitgeschehen. Es fällt schwer, sogar noch im spärlichen Rezensionsteil dieser Hefte, eine gemeinsame ästhetische Doktrin der Mitarbeiter eruieren zu wollen. Nicht einmal das sonderbare Postulat Thomas Manns im Vorwort zum ersten Jahrgang der Zeitschrift ist beachtet worden: die Wiederherstellung des Begriffs einer »konservativen Revolution«. Das hatte der Herausgeber so verstanden: »Konservative Revolution. Was haben Dummheit, Renitenz und böser Wille, was hat die belesene Roheit gemacht aus dieser Parole, die von Geistigen und Künstlermenschen einst ausgegeben wurde! ... Die Wiederherstellung des Begriffes aus Verdrehung und Verderbnis liegt uns am Herzen. Wiederherstellung überhaupt, aus Verwirrung und moralischer Herrschaftslosigkeit, scheint uns die dringendste Aufgabe des Geistes und jedes guten Willens: Daher der Titel dieser Blätter. Es ist wahr: Maß und Wert sind der Zeit verlorengegangen. Länder, Gruppen, Parteien, Dogmen behaupten und verfolgen heute ihre unumschränkte, subjektive Geltung, und in den aberwitzigen Vernichtungskämpfen, die unsere Welt in Stücke reißen, ist jedes überlegene, gemeingültige, humane Kriterium in grauenhafte Vergessenheit geraten. Not tut die Besinnung auf ein souveränes Maß, an dem die Tatbestände, die Menschen, die Werke zu messen sind, von dem sie ihren rein menschlichen Wert erhalten.«

Wer hätte über solche Thesen ernsthaft streiten mögen? Überdies war schon der Ansatzpunkt des Gedankens fragwürdig. Thomas Mann forderte *Wiederherstellung* kritischer Maßstäbe und moralisch-ästhetischer Werte, obgleich gerade sie durch die Ereignisse von 1933 widerlegt worden waren. Diese »konservative Revolution« meinte *Restauration*: Wiederherstellung wurde gefordert ohne Selbstkritik. Bei Lukács hingegen, der sich gegen Brecht so demonstrativ gerade auf Thomas Mann zu berufen pflegte, wurde die Wiederherstellung spätbürgerlicher Maßstäbe und Werte fast ebenso unkritisch abgelehnt. Für Thomas Mann galt vieles als bewahrenswert, was Lukács als dekadent verstieß.

Auch jene Erörterungen über Fortschritt und Dekadenz, Realismus und Formalismus, Volkstümlichkeit der Kunst oder Avantgardismus haben bis heute nachgewirkt. Der Streit ums Postmoderne zeugt immer noch davon.
Man wird jedoch zugeben müssen, daß sich die von Lukács und (grobschlächtiger) von den damaligen sowjetischen Besserwissern um Andrei Shdanow deklarierte dialektische Geschichtsentwicklung der modernen Kultur wissenschaftlich nicht beweisen läßt. Weder geriet die bürgerliche Kunst und Kultur nach dem Scheitern der bürgerlichen Revolutionen von 1848/49 in den baren Verfall, noch bedeutet die Entwicklung der sowjetischen Kunst und Literatur – vorerst! – eine Höherentwicklung des Bisherigen. Und dann: Gibt es überhaupt ein Höher und Niedriger in solchen Bereichen? Kafka ist, was immer Georg Lukács einwenden wollte, *kein* Abfall oder Verfall: verglichen mit Goethe, Tolstoi oder Balzac. Auch Irrwege sind Wege. Weshalb wir auch nicht »weiter« sind heute, als die Streiter von 1935 und 1937. Wir haben an Erfahrung gewonnen. Auch an Einsicht? Das wird sich zu erweisen haben.

VII. UNSER TROJANISCHER KRIEG

Tragödien und Komödien im 20. Jahrhundert

(1987)

Im Jahre 1959, vor nunmehr achtundzwanzig Jahren also, schrieb *Friedrich Dürrenmatt* ein paar Sätze zur Situation der Gesellschaft, und folglich auch der Kunst. Sie sind so gültig geblieben, daß man sie getrost an den Anfang einer Rede über Literaturprobleme stellen darf. Auch Dürrenmatts Sätze stehen in einem Redetext. Der schweizerische Dramatiker nahm im Nationaltheater von Mannheim, wo man Schillers »Räuber« zum erstenmal aufgeführt hatte, einen Mannheimer Schillerpreis entgegen. Aus solchem Anlaß reflektierte er, als Dramatiker, die heutigen Möglichkeiten der sogenannt tragischen wie der sogenannt heiteren Muse.

Dann heißt es: »Die Welt hat sich nicht so sehr durch ihre politischen Revolutionen verändert wie man behauptet, sondern durch die Explosion der Menschheit ins Milliardenhafte, durch die notwendige Aufrichtung der Maschinenwelt, durch die zwangsläufige Verwandlung der Vaterländer in Staaten, der Völker in Massen, der Vaterlandsliebe in Treue der Firma gegenüber.« Dann folgt ein Satz, den man heute zugleich als geistige Keimzelle von Dürrenmatts bekannter Komödie »Die Physiker« interpretieren darf: »Der alte Glaubenssatz der Revolutionäre, daß der Mensch die Welt verändern könne und müsse, ist für den Einzelnen unrealisierbar geworden, außer Kurs gesetzt. ...« Wohlgemerkt: Dürrenmatt macht diese erhebliche Einschränkung allein für den Einzelnen, also auch für den Schriftsteller, folglich auch für sich selbst. Der Einzelne als Weltveränderer: so oder so. Als Diktator und Terrorist, oder als ein Voltaire, ein Schiller, ein Nietzsche-Zarathustra in unseren Zeitläuften.

In einem boshaft-schauerlichen Hörbild hat Dürrenmatt diese Konstellation genauer dargestellt: als »Nächtliches Gespräch mit einem verachteten Menschen«. Der Untertitel lautet: »Ein Kurs für Zeitgenossen.« Dies ist die Erläuterung zu den Thesen jener Schiller-Rede.

Der verachtete Mensch, seit Urzeiten der Menschheit verachtet, das ist der Henker, besser gesagt: der beauftragte Killer. Er soll den gefährlichen Staatsfeind ganz ohne Prozeß in dessen Wohnung umbringen. Nur kein Aufsehen. Der Einzelne, der Mann, wie Dürrenmatt schreibt, ist darauf gefaßt. Er hat den verachteten Menschen erwartet.
Was er jedoch nicht erwarten konnte, ist dessen nüchterne Analyse der Situation. Hier gibt es kein heroisches Sterben. Es ist, so scheint uns Dürrenmatt anzudeuten, das Sterben des Joseph K. im »Prozeß« von Kafka. »Wie ein Hund, wie ein Hund. ...« Dies als letzter Gedanke. Keine Arien und keine Nachwelt. Kein feierliches Hinrichtungsritual und keine Medien. Der Einzelne begreift und gesteht: »Ich wollte zu meinem Mörder erhabene Dinge sprechen, nun hat zu mir der Henker einfache Dinge gesprochen.« Alles vollzieht sich dann ohne Aufhebens. Die staatlichen Medien der Macht werden irgend etwas verkünden: ganz gewiß nicht die Wahrheit.

Ein zeitgenössischer Dramatiker hat damit die veränderten Arbeitsbedingungen für seinesgleichen definiert. An einer anderen Stelle formulierte es Dürrenmatt einmal noch bündiger: »Kreons Sekretäre erledigen den Fall Antigone.«
Schlechte Zeiten für Tragiker und Tragödien. Es fehlt unter uns an allen Voraussetzungen für das »Vergnügen an tragischen Gegenständen«, wie das Schiller in einer Abhandlung beschrieben hatte. Kein Aristoteles mit Reinigung der Leidenschaften beim Anblick der Bühnentoten, aber auch kein kühles »Vorzeigen« menschlicher Konstellationen im Sinne des Anti-Aristotelikers Bertolt Brecht.
Die idealistische »Wandlung des Helden« im Verlauf eines Theaterabends, die ein Rolf Hochhuth immer noch für denkbar hält und worüber Theodor W. Adorno in einem offenen Brief an Hochhuth gespottet hatte, wird gegenstandslos in einer Konstellation, wo der Einzelne ohnmächtig zu bleiben scheint bei allen Veränderungsversuchen: vor wie nach seiner Wandlung.
Dennoch bleibt die Wandlung eines Menschen, seines Denkens, Handelns und Fühlens, nach wie vor möglich und sinnvoll:

zunächst für den Einzelnen, dann – vielleicht – für Andere. Saulus wurde Paulus; der mondäne Mathematiker Blaise Pascal beginnt sein Nachdenken über die Religion, übrigens als ein Mathematiker. Der U-Bootkommandant Martin Niemöller wird ein streitbarer Prediger. Der erfolgreiche Schauspieler als Nothelfer ganz armer Leute.

Aber Tragik? Die setzt ein *unverfälschtes Wählen* voraus. Eine Antinomie der Werte und der Entscheidungen. Doch wenn nichts zu entscheiden ist, oder wenn jede Entscheidung nach außenhin folgenlos bleibt, möglicherweise unbemerkt, weil die Medien auf Geheiß nicht mitmachen? Dann entfällt das tragische Schaudern. An seine Stelle tritt zweierlei. *Einmal* die Trivialisierung einstiger Tragödien. Die Vokabel »tragisch« wird zur billigen Münze. Man muß an Robert Musils berühmte Analyse der Zeitungsmetapher vom »genialen Rennpferd« denken, wenn von »tragischen Unfällen« die Rede ist; von einer »tragischen Fehlentscheidung« eines Schiedsrichters auf dem Fußballplatz; von der Tragik einer alternden Sängerin, die nicht mehr singen sollte, und es trotzdem tut.

Es ist nicht einmal die stets geläufige Verwechslung von traurig und tragisch, was heute sichtbar wird. Darüber hatte bereits Friedrich Hebbel im Vorwort zur »Maria Magdalena« gespottet. Er meinte, wenn jemand zugrunde gehe, in einem Bühnenstück, wohlgemerkt, weil ihm einige Taler fehlen, so sei das kein Anlaß für tragische Erschütterung. *Andererseits* entdeckte Hebbel in seiner Zeit, und in Wien!, allenthalben Tragik. Seine Dramaturgie schien schließlich die Erkenntnis zu demonstrieren: »Wie immer man handelt, es geht schief!«

Wir verwechseln nicht allein in unserem Sprechen, sondern auch in unseren wirklichen Emotionen das Traurige mit dem Tragischen, welches stets eine Willensentscheidung voraussetzt; wir verwechseln auch, und immer mehr, die Tragödie mit einem *Theater der Grausamkeit* im Sinne des Franzosen Antonin Artaud. Allein die Grausamkeit ist *zutiefst untragisch.* Vielleicht hat es diese Nähe einmal gegeben: bei den Griechen vor allem, im Dionysostheater zu Athen. Die tragischen Kategorien des Aristoteles und Lessings, also Mitleid und Furcht, hat ein moderner Philologe von hohem Rang, nämlich Wolfgang Schadewaldt, schnöde definiert als »Tränenströme und Gänsehäute«. Dennoch fällt auf, daß bei den Griechen das gräßliche Geschehen, die Tötung der Klytemnaistra, die Selbstblendung des Oidipus, hinter der Szene vollzogen wird. Darüber wird in Botenberichten referiert, im härtesten Falle erscheint der bereits geblendete Oidipus. Erst die Römer, an das Blut der Gladiatorenkämpfe gewöhnt und nach ihm süchtig, ließen in den Dramen des Seneca das Theater der Grausamkeit an die Stelle der ethischen Debatten über Schreckliches treten. *Shakespeare* hielt sich an den Seneca, nicht an Sophokles. Man betrachte das Jugendwerk des »Titus Andronicus.« Andererseits ließ sich *Heiner Müller* eben diesen Shakespeareschen »Titus Andronicus« nicht entgehen. Er hat ihn neu übersetzt und bearbeitet: ganz sicher nicht in Form einer Abmilderung.

Die Bilder unseres Alltags haben die Tragik vertrieben. Wie in allen Bereichen der bürgerlichen Gesellschaft von heute hat sich das *Quantitätsdenken* des Themas angenommen. Tragische Emotion hatte von nun an mit der Anzahl der jeweiligen Toten zu tun. Der Umschlag war vollkommen. Die Qualität des Einzeltodes wurde umgestülpt. Ein Todesfall, falls man ihn nicht aus exogenen Interessen zum »tragischen« Sonderfall »aufzubauen« gedachte, gehörte unter die Vermischten Nachrichten. Seit Tschernobyl, das in der Tat einen Wendepunkt unserer Lebensformen bedeutet, wie man eines Tages entdecken wird, sind ungezählte schreckliche Tode und Todesarten kein Anlaß mehr für Emotion: abgesehen von den Betroffenen.

Das hängt mit der *allgemein gewordenen Schuldlosigkeit* zusammen. Auch das hat Dürrenmatt wohl als einer der ersten in seinem bedeutenden Essay »Theaterprobleme« von 1955 unwiderlegbar diagnostiziert: »Die Tragödie setzt Schuld, Not, Maß, Übersicht, Verantwortung voraus. In der Wurstelei unseres Jahrhunderts, in diesem Kehraus der weißen Rasse, gibt es keine Schuldigen und auch keine Verantwortlichen mehr. Alle können nichts dafür und haben es nicht gewollt.«

Ein solcher Satz weist gleichzeitig zurück und voraus. »Ich habe es nicht gewollt!« So lautete der letzte Satz bei Karl Kraus in den »Letzten Tagen der Menschheit«. Ein Zitat bekanntlich. Worte des alten Kaisers Franz Joseph.

»Schuld, Not, Maß, Übersicht, Verantwortung«: sie alle nannte Dürrenmatt als Voraussetzung eines tragischen Denkens und Dichtens. Wir haben alles eingebüßt in unserem Alltag wie Feiertag. Keiner ist schuldig. Alles ist maßlos im Zeichen der Quantitäten, sprich: Rekorde. Keiner schaut noch durch. Der Philosoph *Jürgen Habermas* sprach mit Recht von der »Neuen Unübersichtlichkeit«. Und natürlich trägt keiner mehr *vor sich selbst* irgendeine Verantwortung. Wenn ich, wegen irgendeines Tuns in meinem vergangenen Leben, mich als verantwortungsbar, folglich als schuldlos empfinde, wie Eichmann in Jerusalem, dann gibt es auch keine *Sühne* mehr. Der Galgen mag dann Rache bedeuten, bürokratische Abwicklung, Machtmißbrauch, was immer. Bloß nicht mehr Tragik.
Was aber dann? Dürrenmatt antwortet: »Schuld gibt es nur noch als persönliche Leistung, als religiöse Tat. Uns kommt nur noch die Komödie bei.«
Uns kommt nur noch die Komödie bei. *Was ist eine Komödie: heute und hier?* Noch anders gefragt: Kann die Komödie in der darstellenden Kunst unserer Tage an die Stelle des Tragischen treten? Gibt es, abgesehen vom gesellschaftlichen Geschehen, eine ästhetische Überwindung der Tragik? Mein Jugendfreund und Altersfreund *Manès Sperber*, Jahrgang 1905, hielt einmal am Ausgang der Zwanziger Jahre, da war er dreiundzwanzig, einen öffentlichen Vortrag mit dem etwas anspruchsvollen Titel: »Dostojewski und Nietzsche, oder die Überwindung der Tragik.« Ich bin dabeigewesen. Hier sprach der junge und begeisterte Adept Alfred Adlers und der Individualpsychologe. Psychologie, als Propädeutik für Gemeinschaftsverhalten. Nach wie vor in einer Gesellschaft, welcher das Geltungsstreben als höchster Lebenswert erscheint. Nein, Psychologie vermag die schreckliche Einsamkeit von Menschen nicht zu überwinden. Sie überwindet keine Tragik dort, wo diese wirklich auftritt. Sie hilft vielleicht beim Verstehen des Möglichen und Unmöglichen. Allein die Entscheidungen im Angesicht ethischer Antinomien kann sie nicht eliminieren. Der späte Manès Sperber hat es gewußt. Sein Buch über den Lehrer Alfred Adler von 1970 trägt den Titel: »Das Elend der Psychologie.«

Wenn aber unserer heutigen Existenz bloß noch die Gattung der Komödie beikommen könnte, so wäre es vielleicht denkbar, daß Psychologie uns hilft, zwar nicht irgend etwas zu »überwinden«, wohl aber besser zu verstehen. Im Falle der Komödie: uns zu fragen, worüber *wir lachen.* Doch sogleich werden wir uns dann fragen müssen, ob Komödien überhaupt etwas »zum Lachen« sind.

Für das 19. Jahrhundert, und noch für die Schulmeister meiner Jugend, war das ein sinnloses Fragen. Natürlich weinte man im Trauerspiel und lachte im Lustspiel. Die Berliner Umgangssprache sprach bezeichnenderweise nicht vom Lustspiel, sondern vom »Luststück«. Und den Gattungsunterschied zwischen beidem hatte uns der Deutschlehrer um das Jahr 1923 in Köln und am Schiller-Gymnasium so erläutert: »In der Tragödie wird gestorben, in der Komödie wird geheiratet.« Die Möglichkeit, daß Heirat eine tragische Lösung sein könnte, war nicht erwogen worden.

Die Tragödie und das Trauerspiel, das hat *Walter Benjamin* in seinem Buch über den Ursprung des deutschen Trauerspiels nachgewiesen, das ist zweierlei. Und das *deutsche Lustspiel* hatte von jeher nicht allzuviel zu tun mit den großen Komödien des Welttheaters. Das deutsche Lustspielgelächter ist trivial und ungut. Das deutsche Wort »Schadenfreude« läßt sich schwer in andere Sprachen übersetzen. Die Franzosen sprechen dann von einer mauvaise joie, einer bösen Freude.

Die großen Weltkomödien aber, seit dem Aristophanes, waren ganz frei von spießiger Schadenfreude, weil sie auch sich selbst dem Gelächter aussetzten. Oft einem verzweifelten Lachen. Die wirklichen deutschen Komödien, bei Lessing oder Kleist, die sind auch nicht zum Lachen.

Vielleicht hängt das insgeheim damit zusammen, daß in fast allen großen Komödien der Weltliteratur, auch in »Minna von Barnhelm« oder im »Zerbrochenen Krug« oder im »Figaro« wie in »Cosi fan tutte«, eine Gesellschaft in der Endzeit ihrer Existenz gezeigt wird. Endzeit des Absolutismus; der aristokratischen Libertinage; einer ästhetischen, bewußt unmoralischen Lebensführung. In all diesen berühmten Fällen wäre am Schluß das Umkippen in Tod und Untergang durchaus denkbar. In seiner berühmten Brüsseler Inszenierung von »Cosi fan tutte« hat Luc Bondy, geschult in Paris an den bösen Endzeitkomödien des Franzosen Marivaux, der als Aristokrat und Bankierssohn aufwuchs im frühen 18. Jahrhundert, das Grauen der beiden Liebespaare vor der bevorstehenden »richtigen« Hochzeit mit Recht sichtbar werden lassen. Es steht so, genau so, bei Mozart und Da Ponte.

Man könnte die These wagen, in Fällen solcher unheiteren, weil unguten Komödien habe es sich um Schöpfungen einer *manieristischen Kunst* gehandelt. Von Shakespeares bösen Comedies über den »Don Juan« des Molière bis zur »Irren von Chaillot« von Jean Giraudoux, zu Dürrenmatts »Besuch der alten Dame«, zum »Endspiel« von Samuel Beckett.
Bleibt zu fragen, ob der Terminus des Manierismus einer so umfassenden Geschichtsbetrachtung und ästhetischen Kategorisierung gewachsen ist. Ein anderer Jugendfreund aus meinen Kölner Zwanziger Jahren, neben Manès Sperber, hat solche Begriffserweiterung gewagt, und er hat unsere Kunstwissenschaft dadurch bereichert: *Gustav René Hocke.* Die Anfeindungen blieben nicht aus. Ich erinnere mich noch mit Heiterkeit und Rührung, denn René Hocke war ein überaus liebenswerter Mensch, an unser Gespräch in Rom in den Sechziger Jahren. Wir kamen von der Piazza Navona, plötzlich tauchte die berühmte Turmgestaltung Borrominis auf über dem Gebäude der Sapienza, und Hocke sagte plötzlich zu mir: »Aber, Hans, das ist doch nun wirklich Manierismus!«
Manierismus scheint immer dort aufzutreten, wo »eine Gestalt des Lebens alt geworden ist«, um eine Formel von Hegel anzuwenden. Kunst einer Spätzeit, die nicht mehr so recht an die einstigen ästhetischen, moralischen, politischen, und ersichtlich auch religiösen Maximen zu glauben scheint. Aus gesellschaftlichem Mißtrauen entsteht die Übertreibung, die Lust am Vermischen der Gegensätze. Man addiert die Genüsse, bereitet Cocktails der Gefühle. Man kann auch aus Gemüsen ein Menschenbild formen. Man vermag, wie in »Cosi fan tutte«, die wahren fast untrennbar mit den gelogenen Empfindungen zu koppeln. Man läßt, in Shakespeares »Troilus und Cressida«, den

Hektor abschlachten, der waffenlos dasitzt. Achill nimmt sich nicht einmal mehr die Mühe, selbst Hand anzulegen. Dafür hat man seine Myrmidonen. »Strike fellows, strike! This is the man I seek.« Dann hauen und stechen sie zu: die fellows. Hektor fällt. So notiert Shakespeares Text. Mit Dürrenmatt zu reden: Kreons Sekretäre erledigen den Fall Antigone.

Der Terminus des Manierismus hat trotzdem seine Gefahren. Was gut und richtig ist für die Wissenschaft von der bildenden Kunst, muß nicht sinnvoll sein im Bereich der Literatur. Die moderne Literaturwissenschaft, immer wieder in Versuchung, in den Gärten der Nachbardisziplinen die schönen Blumen abzupflücken, mußte oft genug mit verwelkten Sträußen davonziehen. Die *Biedermeier*debatte reichsdeutscher Germanisten in den Dreißiger Jahren war nicht gerade erleuchtend. Heine und Börne ausgespart. Büchner und Nestroy als Biedermeiers? Oder Lenau und die Junghegelianer? Verwelkte Sträuße auch beim Suchen nach dem literarischen *Jugendstil.* Alles Debattieren über Rilkes »Dichtung des Jugendstils« hat wenig erbracht, obwohl es sich um einen Poeten handelte, der enge Beziehungen unterhielt zur bildenden Kunst. Ist der »Törleß« jugendstilig, oder die »Elektra« von Hofmannsthal und Richard Strauss? Nun also der *Manierismus.* Er ist weit mehr als bloßer »Stil«, nämlich Lebensempfinden von Menschen in einer konkreten gesellschaftlichen Konstellation. Ein abendliches-nächtliches Empfinden. Wollust und Grauen in engster Amalgamierung. Eine abermals modisch gewordene Vokabel, die um 1830 schon einmal grassierte, ist hier am Platze. Nämlich *»Zeitgeist«.* Ein Denken und Werkschaffen aus Mischelementen. Nur scheinbar natürlich, folglich: künstlich. Das *Einhorn*, wie Hocke demonstriert hat, gleichsam als Schlüsselsymbol einer solchen Mischexistenz.

In solchen Endzeiten, zu welchen die unsrige ganz sicher gehören wird, in welchem Sinne auch immer, gibt es weder die starken und eindeutigen Gefühle, noch die unanfechtbaren Ethiken, Ästhetiken, Poetiken. Alles enthält zugleich stets das Gegenteil. In Endzeiten triumphiert die »Dialektik der Aufklärung«. Alle Aufklärung bereitet bereits neue Mythen vor; alle Mythologie wird aufgeklärt betrieben. Trauriges auf dem Theater verfällt dem Gelächter. Nichts sei so komisch wie das Leiden anderer Leute, heißt es bei Beckett. Nach verlorenen Kriegen solle man Lustspiele schreiben: das Wort Hugo von Hofmannsthals wurde sehr bekannt. Dabei meinte er das Gegenteil von Verdrängung, vielmehr die Absurdität und folglich Komik eines Weiterlebens und Überlebens. Auch der »Schwierige« ist eine *böse Komödie.* Der verlorene Krieg geht darin um, indem man ihn beschweigt und doch nicht vergessen machen kann. Der »Schwierige« wurde uraufgeführt in München am 8. November 1921, also auf den Tag drei Jahre nach dem Waffenstillstand. Vierzehn Jahre später, nämlich 1935, entstand ein Schauspiel von Jean Giraudoux unter dem Titel: »La guerre de Troie n'aura pas lieu.« Was man richtig im Futurum übersetzen muß: Der Trojanische Krieg wird nicht stattfinden. Das sagen die Politiker und die Militärs. Allein er hat stattgefunden, und er blieb für uns nach wie vor der *Krieg aller Kriege.* Wobei der französische Germanist und Diplomat Giraudoux in aller Bewußtheit seine Grundkonstellation von Shakespeare übernahm. Bei dessen Komödie vom jungen Troilus und der scheinbar so verrucht-ungetreuen Cressida.

Ist »Troilus und Cressida« eine Komödie? Shakespeare schließt nicht mit der Abschlachtung des Hektor, sondern mit dem Kriegs- und Nachrufgeschwätz der – noch – Überlebenden, und mit den salzlosen Späßen des Kupplers und Gelegenheitsmachers Pandarus. Schon Shakespeares Zeitgenossen kamen nicht zurecht mit der Einordnung des Stückes. Tragödie? Historie? Komödie? Lustig waren auch nicht die Komödien vom »Kaufmann von Venedig« oder das Gerechtigkeitsspiel »Maß für Maß«, das Shakespeare, zur Freude von Karl Kraus, nach Wien verlegt hatte. Allein in beiden Fällen gab es noch eine fadenscheinige Schlußharmonie, wie bei Mozart im »Don Giovanni«: auch einem dramma giocoso. Es war folgerichtig, wenn ein noch intaktes bürgerliches Lebensgefühl zu Beginn unseres Jahrhunderts mit solchen ambivalenten Werken wie »Cosi fan tutte« oder »Troilus und Cressida« nichts zu tun haben wollte. Bearbeiten! Der Dresdener Bariton Karl Scheidemantel machte den Versuch, Mozarts Musik dadurch zu retten, daß er sie,

unter Ausschaltung Da Pontes, zum Text der spanischen Komödie »Dame Kobold« von Calderón aufführen ließ.
Ernst von Wolzogen empfahl, etwa um die gleiche Zeit, ein Stück wie »Troilus und Cressida« möglichst »nicht zu überschätzen«. Das sei »eine Posse und weiter nichts«. So ließ er es aufführen. Wolzogen war immerhin Librettist der Oper »Feuersnot« von Richard Strauss.
Es gehört auch durchaus in diesen Zusammenhang, daß Gustav Mahler, wie bekannt, zurückschrak vor dem Schluß des »Don Giovanni« und dem so bös-heiteren Sextett der Überlebenden. Er ließ den Vorhang fallen nach der Höllenfahrt.

Shakespeare und Mozart. Für uns wurden sie, ich habe in einer langen Lebenszeit die einzelnen Phasen des Prozesses noch erleben dürfen, gleichsam, jeder für sich, und als Gemeinsamkeit, zu *Klassikern aller Klassiker.* Dieser Prozeß aber war gleichbedeutend mit der Wiederentdeckung der bösen Komödien. Zum Beispiel von »Cosi fan tutte«. Zum Beispiel von »Troilus und Cressida«. Das mag noch etwas genauer an diesem Trojastück des William Shakespeare demonstriert werden.
Der Kampf um Troja bleibt, wie gesagt, für uns der Krieg aller Kriege. Es gibt, seit Homer, keine Generation und Geschichtsepoche der europäischen Zivilisation, die ihn nicht reflektiert hätte. Merkwürdig aber: eine zynische Gesellschaft, die sich insgeheim als verurteilt empfunden hat, hielt sich stets und sorgsam nur an die Vorgeschichte des Trojanischen Krieges, aber nicht an jene zehn schrecklichen Jahre des Kampfes in und vor der Stadt Ilion.
Überblickt man vor allem die dramatischen Nachgestaltungen der Ilias, so hielt man sich im Verlauf der Jahrtausende entweder an den Prolog oder an den Epilog. Entweder die reizvolle Geschichte, die so harmlos und privat anhob, vom Prinzen Paris und der schönen, mit einem ungeliebten Gatten in Sparta verheirateten Helena. Oder das Ende der Troerinnen nach dem Fall der Stadt, der Abschlachtung aller trojanischen Männer, von denen wohl nur noch der Prinz Aeneas mit einigen Gefährten entkommen konnte, und der Sklaverei der Frauen von Troja.

Eine sonderbare Alternative: entweder die Dreiecksgeschichte um Helena, Paris und den Hahnrei Menelaos. Oder das Ende mit Hekuba, Andromache und Kassandra. Und übrigens mit den sonderbaren Mythen um das Schicksal der Helena. Kehrte sie nach Sparta zurück? Sollte sie hingerichtet werden, wie der als Frau verkleidete Mephistopheles in Faust II der Königin und ihren Gefährtinnen ankündigt? War sie durch Aphrodite als Ägyptische Helena entrückt und damit gerettet worden? Darüber haben Hugo von Hofmannsthal und Richard Strauss in einer – leider mißlungenen – Oper nachgedacht. Auch im »Prinzip Hoffnung« von Ernst Bloch wird das Thema der Trojanischen oder Ägyptischen Helena reflektiert.
Shakespeare hat die Vorgeschichte ebenso verschmäht wie den schrecklichen Epilog. Beide sind deutlich eingearbeitet in dem Stück vom Prinzen Troilus und der scheinbar so untreuen Cressida. Die Vorgeschichte wird eingehend, als politische Entscheidung, erörtert im Rat der Trojaner. Hektor möchte die leidige Affäre nach so vielen blutigen und überaus langweiligen Kriegsjahren diplomatisch erledigen. Aber da ist das Prestige, die trojanische Ehre, die schöne Beute, die längst gar nicht mehr so schön ist. Und die Liebe zwischen Paris und Helena, die auch längst zur Routine werden mußte. So ist das Ende auch schon angedeutet. Die letzten Szenen von »Troilus und Cressida« nach der Abschlachtung des großen Hektor sind bloß noch Geschwätz im Sinne eines bös-komödienhaften Endspiels. Aeneas tritt kurz auf, damit man erfährt: hier wird einer davonkommen und Troja neu begründen. Auf dem Boden Italiens, wie Vergil uns, als Nachfolger Homers, berichtet hat. Alle übrigen Figuren sind plötzlich uninteressant geworden, auch der junge Troilus. Was kann er nun noch sagen? Was möchte man jetzt noch von ihm hören? Der Kuppler Pandarus hat das Wort, mit seinen läppischen Späßen. So muß es sein und zugehen.
»Troilus und Cressida gehört zu Shakespeares bedeutendsten Stücken; wenn mich irgend etwas zwänge, nur fünf seiner Dichtungen besitzen zu dürfen, wäre dies Drama dabei.« So beginnt Gustav Landauer seine Vorlesungen über diese Trojanische Komödie von William Shakespeare. Landauer hatte seine großen Shakespeare-Vorlesungen während eines Ersten Welt-

kriegs in Berlin gehalten. Das Erscheinen seines Shakespeare-Buches hat er nicht mehr erlebt. Er wurde, wie bekannt, am 2. Mai 1919 auf dem Gefängnishof von Stadelheim ermordet. Sein Buch »Shakespeare. Dargestellt in Vorträgen« erschien im Jahre 1920 in Frankfurt am Main. »Im letztwilligen Auftrag des Verfassers herausgegeben von Martin Buber.«
Der Einfluß dieses Shakespeare-Buches kann gar nicht überschätzt werden. Sicher ist, was sich auch nachweisen läßt, daß Gustav Landauer vor allem zwei der großen und bis dahin verachteten oder verkannten Shakespeare-Komödien für die deutsche Bühne recht eigentlich entdeckt hat: »Maß für Maß« und »Troilus und Cressida«. Die beiden Komödien gehören innerlich zueinander. Das hat Landauer offenbar früh schon gespürt. Weil Shakespeare seine Figuren niemals »entlarvt«, sondern stets zu voller Kenntlichkeit auflaufen läßt, entscheidet er sich im einen Falle weder für die Griechen noch für die Trojaner, wenngleich er den Fall des großen Hektor betrauert und offenbar auch, im Gegensatz zu uns Heutigen, den politischen Argumenten des Ulysses vertraut. In »Maß für Maß«, einer Komödie über die Widersprüche zwischen Recht und Gerechtigkeit, gibt es ebensowenig einen Repräsentanten des absoluten Rechts wie einer irdischen oder gar göttlichen Gerechtigkeit. Geschildert wird, wie es unter Menschen zugeht, wenn sie sich, im heutigen Sprachgebrauch, als »Fundamentalisten« aufführen.
Wie gesagt: der Trojanische Krieg ist der Krieg aller Kriege geblieben. Dies zu entdecken gelingt *uns* weit besser mit Hilfe von Shakespeare, als durch Homer oder Vergil. Zu schweigen von dem in seiner Art reizvollen Troja-Spiel des Jean Giraudoux, das im Titel verkündet, es werde nicht zum Trojanischen Krieg kommen. Wobei die Mitteilung selbstverständlich die Kenntnis des Lesers voraussetzt, daß es zu diesem Krieg aller Kriege trotzdem gekommen ist. Giraudoux übernahm von Shakespeare, das wird überdeutlich gemacht durch den französischen Dramatiker selbst, nahezu die gesamte Konstellation aus »Troilus und Cressida«. Die diplomatisch-politische Konstellation nämlich zwischen Hektor und Ulysses. Giraudoux schrieb sein Stück in einer Vorkriegszeit. Dann kam es zum Kriege. Der

Diplomat Giraudoux befand sich plötzlich selbst in der Rolle eines Hektor oder Ulysses, und mußte scheitern. Der Krieg brach aus. Mitten im Krieg in seiner heimatlichen Provinz schrieb Giraudoux dann sein Stück, auch eine Komödie, über die »Irre von Chaillot«. Eine korrupte und untergangsreife Gesellschaft wird dort, *mit Hilfe der Frauen*, die im Alltagssinne verwirrt zu sein scheinen, doch hellsichtig sind in den großen Erkenntnissen, auf groteske Art »abserviert«. Im Untergrund und im Morast. Auch Giraudoux hatte erkannt, daß sein Vorkriegsstück zu niedlich gewesen war. Und daß man gut daran tat, gerade als Dramatiker, sich an Shakespeare zu halten: an seine bösen Komödien vor allem. Sie sprechen nach wie vor auch unsere Wahrheit aus. Sie berichten auch bereits von unseren Trojanischen Kriegen.
Denn wie gesagt: im Bewußtsein der abendländischen Zivilisation gilt der Krieg um Troja nach wie vor schlechthin *als Synonym für Menschenschicksale im Krieg*. Weshalb er als Substanz in alle Arten der Literatur eindringen mußte. Mehr noch: er konnte das scheinbar klassische Verhältnis der literarischen Gattungen zueinander oder gegeneinander mühelos stören und fragwürdig machen. Der Trojanische Krieg als böse Komödie wie bei Shakespeare und seinen Nachfahren, das war bereits eine späte Phase: sowohl der Geschichte wie der abendländischen, auf Homer und Vergil sich berufenden Literatur.
Die Griechen des perikleischen Zeitalters wagten es offenbar nicht, als Epiker der Trojanischen Geschichten anzutreten gegen Homer. Noch bei unserem Wieland im 18. Jahrhundert werden die närrischen Abderiten verspottet, weil sie ein episches Nationalgedicht, eine Abderiade, gegen Homer stellen möchten. Aber Abdera, also Mannheim bei Wieland, ist nun einmal nicht Troja. Der junge Schiller meinte nach dem Scheitern seines »Fiesco« in Mannheim: »In den Adern der Pfälzer fließt kein Römerblut!«
Troja wurde auf dem Höhepunkt der griechischen Literatur zum Thema der *Tragiker*. Das war kein Stoff für die Komödien des Aristophanes. Der realistische Komödienschreiber der »Lysistrata«, ein Todfeind kriegerischer Abenteuer, bringt den Tra-

giker Euripides als Hohnfigur auf die Komödienbühne, weil Stücke wie dessen »Troerinnen« zu modern seien, zu psychologisch, zu untragisch im Geiste des verehrten Aischylos.

Der Trojanische Krieg: das sind die Atriden, der Aias oder Philoktet des Sophokles. Stets aber scheint man fixiert auf die »Ilias«. In den auf uns gekommenen Werken der griechischen Tragödie bleibt der *Odysseus* ausgespart: der Überlebende, der allzu Kluge, der insgeheim wohl nicht mehr an die Götter des Olymps glaubt, wodurch er die Natur des Meergottes gegen sich aufbringt. Doch wird er geschützt durch die Göttin der Vernunft, Pallas Athene, die unnatürlich geborene: Inkarnation der instrumentalen Vernunft, mit Max Horkheimer zu sprechen, ganz wie ihr Schützling Odysseus oder Ulysses.

Shakespeare hätte in »Troilus und Cressida« aus dramaturgischen Gründen recht gut auf die Figur des troischen Prinzen *Aeneas* verzichten können. Er braucht ihn jedoch für den Schluß seiner Komödie. Da wird einer gezeigt, der davonkommt und den Kampf um Troja wiederaufnehmen wird: in Italien und durch das zu gründende Rom. Sonderbar: Publius Vergilius Maro aus Mantua verwandelt das troische Erleben des Aeneas abermals in epischen Bericht. In Karthago, und auf Geheiß der dort herrschenden Königin Dido. Schwer reißt Aeneas sich los aus der Bucht von Tunis, will sogar noch einmal lieber in Sizilien bleiben, als sich auf dem kargen italischen Boden anzusiedeln. Allein Rom führte dann, wie Vergil als Nachgeborener weiß, drei Kriege gegen die Punier von Karthago, der Sprache nach Semiten, bis Karthago genauso zerstört werden konnte wie einstmals das Troja des Aeneas.

Haben sie nun gesiegt zum Schluß, die Trojaner? Mit Hilfe der Scipionen und Cäsaren? Bis der Protektor des Vergil, Octavianus Augustus, den Friedensbogen errichten läßt, der heute noch in Rom besichtigt werden kann? *Vergil* scheint es so gesehen zu haben. Übrigens wurde das griechische Korinth im selben Jahre 146 durch die Römer zerstört wie das phönizische, also wohl ursprünglich syrische, Karthago. *Wer also blieb Sieger im Kampf um Troja?*

Vergil haßte den Krieg. Er hatte ihn als Bürgerkrieg erlebt wie als ein erbarmungsloses Morden und Zerstören: um eines römischen Weltfriedens willen. Hat er dem Augustus getraut? Für den österreichischen Schriftsteller *Hermann Broch*, der seinen »Tod des Vergil« als Emigrant schrieb, wiederholte sich, im Umkreis der »Aeneis«, die stets wiederkehrende Antinomie von Geist und Macht. Geist als materielle Ohnmacht verstanden.

Was aber mag *Goethe* veranlaßt haben, im letzten Jahrzehnt des 18. Jahrhunderts und noch im ständigen geistigen Umgang mit Friedrich Schiller, zu wagen, was die Athener scheu von sich wiesen: dort weiterzudichten, wo der Sänger Homer geendet hatte? Also mit dem Gnadenakt des mörderischen Achilleus, der dem Vater Priamos die geschändete Leiche des Hektor herausgibt.

Goethe beginnt seine »Achilleis« eben hier. Der Mörder des Hektor, der auch bei Homer nicht wesentlich anders gehandelt hat als bei Shakespeare, schaut vom Zelt aus hinüber zu den Flammenzeichen, die Hektors Einäscherung anzeigen.

> Hoch zu Flammen entbrannt die mächtige Lohe noch einmal,
> Strebend gegen den Himmel, und Ilios' Mauern erschienen
> Rot durch die finstere Nacht; der aufgeschichteten Waldung
> Ungeheures Gerüst, zusammenstürzend, erregte
> Mächtige Glut zuletzt. Da senkten sich Hektors Gebeine
> Nieder, und Asche lag der edelste Troer am Boden.

Das ist ein mächtiger Einsatz. Der Ton ist genau getroffen. Weit eher ein deutscher Homer als ein weiterdichtender Johann Heinrich Voss.

Trotzdem bleibt die »Achilleis« ein anachronistisches Fragment. Das Gespräch des Peliden mit der in Mannesgestalt auftretenden Pallas Athene mag antikisierend sein in der Form; es ist aber homerisierend in der Substanz. Achill weiß, daß er früh sterben muß, und vergleicht nun die Gefahren des Kriegers unbefangen mit den Gefährdungen durch Naturereignisse und Todesarten in Friedenszeiten. *Allein der Krieger ist nicht nur todgeweiht, sondern auch ein Töter.* Dieser Konflikt wird ausgespart im ersten und einzigen Gesang von Goethes »Achilleis«. War er selbst dessen innegeworden, der Mann am Frauenplan zu Weimar? Er hinterließ ein sprachlich gewaltiges Fragment.

Das *bürgerliche 19. Jahrhundert* verspürte Langeweile, respektvolle natürlich, vor der Ilias. Das war humanistisches Gymnasium. Der Zorn des Achilleus. Odysseus war zeitgemäßer: der listenreiche Gastfreund, der fast alle insgeheim verachtet, der auch das Auge des Polyphem auslöscht und schließlich den Bogen spannt, um die häusliche Ehre durch Blut zu reinigen. Der Aufklärer in mythischer Welt. Unsolidarisch und einsam. Widerstehend dem Gesang der Sirenen. Worüber Franz Kafka tiefsinnig reflektieren sollte.

Antigriechisches und antirömisches Bürgertum: der Bürgerhaß des *Gustave Flaubert* läßt ihn die Riesenarbeit unternehmen, das *Karthago der Verlierer* im Romanfresco der »Salambo« zu evozieren. Auch eine der ersten Erzählungen von *Arno Schmidt* spielt während des Punischen Krieges unter karthagischer Herrschaft im südlichen Frankreich, das noch nicht Gallien hieß.

Ein *Erster Weltkrieg* holte uns zurück in den Bereich der Ilias. »Die Troerinnen des Euripides«, eine Nachdichtung durch *Franz Werfel*, wurde zum Zeitstück deutscher und österreichischer Bühnen nach der Niederlage von 1918. *Aribert Reimanns* Vertonung des Werfeltextes, unter dem Griechenwort »Troades«, hatte Premiere in München zur Festspielzeit des Jahres 1986. Wiederaufführung im Juli 1987. Zur selben Zeit spielten die Münchner Kammerspiele die Troerinnen des Euripides als Schauspiel in einer Nachdichtung durch *Walter Jens.* Man spielt auch nach wie vor die Nachdichtung der »Troerinnen« durch *Jean-Paul Sartre.*

Jede Epoche findet das Ihrige im Mustergeschehen des Trojanischen Krieges. Wobei Shakespeare bis heute keine Nachfolge fand. Vom *Krieg als statische Langeweile* möchte man nichts wissen. Man braucht die Emotion beim Anblick der Niederlage, der Zerstörung, der Angst und der Schuld.

Man will sie nicht: die bösen Komödien. Die uns lehren könn-

ten, daß *unsere* Kriege und Vernichtungen nichts mehr gemeinsam haben können mit dem Kampf um Ilion. Dürrenmatt hätte durchaus recht, wenn er formulieren würde: »Heute regeln namenlose Bediener von Instrumenten den Fall von Troja.« Weinen um Hekuba ist immer noch möglich: im Theater. Weinen um alle quantifizierbaren Hekubas? Wie wäre das denkbar?
Es ist folgerichtig, wenn Troja in jüngster Zeit, und nicht zufällig, evoziert wird durch das Schicksal der beiden Warner und Seher, die alles voraussehen, und die man auslacht oder beseitigt: den *Priester Laokoon* und die troische Prinzessin *Kassandra.* Sie predigen den tauben Ohren, und sie wissen es. Das Theaterstück »Laokoon« von *Stefan Schütz* und die Erzählung »Kassandra« von *Christa Wolf* sind dialektisch gleichzeitig.
Trojanischer Krieg und Punischer Krieg. Die Zerstörung von Troja und von Karthago: wir kommen davon nicht los. Zumal wenn wir die beiden Tatbestände miteinander verknüpfen. Dann hätten die römischen Erben des Aeneas gesiegt über die Griechen *und* die afro-asiatischen Phönizier. Zerstörung von Korinth und von Karthago als unmittelbare Gleichzeitigkeit. Und wer besiegte die Sieger?
Zum Thema der tauben Ohren: Im Jahre 1924 schrieb Bertolt Brecht, damals sechsundzwanzig, die Bearbeitung eines elisabethanischen Schauspiels von Christopher Marlowe: »Leben Eduards des Zweiten von England.« Zugeraten hatte ihm sein Entdecker und Freund Lion Feuchtwanger, der auch von Brecht als Mitarbeiter genannt wird. Auftrags- und Brotarbeit für die Münchner Kammerspiele. Brecht hat später wissen lassen, bei der Arbeit habe ihn vor allem die *Form* eines Dramas der Shakespearezeit gereizt. Er habe für sich die große Rhetorik der politischen Bühnenrede erproben wollen. Man denke an die große Staatsrede des Ulysses bei Shakespeare in »Troilus und Cressida«.
Dafür gab es aber bei Marlowe kein Vorbild. Brecht mußte sowohl die Rede wie die dramatische Konstellation erfinden. So entstand ein bedeutsames Dokument Brechtscher Sprachkraft. Das Thema? Der Trojanische Krieg und die tauben Ohren.
In »Eduard dem Zweiten« von Marlowe will der König, verheiratet und Vater, nicht ablassen von seiner Liebe zu dem Günst-

ling Gaveston. Der war in der englischen Geschichte und bei Marlowe ein Adelsmann, wodurch seine Standesgenossen auf seinen Tod sannen, auch auf den Tod des königlichen Liebhabers. Brecht macht den Gaveston zu einem Plebejer, Sohn eines Fleischers.

Nun die Konstellation. Der Führer der Adelsfronde, Roger Mortimer, spricht vor dem König und der Königin, dem gesamten Kronrat, um den König zur Umkehr zu bringen. Thema: Das Beispiel von Paris und Helena. Das beginnt parlando, fast abschätzig:

> Als Paris Menelaus Brot und Salz aß
> In Menelaus Haus, schlief mit ihm – also
> Vermelden die antiken Chroniken –
> Des Menelaus Weib ...

Dann schildert Mortimer die bekannte Geschichte: immer mehr sich steigernd bei der Darstellung des Entsetzens. Um so zu enden:

> Wäre also nicht meist Verständigung
> Unmenschlich, menschlich Ohr verstopft –
> Gleichgültig, jene Helena war 'ne Hur
> Oder Großmutter höchst gesunder Stämme –
> Stünde Troja noch, das viermal größer war
> Als unser London, wär nicht Hektor
> Verdorben mit blutigen Schamteilen, wär doch nicht
> Des wässerigen Priamus sehr altes Haar
> Bespien von Hunden, wär nicht dieses ganze
> Geschlecht in seiner Mannheit Mittag abgestorben.

Fehlt bloß noch die Nutzanwendung. Die ist ambivalent in großartiger Ironie. Roger Mortimer schließt so:

> Quod erat demonstrandum. Freilich
> Hätten wir dann auch nicht die Ilias.
> (Er setzt sich. Pause.)
> (Eduard weint.)

Der König weint. An seinem Gaveston hält er jedoch fest. Das wurde geschrieben ein paar Jahre nach einem Ersten Weltkrieg, und der ist mitgemeint. Ein paar Jahre nach einem Zweiten Weltkrieg schrieb ein deutscher Dichter, ein Überlebender, und ein Freund von Brecht, ein Gedicht mit der Überschrift: »An taube Ohren der Geschlechter.« Es handelt nicht vom Untergang Trojas, sondern von der Zerstörung Karthagos. Merkwürdig: da klingt sowohl der Beginn der »Achilleis« von Goethe von neuem an, die Schilderung eines fernen Flammenmeeres, wie der Rede des Mortimer vor Eduard von England. *Peter Huchel* hat beides gekannt. Er nennt auch seine Quelle im Gedicht: den griechischen Historiker Polybios, einen Freund des Scipio Africanus, des Zerstörers von Karthago. Ein berühmtes Gedicht unserer Tage, genährt vom Erleben eines, der noch einmal davonkam in einem der Trojanischen Kriege.

An taube Ohren der Geschlechter

Es war ein Land mit hundert Brunnen
Nehmt für zwei Wochen Wasser mit.
Der Weg ist leer, der Baum verbrannt.
Die Öde saugt den Atem aus. Die Stimme wird zu Sand
Und wirbelt hoch und stützt den Himmel
Mit einer Säule, die zerstäubt.

Nach Meilen noch ein toter Fluß.
Die Tage schleifen durch das Röhricht
Und reißen Wolle aus den schwarzen Kerzen.
Und eine Haut aus Grünspan schließt
Das Wasserloch,
Als faule Kupfer dort im Schlamm.

Denk an die Lampe
Im golddurchwirkten Zelt des jungen Afrikanus:
Er ließ ihr Öl nicht länger brennen,
Denn Feuer wütete genug,
Die siebzehn Nächte zu erhellen.

Polybios berichtet von den Tränen,
Die Scipio verbarg im Rauch der Stadt.
Dann schnitt der Pflug
Durch Asche, Bein und Schutt.
Und der es aufschrieb, gab die Klage
An taube Ohren der Geschlechter.

Es wäre denkbar, daß Peter Huchel, der gleich nach Brechts Rückkehr aus dem Exil in seiner Zeitschrift »Sinn und Form« ein Sonderheft Brecht herausgab, beim Schreiben auch an Sätze von Brecht dachte:
Schlußsätze eines offenen Briefs an deutsche Künstler und Wissenschaftler zum Thema einer neuen deutschen, vorerst westdeutschen *Aufrüstung*. Mit dem Datum des 20. September 1951. Der Schluß hatte abermals den Tonfall jenes »Freilich hätten wir dann auch nicht die Ilias«. Er lautete diesmal:

»Das große Carthago führte drei Kriege. Es war noch mächtig nach dem ersten, noch bewohnbar nach dem zweiten. Es war nicht mehr auffindbar nach dem dritten.«

VIII. BÜRGERREDE IN TÜBINGEN

(1987)

Danken, ja natürlich. Aber wie? Das war die erste Reaktion auf die Nachricht von der beabsichtigten Ehrung, die nun an dieser Stelle stattfindet. In solchem Falle ist die Reaktion des Literaturwissenschaftlers häufig verbunden mit einem erinnerten Zitat. So auch diesmal. Wir kennen die Methode Sigmund Freuds, wenn sich der Patient auf der Couch niedergelassen hat. Er soll mit der Erzählung dessen beginnen, was ihm zuerst durch den Kopf geht. Mir ging, sobald ich nachdachte über Tübingen, meinen Wohnsitz, mein Verhältnis als Bürger und zu Bürgern, eine Erinnerung durch den Kopf an das Verhalten *Thomas Manns* beim Empfang der Einladung seiner Vaterstadt Lübeck, eine Rede zu halten zur Tausendjahrfeier im Jahre 1926. Hören Sie: »Als die ehrenvolle Einladung an mich erging, zu diesem Feste zu Ihnen zu kommen, und ich zu überlegen begann ..., wie und was ich bei dieser Gelegenheit zu Ihnen reden sollte, da stand mir das eine zuerst und vor allem fest, daß ich unter so landsmännisch-heimatlich-festlichen Umständen noch niemals vor Ihnen gestanden sei, und daß ich nicht wie sonst überall beginnen, sondern Sie als meine Mitbürger anreden wollte.«

Seine Anrede hat dann gelautet: »Meine lieben Mitbürger!« Als ich meinerseits dies Zitat erinnerte und mir die Stelle heraussuchte, um nachzulesen, war ich einen Schritt weitergekommen. Nun wußte ich, daß ich hier im Tübinger Rathaus unter gar keinen Umständen so beginnen könne und dürfe. Also mit einem: »Meine lieben Mitbürger!«

Das klingt schroff, ist aber nicht zornig oder auch nur bitter gemeint, sondern beruht auf einer nüchternen Feststellung. Ich kann nicht, wie Thomas Mann in Lübeck, zu Ihnen unter »landsmännisch-heimatlich-festlichen Umständen« sprechen. Zwei wichtige Gründe sprechen dawider.

Zunächst einmal: *ich bin kein Tübinger.* Ein Rheinländer vielmehr, der in Köln zur Welt kam. In Tübingen war ich zum erstenmal im Jahre 1957, als Mann von bereits fünfzig Jahren.

Sechs Jahre später freilich, im Jahre 1963, habe ich keinen Augenblick gezögert, gerade hier meinen Wohnsitz zu nehmen. Auch nach der Berufung als Professor der Universität Hannover behielt ich jahrelang den zweiten Wohnsitz bei, oben auf der Hausserstraße. Den gab ich dann für kurze Zeit wieder auf, kehrte aber nach der Emeritierung hierher zurück. Mehr als zwanzig Jahre also immerhin, daß ich im Rechtssinne ein Bürger dieser Stadt bin. Ein Bürger dieser Stadt, natürlich, aber auch ein Tübinger? Da hat mir nun das jahrelange Leben hier am Neckar die Einsicht vermittelt, daß es unmöglich und undenkbar ist, *ein Tübinger zu werden.* Man ist es, oder auch nicht. Es ist auch keine Sache der schwäbischen Sprechweise. Natürlich kann man die nicht lernen (ebensowenig wie das Kölsche). Wichtiger ist etwas anderes, wie mir scheint. Tübingen ist noch, und glücklicherweise, eine richtige Stadt mit allen Tücken und Beglückungen einer solchen. Wer längere Zeit in Amerika lebte, nicht bloß als Tourist, der weiß, was damit gesagt wurde. Eine richtige Stadt hat ihre besonderen Quartiere, die in ihrer Wechselwirkung erst, durch Anziehung und Abstoßung, das Gesamtbild prägen. Paris beispielsweise ist immer noch eine Summe seiner einzelnen quartiers. Wieviel Wechselwirkungen hier am Ort etwa zwischen dem Österberg und der Haaggasse. Das ist das Eine. Meine lieben Mitbürger! – so kann nur ein richtiger und geborener Tübinger sprechen.
Nun das Andere. Das Schwierigere und Härtere. *»Ich bin ein Jude.«* Auch dies ist ein Zitat. Ich habe den Satz in meinem Text in Anführungszeichen gesetzt. Gotthold Ephraim Lessing. Ein Schauspiel aus der Jugend des Dichters, »gefertiget im Jahre 1749«, wie Lessing mitteilen ließ. Titel: »Die Juden.« Ein Reisender hilft einer adligen Familie bei einem Überfall von Straßenräubern. Der dankbare Baron, ein erklärter Feind der Juden, möchte sich seinem Retter gegenüber erkenntlich zeigen. Die Baronesse hat sich ein bißchen in den »Reisenden« verliebt. Lessing gab ihm keinen Namen. Der Reisende. Der spätere Lessing kam auf den Fall zurück und hatte diesmal auch einen Namen gefunden: Nathan der Weise. Inzwischen nämlich hatte er, Lessing, die Bekanntschaft eines großen Juden gemacht, des Moses Mendelssohn. Als nun aber, gegen Ende des Einakters,

die Vertraulichkeit, vielleicht die künftige Verwandtschaft aufscheinen könnte, wird alles zerstört durch das Bekenntnis des Reisenden: »Ich bin ein Jude.« Die Baronesse hat nichts verstanden und meint naiv: »Ei, was tut das?« Ihre Zofe Lisette ist realistischer: »St! Fräulein, st! Ich will es Ihnen hernach sagen, was das tut.«

Es tut alles. Man geht auseinander in gegenseitigem Respekt, vielleicht daß der Baron ein bißchen gelernt hat, wie Lessing hoffen möchte, beim Umgang mit Außenseitern. Das sind sie nämlich geblieben, trotz aller deutsch-jüdischen Symbiose, die Juden in Deutschland. Es ist sinnlos, daran zu zweifeln. Und es ist auch unwiderruflich. Es wird nicht mehr den deutsch-jüdischen Fall geben des Nobelpreisträgers Paul Ehrlich, der die Syphilis heilte, oder des Nobelpreisträgers Richard Willstätter aus Karlsruhe, des großen Chemikers, dem wir unter anderem unsere Kenntnis der Vitamine verdanken. Kein neuer Kafka und kein neuer Gustav Mahler, um zwei große Künstler zu nennen, die beides in ihr Werk einbrachten: das Deutsche wie das Jüdische. *Keine Möglichkeit hierzulande für einen neuen Ernst Bloch.* Unser großer Freund starb hier in Tübingen vor genau zehn Jahren und zehn Tagen. Auch er bedeutete einen der Höhepunkte dieser so fragwürdigen und gleichzeitig so fruchtbaren Verbindung des Deutschen und des Jüdischen. Es hängt vielleicht mit dem Unwiederbringlichen zusammen, daß so viele junge Menschen hierzulande sehnsüchtig Ausschau halten nach Lehrern und Beratern, die nicht bloß durch ihre Leistung zu wirken vermögen, sondern durch ihr Sein und So-Sein.

Wie also soll ich zu Ihnen sprechen? Wodurch wird unsere Gemeinsamkeit begründet, denn die ist doch trotz allem vorhanden? Versucht man freilich von den Nachrichten in der Zeitung auszugehen, so scheint alles dawider zu sprechen. Die Vorgänge sind bekannt. Das neue Auftreten von Formen der Judenfeindschaft in einem Lande nahezu ohne Juden. Wie ist das zu erklären? Ich muß heute und hier Rede stehen nicht allein unseren Tübingern, sondern auch unseren Gästen, die eingeladen wurden als »unsere jüdischen Mitbürger«. Seit ich zum letztenmal die Ehre hatte, an dieser Stelle und aus solchem

Anlaß zu sprechen, hat sich manches verändert in der Bundesrepublik Deutschland. Zu schweigen von der Republik Österreich. Trotzdem möchte ich eine umgekehrte Betrachtungsweise vorschlagen. Die könnte vielleicht ein ganz anderes Bild ergeben.
Im Zusammenhang mit einer Arbeit zur Nachkriegsgeschichte der deutschen Literatur kam ich vor kurzem dazu, die *Welt der Fünfziger Jahre* genauer zu untersuchen. Im vierten Bande der von Jürgen Weber herausgegebenen »Geschichte der Bundesrepublik Deutschland« fand ich eine sehr bestürzende, wissenschaftlich einwandfreie Darstellung der demoskopischen Befragungen in den Anfängen der Bundesrepublik. Erst im Jahre 1952 konnte in einem Prozeß, den der spätere hessische Generalstaatsanwalt Fritz Bauer angestrengt hatte, festgestellt werden, das Dritte Reich sei ein Unrechtsstaat gewesen. Noch im Jahre 1954 ergab eine demoskopische Untersuchung, daß bloß 13 Prozent der Befragten die Meinung vertraten, auch Emigranten aus der Zeit des Dritten Reiches könnten regierungsfähig sein. Noch im März 1960 lehnten 45 Prozent der Bundesdeutschen die Zumutung ab, einen »Juden als Bürgermeister« zu akzeptieren. Mehr als ein Drittel der deutschen Bevölkerung wollte im Jahre 1952 nach wie vor in einem »judenreinen« Deutschland leben.
Hier hat sich doch, wie mir scheint, mancherlei zum Besseren gewandelt. Und gegen einen Rückfall in solche Gesinnungen sind doch inzwischen mancherlei Sicherungen eingebaut worden. Die Freie und Hansestadt Hamburg bekam in Max Brauer einen aus der Emigration zurückgekehrten Ersten Bürgermeister. Später hatte sie sogar Erfolg mit einem jüdischen Emigranten in der Gestalt von Dr. Herbert Weichmann. Der wurde nicht zähneknirschend toleriert, sondern gewann die Wahlen mit absoluter Mehrheit. Vielleicht ist es nicht unzweckmäßig, diese andere und ungewohnte Perspektive zu präsentieren.
Trotzdem: der Boden ist nach wie vor undicht, auf welchem wir alle miteinander agieren. Auch der wunderliche und wissenschaftlich kaum begreifbare sogenannte *»Historikerstreit«* über Drittes Reich und Judenfrage ist ein ungutes Symptom, wie mir

scheint. Merkwürdige, gleichsam geschäftsmäßige Aufrechnungsversuche: meine Leiden und deine Leiden. In einem Leserbrief an die »Frankfurter Allgemeine Zeitung« vom 11. August 1986 wies der Frankfurter Philosoph *Jürgen Habermas* darauf hin, daß das verbale Gefuchtel mit dem Terminus des »Weltjudentums« doch bedenklich erinnere an die einstige Pogromliteratur über die »Weisen von Zion«. Und ich habe mich gefreut, daß es ein Kollege aus dem Lande Baden-Württemberg war, der Historiker *Eberhard Jäckel* von der Universität unserer Landeshauptstadt Stuttgart, der die Einzigartigkeit des Auschwitz-Syndroms ebenso klar wie nüchtern formuliert hat. Nämlich so: »Ich behaupte dagegen (und nicht erst hier), daß der nationalsozialistische Mord an den Juden deswegen einzigartig war, weil noch nie zuvor ein Staat mit der Autorität seines verantwortlichen Führers beschlossen und angekündigt hatte, eine bestimmte Menschengruppe einschließlich der Alten, der Frauen, der Kinder und der Säuglinge möglichst restlos zu töten, und diesen Beschluß mit allen nur möglichen staatlichen Machtmitteln in die Tat umsetzte.«

Worin also kann sie trotz allem bestehen, unsere Gemeinschaft und Mitbürgerschaft? Lassen Sie mich einen Augenblick von mir selbst sprechen, denn einem Einzelnen, der nicht als Repräsentant mißverstanden werden darf, ist eine Ehrung zugedacht worden. Ich darf vermuten, daß es doch wohl meine Bereitschaft gewesen ist, im Oktober 1945 aus dem schweizerischen Exil zurückzukehren ins geschlagene und zerschlagene Deutschland. Als ein Mann der Literaturwissenschaft und der Literatur, dem es seither immer wieder darauf ankam, die Fäden neu oder straffer zu spannen zwischen der Welt der großen deutschen aufgeklärten Dichtung und Philosophie und unserer Spätzeit. Wenn man so will: von Lessing und Moses Mendelssohn bis zu Thomas Mann und Bertolt Brecht und Ernst Bloch. Es kam mir außerdem seit mehr als vierzig Jahren immer wieder darauf an, für die Einheit der deutschen Literatur in einem gespaltenen und zerrissenen Lande einzutreten und mich, in unserem Bereich der kulturellen Wechselwirkungen, *aller feindseligen Polarisierung zu widersetzen.* Vielleicht war es auch dies, was Richard von Weizsäcker veranlaßt hat, mir am Geburtstag unseres Grundgesetzes, am 23. Mai 1987, die höchste Auszeichnung der Bundesrepublik zu verleihen.

Wo aber wäre eine deutsch-jüdische Gemeinschaft im Geiste der klassischen deutschen Aufklärung stärker spürbar als hier in unserer Stadt? Die Vision der drei jungen Menschen vom Mai 1792 im Tübinger Stift, den Freiheitsbaum umtanzend, hat mein gesamtes Leben und Denken bis heute determiniert. Hegel und Hölderlin und auch Joseph Schelling aus Leonberg. *Dieses* Tübingen habe ich schon als Schüler und Student gekannt: lange ehe ich hierherkommen konnte. Ohne Mörike und Hugo Wolf ist meine Jugend nicht denkbar. Auch nicht ohne einige unvergeßbare Gedichte jenes Ludwig Uhland, der in der Neckarhalde zur Welt kam. Den wunderlichen Roman »Auch Einer« von Friedrich Theodor Vischer las ich mit neunzehn Jahren. Heute weiß ich, daß ich damals auch schon viel daraus lernen konnte für ein Leben unter den Schwaben.

Danken, ja natürlich: mit dem, was uns alle hier in der Tat miteinander verbindet. Verse unseres größten und vielleicht unglücklichsten Mitbürgers. Ich meine die Schlußverse der Elegie »Der Gang aufs Land«. Tübingen ist nicht unmittelbar gemeint, aber es kann auch Tübingen sein, wenn es heißt:

Aber schön ist der Ort, wenn in Feiertagen des Frühlings
  Aufgegangen das Tal, wenn mit dem Neckar herab
Weiden grünend und Wald und all die grünenden Bäume
  Zahllos, blühend weiß, wallen in wiegender Luft,
Aber mit Wölkchen bedeckt an Bergen herunter der Weinstock
  Dämmert und wächst und erwarmt unter dem sonnigen Duft.

IX. DER REDE WERT
BEMERKUNGEN ÜBER DIE BEREDSAMKEIT UND DIE DEUTSCHEN

(1987)

Der Rede wert: das ist eine schöne und auffallende Formel. Sie wirkt überraschend, denn es wird ein Positives dort angekündigt, wo man immer nur die Negation zu erwarten pflegte. In der Redewendung nämlich: »Das ist *nicht* der Rede wert.« Ein gutes Sprachempfinden wird deshalb immer dann richtig und genau formulieren, wenn es der Sprache zuhört und sie – sozusagen – beim Wort nimmt. Bei dem Kontrast zwischen: Der Rede wert und Nicht der Rede wert wird man in den Bereich des Lobens und der Anerkennung gedrängt. Etwas ist der Rede wert, was heißen soll: es lohnt sich, dabei zuzuhören.
Genauso kann es einem Dichter gelingen, mit Hilfe von Sprache und Sprachempfänglichkeit, das scheinbar Schicksalhafte ins Hoffnungsfrohe zu verwandeln. Der Titel einer berühmten politischen Satire von Bertolt Brecht lautet: »Der aufhaltsame Aufstieg des Arturo Ui.« Als ich diesen Titel – das Stück war noch nicht erschienen oder gar aufgeführt – irgendwo in einer Ankündigung las, registrierte das Gehirn automatisch den Titel »Der unaufhaltsame Aufstieg«. So gebrauchte ich ihn bald darauf im Gespräch mit Bertolt Brecht selbst. Der korrigierte sofort: »Es heißt ›der aufhaltsame Aufstieg‹.« Das war eine Sprachschöpfung und sollte heißen: gar nichts im menschlichen und gesellschaftlichen Geschehen ist unaufhaltsam. Man kann alles Geschehen unter bestimmten gesellschaftlichen und geschichtlichen Umständen verhindern. Auch die Diktatur jenes Arturo Ui war zu verhindern. Sie war aufhaltsam, keineswegs vom Schicksal her determiniert.
Über die Sprache zu reden, das ist immer der Rede wert. Was heißen soll: alle Aufklärung und alles klärende Denken beginnt damit, daß man die Worthülsen, die Sprechblasen, die Klischees, die gedankenlosen Floskeln der Umgangssprache vermeidet, als solche erkennt, wenn möglich bekämpft.

Unsere deutsche Sprache ist wunderbar, aber sie hat viele Tükken. Es hängt damit zusammen, daß sie fast alle Wörter und Wendungen eines verfeinerten Lebens und einer höheren Lebensqualität immer noch den Römern verdankt: ohne deshalb zur romanischen Sprache geworden zu sein. Da es keine geglückte Volksbewegung oder Revolution der Bauern, der Plebejer, dann der Bürger auf deutschem Boden gegeben hat, seit dem Bauernkrieg von 1525; da es zum Glück andererseits keinen deutschen Zentralstaat gegeben hat bis heute, mit einer durch eine amtliche deutsche Akademie reglementierten Sprache, finden sich die längst vergangenen Lebensformen immer noch in unserem Sprechen, wenngleich nicht in unserem Denken. Wir reiten keine Ritterturniere mehr, reden trotzdem vom Kämpfen mit offenem Visier. Wir fahren auf der Autobahn und reden von ausgefahrenen Geleisen. Wir wissen nicht mehr, was man einstmals unter einer Strohwitwe verstand, so daß unsere Umgangssprache das groteske Phänomen eines Strohwitwers produzieren konnte.

»Wer falsch spricht, der denkt falsch.« Diesen Satz hörte ich im Oktober 1947 in Berlin auf dem ersten Nachkriegs-Kongreß deutscher Schriftsteller aus damals vier Besatzungszonen. Der einstige Expressionist und spätere deutsche Emigrant *Rudolf Leonhard*, Stiefvater übrigens des Publizisten Wolfgang Leonhard, gebrauchte die Formel in seinem Kongreßvortrag. Sie machte uns großen Eindruck und wurde sogleich von allen anderen Rednern wiederholt. Das machte: wir deutschen Schriftsteller spürten damals, in den ersten Nachkriegsjahren, daß kaum etwas anderes so notwendig sei wie Reinigung unseres Sprechens von der Großmäuligkeit und Verlogenheit der Goebbels-Propaganda. Die wirkte immer noch beim Sprechen unter den Nachkriegsdeutschen.

Falsche Gefühle entäußerten sich in falschem Sprechen. Es hatte eine anbefohlene »stolze Trauer« gegeben. Die hatte es in der Wirklichkeit schmerzlichen Leidens natürlich nicht geben können. Nun kamen die Menschen im Nachkrieg mit ihren Gefühlen nicht mehr zurecht. Folglich auch nicht mit ihrer Sprache. Wenn die Menschen damals wirklich zu sich selbst kommen und offen von sich reden wollten, versperrte das überlieferte

Sprachklischee den Weg zum Denken und zum Gefühl. Ein bedeutender Dichter deutscher Sprache, der österreichisch-ungarische Dramatiker *Ödön von Horváth*, der als Emigrant in Paris verunglückt ist, schildert sehr schön, in dem Theaterstück »Kasimir und Karoline«, noch in der Zeit der ausgehenden Weimarer Republik, den grotesken Zwiespalt zwischen einem nüchternen Lebenssachverhalt und einer nationalistisch verlogenen Sprache. Die Szene bei Horváth spielt auf dem Oktoberfest in München. Natürlich gibt es die obligate Rauferei mit massiven Blessuren. Die Bier- und Raufopfer landen beim Notarzt. Der ist ein Deutschnationaler und äußert verächtlich: »Es ist eine Schande! Deutsche gegen Deutsche!«
Ein Gegenbeispiel aus dem zweiten deutschen Nachkrieg. Neben dem unermeßlichen Leid im zerstörten Deutschland, im Hunger, in der Vertreibung, mit vier Besatzungsmächten, der Willkür und Gewalt, entfaltete sich nicht bloß die Trauer, sondern auch ein klischeehaftes und weinerliches Selbstmitleid. Dagegen wehrten sich, ein gutes Zeichen, viele Überlebende instinktiv und fanden sogar den Weg zu einem Gefühl, das sonst den Deutschen sehr fremd war und ungewohnt: zur *Selbstironie*. Man saß etwa beisammen, und es war geheizt, man hatte richtigen Kaffe und richtige Zigaretten und auch etwas zu trinken. Dann sagte man, behaglich blinzelnd: »Es ist ja alles so maßlos traurig.«

Sprechen und Reden, das ist bekanntlich zweierlei. Bekanntlich? Im allgemeinen geht das, im Gegenteil, wirr durcheinander. Karl Kraus machte sich noch, im Kaiserreich der Habsburger, lustig über die aus Lemberg oder Czernowitz nach Wien gekommenen Juden, wenn sie die Wendung gebrauchten: »... möcht' man sprechen.« Was offenbar soviel besagen wollte wie das vornehme, dabei feige und nach der juristischen Hintertür schielende Gerede manches unserer Politiker, der die Sätze beginnt mit einem: »Ich würde sagen...«
»Sprechen wir nicht mehr darüber ...«: das besagt ungefähr soviel wie: »Es ist nicht der Rede wert«, und bedeutet doch etwas anderes. Eine Lieblingsfloskel der Funktionäre in der DDR, wenn sie amtlich Kritik üben wollten, lautete so:

»Darüber muß man sprechen …« Mit einem Ausrufungszeichen.
Sprechen statt Reden: man setzt den Vorgang einer Artikulation gleich dem gegliederten Satz, dem weiterstrebenden Gedankengang, dem wirklich Gedachten. Beides ist in einem tieferen Sinne, also im Sinne der Aufklärung, wie Immanuel Kant sie formulierte, unmöglich: sowohl ein ungegliedertes, Wortblasen unaufhörlich bildendes Sprechen ohne gedankliche Gliederung. Wie auch, am anderen Ende, eine verbale Kommunikation zwischen Menschen, die in jedem Augenblick das wirklich und original Durchdachte vorbringt.
Darum war jedes Gespräch mit *Robert Musil* so überaus anstrengend, fast qualvoll: weil Musil stets nur Selbstdurchdachtes vorbringen wollte, was ihm zumeist auch, in flüssiger Rede, gelang.
Beide Extreme aber, das Alltagsgequatsche und das einsame Selbstgedachte, bedeuten Ausflüchte vor der Frage: »Was ist der Rede wert?« Um es noch schärfer zu formulieren: *»Ist Reden der Rede wert?«*
Das ist *eine sehr deutsche Frage.* Weshalb von ihr her genauer weitergefragt werden soll. Es ist ein merkwürdiges Kontinuum der deutschen Kulturgeschichte, historisch immer wieder zu belegen, daß die Sympathie der Deutschen, gerade auch des Volkes, stets weit mehr den sogenannt *großen Schweigern* entgegenströmte, als den Rednern. Zu schweigen von den wortmächtigen Intellektuellen. Unsere wohlbekannte Redensart: »Reden ist Silber, Schweigen ist Gold« wird immer wieder zitiert, niemals in Frage gestellt. Sie ist zweifellos berechtigt, wenn es gilt, einen unbedachten Schwätzer zurechtzuweisen. Insoweit ist sie durchaus nicht besonders deutsch. Die lateinische Redensart hat bis heute unter humanistisch Gebildeten die Antike überdauert: »Si tacuisses, philosophus mansisses.« Hättest du geschwiegen, so hätte man dich weiter für einen Philosophen gehalten. Leider hast du geredet …
Allein da ist mehr, und das kam nicht mit den Römern nach Germanien. Vieles kommt zusammen: Der im Halbschlaf wartende Barbarossa in seinem Kyffhäuser. Der Mythos der Götterdämmerung, den sich ausgerechnet der schwatzhafte Richard

Wagner ersann: Wotan, der einstige Wanderer, ist verstummt. Er schweigt seinem Ende entgegen. Die deutsche Hausvaterregel ist wohlbekannt: »Bei Tisch wird nicht geredet.« Man darf boshaft hinzusetzen: vielleicht, weil ein Gespräch über das Essen in der Tat nicht der Rede wert war ...

Das Schweigenwollen wie das Nichtredenkönnen wurde immer wieder verklärt: der knorrig schweigende, übrigens bei Gelegenheit durchaus beredte Ludwig Uhland. Der als »Großer Schweiger« gerühmte, übrigens ausgezeichnete Schriftsteller, Graf Helmuth von Moltke. Das ließ sich noch verstehen. In den Zwanziger Jahren hingegen verklärte man den »großen Schweiger« Paul von Hindenburg. Der alte Offizier, der nach seiner Wahl zum Reichspräsidenten im Jahre 1925 bekannte, er habe seit seiner Kadettenzeit außer dem Gebetbuch nur militärische Bücher gelesen, der sich wohlweislich den Interviews versagte, und dort, wo es sein mußte, nur ein paar abgegriffene »passende Worte« zu äußern gedachte, wirkte *eben dadurch* auf viele Menschen im Volk, die auch ihrerseits der Rede mißtrauten, als Idol.

Die Folge war freilich, daß die Skepsis vor dem Redner, der Kult der angeblich großen Schweiger, jäh umschlug, durchaus nicht zufällig, in den Kult eines öffentlichen Redners aus dem Oberen Österreich, dessen Rhetorik undenkbar gewesen wäre in anderen Ländern, bei den Romanen wie den Angelsachsen.

Ein Vergleich mit den *französischen* Vorstellungen vom Redner und von der Redekunst mag das erhärten. Wie sehr die deutschen und die französischen Traditionen der rhetorischen Kunst auseinanderfallen, wurde mir sogleich klar, als ich, ein noch junger Emigrant, in den Dreißiger Jahren die Straßen und Plätze von Paris durchwanderte und immer wieder auf manches schöne, manches sehr häßliche Denkmal traf, das irgendeinem bedeutenden Redner der französischen Geschichte und Kulturgeschichte gewidmet war. Am meisten staunte ich über ein gewaltiges Denkmal auf dem linken Seine-Ufer. Es war errichtet worden im 19. Jahrhundert vor der Kirche Saint-Sulpice, dort also, wo Delacroix sein berühmtes Bild vom Aufstand der Engel gemalt hatte. Das Denkmal selbst auf dem Vorplatz hingegen war gut katholisch und sehr traditionalistisch im Sinne der französischen Sprach- und Redetradition. Vier bedeutende Bischöfe, offenbar große *Kanzelredner*, wurden hier geehrt. Einer war mir gar nicht bekannt, der andere (Bourdalou) nur ein wenig, aber ich kannte die berühmten Sermone und Ansprachen des großen Bossuet, und natürlich den berühmten Erziehungsroman »Télémaque« des Bischofs Fénelon, übrigens eines nicht besonders linientreuen Mannes der Kirche. Hier waren Männer der Beredsamkeit geehrt worden. Hinterlassen hatten sie Traktate, Predigten, Ansprachen des Glaubenseifers. Niemand wäre, auch im laizistischen Frankreich, bereit gewesen, ihnen diese Verklärung im Denkmal streitig zu machen. Sie waren Meister der Sprache gewesen. Wer Bossuet las, nicht allein in der Schule, bekam Freude an großer französischer Prosa. Der Inhalt und Gegenstand dieser Prosa blieb sekundär.

Die Spannweite der Rhetorik ist unermeßlich: sie umfaßt den Festtag wie den Alltag alles menschlichen Lebens. Reden zum Geburtstag, zu Freudentagen wie zu Trauerfällen. Die Predigt, die politische Rede, die akademische Vorlesung. Die in Frankreich meisterhaft beherrschten öffentlichen »Causerien«. Ein Ausdruck übrigens, den man kaum übersetzen kann. Es ist keine »Ansage« im Radio-Sinne, sondern ein geistvolles Spielen mit Vorgängen und Formulierungen. Auch im deutschen Sprachgebrauch spricht man zumeist noch von einer Conférence und einem Conférencier. Der berühmte Ansager Joel Grey in dem Film »Cabaret« wird mit der Abkürzung M. C., was auf gut amerikanisch Maître de Conférences heißen soll, vorgestellt.

Der große politische Redner war in Paris mit zwei eindrucksvollen Denkmälern repräsentiert. Im Garten des Palais-Royal stand damals noch das Denkmal des Camille Desmoulins. Man hat es inzwischen an anderer Stelle aufgestellt. Im Garten des Palais-Royal war Desmoulins damals auf einen Stuhl gestiegen, um die Menge aufzurufen, mit ihm zur Bastille zu ziehen, die Zwingburg der Tyrannei gewaltsam zu öffnen und die Gefangenen zu befreien. Diesen Vorgang mitsamt dem Stuhl hatte man festgehalten. Von den Bäumen im Palais-Royal hatte man kleine

Zweige abgebrochen und an die Mützen gesteckt: als Kennzeichen. So zog man davon an jenem 14. Juli 1789. Ein großer Redner hatte mitgewirkt an einem der Wendepunkte der Geschichte. Ihm war dieses Denkmal errichtet worden.
Auf dem anderen Ufer korrespondierte dazu, gleichfalls erinnernd an die große Revolution des ausgehenden 18. Jahrhunderts, das Denkmal des Redners Georges Danton. Der ausgestreckte Arm eines gewaltigen Meisters der Rhetorik. Danton ruft auf zur Verteidigung des Vaterlands gegen die Invasion der Truppen des Ancien Régime. Auf dem Sockel des Denkmals stehen Dantons berühmte Worte: »Um die Feinde des Vaterlandes zu besiegen, braucht man Kühnheit, Kühnheit und abermals Kühnheit!« So kam es zur Niederlage der Invasionstruppen bei der Kanonade von Valmy, die Goethe erlebte und damals, wie er – freilich viel später – berichtete, als Wendepunkt nicht bloß seines eigenen Lebens empfand.

Goethe selbst hat oft und skeptisch über die Redekunst und seine »lieben Deutschen« nachgedacht. Er äußerte einmal in »Dichtung und Wahrheit«, unter besonderen und anderen Umständen hätte er wohl das Zeug zu einem tüchtigen Redner gehabt. Schwer zu sagen, ob er sich dieser Seite seiner vielen Begabungen bewußt versagte: in der Jugend als Jurist und freilich kaum praktizierender Anwalt, später als Geheimer Rat und Minister des Herzogtums, dann Großherzogtums in vielen Bereichen. Aber in der höchst umfänglichen Ausgabe von Goethes Sämtlichen Werken spielen die Reden eine fast lächerlich kleine Rolle. Zumeist Gelegenheitsdokumente. Am persönlichsten war die Gedenkrede in der Freimaurerloge auf den verstorbenen Logenbruder Christoph Martin Wieland.
Dabei hat Goethe, dieser so rede- und mitteilungsfreudige Mensch, der sich spät erst und widerwillig, im Alter und im Besitz von Macht, zur Schweigsamkeit und klischeehaften Redeweise zwingen mußte, alle anderen Formen der verbalen Kommunikation gern genutzt: freilich mit Ausnahme der öffentlichen Rede. Goethes öffentliche Reden, das ist eine Fußnote im Gesamtwerk. Goethes Gespräche mit Riemer, mit Soret, mit Eckermann, wie vielen noch: das ist ein wichtiger Bestand-

teil seines Werks. Das *gesprochene Wort* war ihm gleichwertig dem geschriebenen.
Dazu hat er sich in einem wunderschönen Gedicht ausführlich bekannt, nämlich in dem Eingangsgedicht »Hegire« zum »Westöstlichen Diwan«.

Hegire

Nord und West und Süd zersplittern,
Throne bersten, Reiche zittern,
Flüchte du, im reinen Osten
Patriarchenluft zu kosten,
Unter Lieben, Trinken, Singen
Soll dich Chisers Quell verjüngen.

Dort, im Reinen und im Rechten,
Will ich menschlichen Geschlechten
In des Ursprungs Tiefe dringen,
Wo sie noch von Gott empfingen
Himmelslehr' in Erdesprachen,
Und sich nicht den Kopf zerbrachen.

Wo sie Väter hoch verehrten,
Jeden fremden Dienst verwehrten;
Will mich freun der Jugendschranke:
Glaube weit, eng der Gedanke,
Wie das Wort so wichtig dort war,
Weil es ein gesprochen Wort war.

Wie das Wort so wichtig dort war, / Weil es ein gesprochen Wort war. Dies ist ein sehnsüchtiges und vielleicht auch utopisches Gedicht. Geschrieben während und nach einer Ära der Kriege und der Revolten. Das Ancien Régime war zusammengebrochen. Napoleon Bonaparte setzte Dynastien ab, und die Mitglieder seiner lieben Familie landeten, für kurze Zeit zumeist, auf dem angestammten Thron der alten Dynasten. Goethe verwandelte sich in den Sänger Hafis, erträumte sich einen Osten, sehnte sich zurück zu den Anfängen einer Literatur, die als Offenbarung empfunden wurde: als Himmelsgabe, doch abgefaßt in Erdesprachen. Rückwärts gewandte Sehnsucht, aus Überdruß am deutschen Alltag. Sehnsucht nach dem einstigen Respekt der Jugend vor dem Alter. In der Szene des Baccalaureus in Faust II ist Goethe auf den Fall zurückgekommen. Ablehnung alles Söldnerwesens und aller Liebedienerei in fremden Diensten.

Sehnsucht schließlich nach dem gesprochenen Wort. Hier beginnt das utopische Element in diesem großen Gedicht wirksam zu werden. Was in Deutschland offenbar nicht möglich war und sein konnte, die Wirksamkeit des gesprochenen Wortes, das erträumte sich der Dichter in doppelter Ferne: *räumlich* im fernen Orient, *zeitlich* in der Tiefe menschlicher Ursprungsgeschichte. Die *Träumerei eines Poeten* noch dazu. Wenn das gesprochene Wort wirksam wird, sitzt man nahe beieinander. Der Redner, Sänger, Rhapsode mit seinen Zuhörern. Das orientalische Bild des Märchenerzählers oder Rhapsoden. Eine Poetik, wie man hinzusetzen muß, vor Beginn des Alphabetismus.

Ein großer Dichter sehnt sich fort aus Deutschland, aus der Welt der Napoleonischen Kriege wie der seit 1814 anbrechenden allgemeinen Restauration des Ancien Régime. Aber kann man nicht gleichzeitig sagen, daß sich Goethe fortsehnt aus der *Bücherwelt*? Seine Verachtung für das damals anbrechende Zeitalter der Journalisten, Rezensenten, Gelegenheitsschreiber aller Art führt ihn zu einem Traum der Regression. Das Gedicht »Hegire« ist gleichzeitig ein geheimes Lob des Analphabetentums. Nicht zufällig, wie mir scheint, daß im Jahre 1985 ein so begabter Poet unserer Tage wie *Hans Magnus Enzensberger*, bei Entgegennahme des Großen Literaturpreises der einstmals Freien Reichs- und Hansestadt Köln, ein zweideutiges Lob des Analphabetismus vorzutragen wagte.

Das geschriebene Wort verdrängt mit Notwendigkeit, wie sich erwiesen hat, das gesprochene. Es lähmt die Kraft der Rede. Die geschriebene und dann mehr oder weniger ausdrucksvoll vorgelesene Rede ist etwas anderes als das, was wir, mit einem schönen Ausdruck, als *»freie Rede«* zu bezeichnen pflegen. Natürlich gibt es gute und schlechte Vorleser eines Geschriebenen. Der sprachgewaltige Hegel hat seine Vorlesungen offenbar ganz in sich gekehrt hingesprochen, hingeschwäbelt, wie überliefert wurde. Die Zeichnung des Professors Hegel auf dem Berliner Universitäts-Katheder, angetan mit dem Barett und dem Talar, zeigt einen gebückt auf das Manuskript starrenden Sprecher. Ein Vergnügen muß es nicht gewesen sein, wie übereinstimmend die damaligen Studenten überliefert haben, dem großen Denker zuzuhören.

Karl Marx war ein entsetzlich schlechter Redner. Das haben auch seine engsten Freunde nicht leugnen wollen. Stotternd und unwillig las er sein Geschriebenes vor, wenn es nicht zu vermeiden war. Der von Marx gehaßte elegante Gegenspieler Ferdinand Lassalle muß ein eindrucksvoller Redner gewesen sein. Allein seine berühmt gewordenen Reden waren sämtlich genau formuliert und wurden, offenbar gut und wirkungsvoll, als Text vorgetragen.

Das könnte nicht mehr als eine Anekdote bedeuten: Georg Wilhelm Friedrich Hegel und Karl Heinrich Marx als ungewöhnlich schlechte Redner. Allein es ist mehr dahinter. Die Rede ist eine öffentliche Sache. Ein Versagen als Redner bedeutet insgeheim, wenn man nicht zufällig ein Stotterer ist wie Heinrich von Kleist, ein *gestörtes Verhältnis zur Öffentlichkeit.*

Das haben sie wohl beide besessen, Hegel und der Links-Hegelianer Karl Marx. Der Frankfurter Philosoph *Jürgen Habermas* hat es in seinem bekannten Buch »Strukturwandel der Öffentlichkeit« von 1962 einleuchtend demonstriert.

Hegel will ein wissenschaftlich haltbares Weltsystem errichten. Da kann er das bloß subjektive »Meinen« nicht gebrauchen. Immer noch als Schüler von Kant versteht er die Philosophen als die eigentlichen Erklärer, und damit Lenker, des Weltgeschehens. Der bloß subjektive Geist ist zweitrangig. Hier rächt es sich wieder einmal, daß die großen Entwerfer von Gesellschaftssystemen wenig Neigung zeigten, sich dem Leid oder auch Glück der Einzelnen zuzuwenden. Das gilt für Platon wie für Rousseau oder Hegel und Marx. Man spürt es sogar noch im »Prinzip Hoffnung« von Ernst Bloch. Bei ihnen allen ist das

subjektive Meinen von Einzelnen bloß störend für den geschichtlichen und philosophischen Ablauf.
Nun gar jenes Durcheinander des Meinens, das man seit Entstehung der bürgerlichen Gesellschaft als »Öffentliche Meinung«, als »public opinion« bezeichnet hat. Bei Jacques Offenbach tritt die opinion publique als eine prüde und zickige Dame auf, die den Musikprofessor Orpheus, der froh ist über das Verschwinden seiner Eurydike, zwingt, die Geraubte vom Weltenrichter Jupiter zurückzufordern. Die Dame setzt sich durch. Bei Hegel heißt es in der »Rechtsphilosophie« fast verächtlich: »Die Wissenschaften, wenn sie nämlich anders Wissenschaften sind, befinden sich überhaupt nicht auf dem Boden des Meinens und der subjektiven Ansichten« und »fallen nicht unter die Kategorie dessen, was die öffentliche Meinung ausmacht«.
Karl Marx, so zeigt es Habermas, denunziert die öffentliche Meinung als falsches Bewußtsein: sie verheimliche vor sich ihren wahren Charakter als Maske des bürgerlichen Klasseninteresses. Darum eben trennt sich Marx von Hegel, dem er ein deutsch-preußisches Verkennen der Erfordernisse einer modernen bürgerlichen Gesellschaft, nach dem Muster des kapitalistischen England im 19. Jahrhundert, vorwirft.
Die bürgerliche Demokratie in England hatte sich natürlich ein politisches System und ein Meinungssystem des bürgerlichen Interesses geschaffen: allein sie hatte damit auch manchen Gegentendenzen zur Sprache, das heißt: zur Rede verholfen. Zumal sich auch in England, wie in der Französischen Revolution, der Vorgang wiederholte, daß Angehörige der Herrschaftsschicht für die Interessen der Unterdrückten eintraten. In einer berühmten Rede im Oberhaus machte sich Lord Byron zum Verteidiger der proletarischen Maschinenstürmer.
In den entwickelten Systemen einer bürgerlichen Gesellschaft tritt daher neben die Buchkultur der Traktate und Traktätchen, neben die als Presse veröffentlichte Meinung zugleich auch die *öffentliche Rede* als Element der sozialen Auseinandersetzung. Das war gültig von Lassalle und Jaurès über Leo Trotzki oder Rosa Luxemburg bis zu Mahatma Gandhi und zu Martin Luther King. Nicht zufällig wurden deshalb oftmals die großen Redner der Emanzipation ermordet. Abraham Lincoln und

Jean Jaurès. Trotzki und Gandhi und Martin Luther King. »Wie das Wort so wichtig dort war, / Weil es ein gesprochen Wort war.«

Deutschland hat, wie bereits der junge Karl Marx im Jahre 1844 feststellen mußte, niemals die Revolutionen der anderen Völker mitgemacht, wohl aber getreulich die dortigen politischen *Restaurationen* imitiert. *Restaurative Systeme mißtrauen der Öffentlichkeit und folglich der öffentlichen Rede.* Sie warnen, nach schlechter, alter Landesvatersitte, immer wieder vor Rädelsführern, Ausländern, Agitatoren, hartem Kern. Das gesunde Volk solle ihnen kein Gehör schenken. Konservative sind von Hause aus im allgemeinen schlechte Redner. Das macht: sie haben keine Zukunftsvisionen, und damit auch keine Phantasie. Das Bestehende ist meistens schlecht und läßt sich deshalb nur mühsam anpreisen. Otto von Bismarck, dieser riesenhafte Mann mit einer Fistelstimme, der ein Zivilist war, aber in der Öffentlichkeit nicht auf die Kürassierstiefel verzichten wollte, war ein guter, sprachgewaltiger Redner und Schreiber. Als ein zerrissener Mensch mit Weinkrämpfen, der sich als Eiserner Kanzler zu stilisieren wußte.

Dies alles wurde längst in unseren Tagen, mit Hegel zu sprechen, zur »abgelegten Gestalt«. Das deutsche Mißtrauen vor dem guten Redner, dem man, im Zeichen einer Professoren- und Pfarrhauskultur, wegen seiner Rhetorik für gewöhnlich die »Tiefe« abspricht, was immer damit gemeint sein mag, hat in beiden deutschen Staaten zu der Paradoxie eines *redefeindlichen Dauerschwätzens* geführt. Man mißtraut sowohl dem Redner, dem gerne zugehört wird, weil er, ergriffen, zu ergreifen vermag, wie dem unbequemen Selbstdenker. Man nennt ihn folglich einen Querdenker. Die Sprache sagt es auch hier. »Er legt sich quer« hat sogleich die Nebenbedeutung »Er liegt schief«.

Der Psychologe *Peter Brückner* in Hannover, der sein Selbstdenken mit einem frühen Sterben bezahlen mußte, sprach für unsere Zeiten von der Notwendigkeit einer »Selbstbefreiung in der normalisierten Welt«. Aber ist sie noch möglich? Natürlich: die konservative Nostalgie nach einer »normalisierten Welt«, dieser Wunschtraum aller Polizeigehirne, ist illusorisch. Es gibt sie nicht, weder in der Natur noch in der Gesellschaft, diese Normalität. Allein man kann, so man die Macht besitzt, die wirkliche Macht, nicht bloß den Ausweis eines Parlamentariers, einer auch kaum mehr existierenden Öffentlichkeit einreden, es gebe sie: diese Normalität.

Ich erinnere mich nicht, in den letzten zwanzig Jahren in Deutschland einem politischen Redner – als Redner! – mit Interesse zugehört zu haben. Bestenfalls werden Mitteilungen und Informationen übermittelt, die man sogleich nachlesen und überprüfen möchte. Im übrigen die Dauerschwätzerei anstelle der Redekunst. Flotte Managersprache, gespickt mit Reizvokabeln, welche an die Stelle von Begriffen zu treten haben. Bemühtes Ablesen dessen, was vermutlich andere aufgesetzt haben. Die unbestreitbar große Wirkung der Rede *Richard von Weizsäckers* zum 8. Mai 1985 erklärt sich aus der Rarität einer selbstgedachten und selbstformulierten Rhetorik, hinter welcher man Gefühle und Überzeugungen spüren konnte.

Kein Zufall daher, daß die Sendungen unserer Reihe »Der Rede wert«, wenn ich es richtig sehe, in den meisten und besten Fällen jenen Rednern zu verdanken waren, die nicht *anstelle ihrer selbst* das Wort ergriffen hatten. Was heißen soll: nicht als Funktionäre von irgend etwas; nicht als Nachbeter irgendwelcher Direktiven; nicht als Werbeleiter oder Verkaufsagenten.

»Der Rede wert« ... das bedeutet immer noch die Antinomie zur Propaganda wie zur Reklame. Folglich zur Lüge. Für dergleichen gilt nach wie vor die unsterbliche Faustregel, die *Karl Kraus* den verhaßten Soldschreibern empfahl, nämlich: »Es genügt nicht, keine Gedanken zu haben. Man muß auch unfähig sein, sie auszudrücken!«

Der Rede wert: es verlangt hingegen, daß eigenes Denken den angemessenen Ausdruck fand. Das ist immer noch unter uns möglich. Solchen Rednern darf man nicht mißtrauen. Sie suchen das Unerreichbare, das sich hinter Wortklischees verborgen hat, dennoch existiert und immer wieder gesucht werden muß: die Wahrheit und die Freiheit.

X. BRECHT MIT NEUNZIG JAHREN

(1988)

Eine gelehrte Rede aus solchem Anlaß? Wie wäre das möglich? Ich könnte sie nicht halten, möchte es auch gar nicht. Viel zu lebensvoll steht sein Bild nach wie vor in meinem Erinnern. Ich höre die Stimme, sehe ihn im Schaukelstuhl, doch ohne die legendäre Zigarre, die zum Schluß wohl mehr zur Rolle gehörte als zur Substanz. In dem späten Gedicht »Vergnügungen« wird die Zigarre nicht erwähnt: im Gegensatz zu dem Hund und den bequemen Schuhen. Vom erlebten und erlebbaren Brecht soll hier gesprochen werden. Was auch hier heißen muß: in seinen Widersprüchen. Die nämlich sind auch in seinem Falle untrennbar verbunden mit dem Moment der menschlichen Größe. Menschlicher Größe, nicht allein dichterischer Meisterschaft.

An seiner Größe, folglich an seinen Widersprüchen, hat er gelitten, und er hat das lange Zeit verschweigen wollen. Bis er in den letzten Gedichten von sich selbst gedrängt wurde, endlich dazu sich zu bekennen.

Eines solcher Gedichte trägt die Überschrift: »Wie es war«.

Erst ließ Freude mich nicht schlafen
Dann hielt Kummer nachts die Wacht.
Als mich beide nicht mehr trafen
Schlief ich. Aber ach, es bracht
Jeder Maienmorgen mir Novembernacht.

Gereimte Verse, abermals der von Brecht geliebte Fünfzeiler. Der Rhythmus wird am Schluß gestört: um die Disharmonie zwischen dem inneren und dem äußeren Lebenslauf spürbar zu machen.

Am stärksten sind sie spürbar in einem der bekanntesten späten Texte, abermals einem Gedicht, das ausdrücklich als ein Epitaph angelegt wurde. Als ein Nachruf zu Lebzeiten, der die definitive Formel zu fixieren gedachte: und damit eine Endharmonie.

Ich benötige keinen Grabstein

Ich benötige keinen Grabstein, aber
Wenn ihr einen für mich benötigt
Wünschte ich, es stünde darauf:
Er hat Vorschläge gemacht. Wir
Haben sie angenommen.
Durch eine solche Inschrift wären
Wir alle geehrt.

Hier spricht der Lateiner, der römische Brecht. De patria bene meritus est. Er hat sich wohlverdient gemacht. Worum? Um ein Vaterland? Um die Arbeiterklasse? Um das Theater? Es häufen sich die Widersprüche. Brecht hat es gewußt. Genauso wie er gewußt hat, daß der harmonisierende Epilog zum »Guten Menschen von Sezuan« keiner sein konnte. Soll nun das Publikum, das der armen Shen Te ebensowenig Rat geben konnte wie es die machtlosen Götter gekonnt hatten, zu Hause an den Bücherschrank treten, um den Marx oder Lenin herauszuholen: falls vorhanden? Damit ein »Guter Schluß« möglich würde in Sezuan, das auch Chicago heißen konnte, oder Mahagonny, oder Imperialismus.
Dieser »Vorschlag« also des Epilogschreibers war keiner. Er konnte auch nicht »angenommen« werden. Von wem überdies? Das reichte nicht aus für den Grabstein und die beiderseitige Ehrung.
Das Nachrufgedicht löst den schroffen Gegensatz zwischen dem Ich und dem Ihr nicht auf. Das Wir in der Schlußzeile entstammt dem Wunschdenken.
Brecht sieht sich insgeheim *nicht* als einen von Vielen. Alle Schlichtheit des Auftretens, die Arbeitsuniform, die Mütze, der römische Haarschnitt, der nachdrückliche Asketismus der Lebensführung: sie waren Schutzmaßnahmen, notwendige Rollen, die er brauchte. Gegen sich selbst. Gegen das rebellische Genie in ihm, das er gleichzeitig gehaßt und gehätschelt hat.
Die großen Dichter bleiben stets rätselhaft, letzthin unerklärbar. Hölderlin und Shelley, Büchner und Rimbaud, Majakow-

ski und Franz Kafka: um Namen zu nennen, denen sich Brecht zugesellen wollte: auch zu Kafka. Auch zu Samuel Beckett übrigens. Ihnen allen ist mit Psychologie ebensowenig beizukommen wie mit Sekundärliteratur.

Brecht empfand sich seit der Augsburger Jugendzeit den Genies gegenüber als ebenbürtig. Den jugendlichen Gefolgsleuten am Lechufer, zu denen immerhin ein großer Künstler wie Caspar Neher gehört hat, setzte er auseinander: Solche Theaterstücke wie der Friedrich Hebbel könne er notfalls auch selbst verfassen...

Er wußte, wovon er sprach. Zudem wußte er, daß und warum er das auf keinen Fall tun werde: Theaterstücke schreiben in Hebbels Manier. Brecht hat sein Genie gehaßt und bewußt ausgespielt. »Genie ist Fleiß«, pflegte er den Mitarbeitern auf der Probe einzuschärfen. Er selbst wußte es besser. Er empfand sich, mit Goethe zu sprechen, als »unkommensurabel«. Da versagten die Mensuren. Ich habe das einmal, in einem schrecklichen Augenblick, begreifen müssen. Es war im Hause der Ruth Berlau, die Brecht geliebt hat, und die von ihm geliebt wurde, weil er schwer an ihr zu leiden hatte. Er hatte sich zum Mittagessen angesagt, war dann nicht gekommen. Leid und Zorn der Frau. Plötzlich nahm die ein rotes Dokument, warf es weit von sich auf den Fußboden: »Da habt ihr euer Genie.« Es war die Urkunde über den Nationalpreis Erster Klasse der DDR. Ruth Berlau meinte dies: Hochgelobter Dichter eines sozialistischen Gemeinwesens *und* Anarchist der Gefühle. Das hatte er unablässig selbst verkündet: vom Abschlußgedicht aus der »Hauspostille« im Jahre 1922 mit der Überschrift »Vom armen B. B.« über den Song von der sexuellen Hörigkeit aus der »Dreigroschenoper«, bis zu dem Kinderlied »Die Vögel warten im Winter vor dem Fenster«, das er mir im Jahre 1954 gleich nach der Entstehung vorlas.

Es handelt vom Sonderstatus des genialen Künstlers. Die Kinder verteilen das Futter: an den Spatz und den fleißigen Buntspecht. Aber wo sind die gesellschaftlichen Verdienste der Amsel? Sie hat schön gesungen im Sommer. Jetzt ist Winter. Die Kinder haben verstanden, was der Pragmatismus ihrer Eltern leugnen würde: *die Nützlichkeit des Künstlers.* Die Amsel bekommt ihr Essen. Natürlich sprach Brecht wieder einmal für sich selbst. Allein er meinte *auch* eine Praxis aus der Entstehungszeit jener Verse. Ein sowjetischer Lyriker war, wie die Zeitungen meldeten, als Tagedieb und arbeitsscheues Subjekt in der Sowjetunion verurteilt und verbannt worden. Kein Essen für die Amsel im Winter und in einer total geplanten Gesellschaft. Der lyrische Tagedieb hieß Josef Brodski: Nobelpreisträger der Jahres 1987.

Genie schafft Leiden. Allein es ist unverzichtbar, sogar (oder gerade) auf dem Theater. Sein Theater, so hatte Brecht beschlossen, sollte ohne die Mimen des scheinbar so glanzvollen Theaters in einem Dritten Reich auskommen. Wenn man ihm wieder einmal das glanzvolle Gründgenstheater rühmte, fragte Brecht: worauf damals der »Glanz« gefallen sei. Doch auf geprägtes schauspielerisches Menschentum gedachte er nicht zu verzichten. Jahrelang suchte er nach einem Darsteller für den Galilei, nachdem Kortner und auch Leonard Steckel, der die Züricher Uraufführung gespielt hatte, nicht an den Schiffbauerdamm kommen konnten oder durften. Endlich entschied er sich für Ernst Busch.

Als er davon sprach, war ich skeptisch: bei aller Bewunderung für Ernst Busch. Busch als Galilei? Brecht antwortete: »Er ist von allen mir bekannten Darstellern der einzige, dem man Genie glaubt!«

Das macht: er hatte natürlich in der Gestalt seines Galilei, dessen Genie alles menschliche Fühlen um ihn her veröden macht, manches aus dem eigenen Daimonion mitgeteilt. Daß der Galilei eine politische Abrechnung mit sich selbst bedeutet hätte, wie bisweilen geschrieben wurde, ist Unsinn. Abgesehen davon, daß es zwei durchaus divergierende Fassungen gibt, was den Widerruf des Galilei betrifft. Das subjektive Brecht-Element im »Galilei« hat jedoch mit dem gesellschaftlichen Umkreis, auch der Amoralität, des Genies zu tun.

Im allgemeinen gibt es keine autobiographischen Konfessionen in Brechts Theaterstücken. Keinen Egmont oder Homburg und Danton. Früh schon war eine Arbeitsteilung entworfen worden. Der subjektive Ausdruckszwang hatte sich im Gedicht auszutoben. Ein Freund im amerikanischen Exil hat berichtet,

wie er Brecht einmal höchst verärgert antraf: irgendwelche Schikanen wieder einmal. Der Freund sagte, weil er sich auskannte: »Zeigen Sie das Gedicht, das sie dazu gemacht haben!« Verlegen holte Brecht das Blatt. Der Stückeschreiber hingegen blieb draußen. Wen immer ihr sucht, ich bin es nicht!
Dennoch gibt es drei Ausnahmen. Drei amoralische Geniegestalten: ähnlich dem Schaffen der von Brecht hochgerühmten deutschen Stürmer und Dränger aus dem 18. Jahrhundert: Der frühe *Baal.* Der *Galileo Galilei.* Der *Richter Azdak* aus dem »Kaukasischen Kreidekreis. Zwei dieser Geniegestalten sind Lyriker: Baal und Azdak.
Allenthalben Widersprüche zwischen dem poetischen Daimonion *und* der tief gefühlten gesellschaftlichen Verantwortung. In seiner letzten Lebenszeit, von welcher Brecht wußte, daß sie es war, machte er in Ostberlin bewußt Gebrauch vom anerkannten Status des Genies, um gesellschaftliche Veränderungen ein bißchen mitzubewirken. Er hat der Staatsbürokratie das Leben schwergemacht: durch Beschwerden; durch Interventionen; durch dezidierte Gegenpositionen zu den amtlich gutgeheißenen politisch-ästhetischen Richtlinien. Im Gespräch hat sich Theodor Adorno über Brechts »Untreue« beklagt. Welch ein Mißverständnis!
Vermutlich war auch das amoralische Getue bereits beim frühen Bert Brecht vor allem eine Rolle, die ausprobiert wurde. Sie war notwendig zur Begründung einer Gegenästhetik, einer plebejischen Tradition der Kultur, auch für eine Anti-Aristotelische Dramaturgie. Das war keine provokante Formel, sondern durchdachter Ernst. Brecht hat den Aristoteles gehaßt: das spürt man an Galileis Spott über den Naturforscher der »Schule von Athen«. Anti-Aristotelisches Theater hatte sich der harmonisierenden Lösung gesellschaftlicher Widersprüche auf der Schaubühne zu widersetzen. Daher auch, wie wir heute wissen, Brechts tiefer Haß gegen den Klassizismus sozialistischer Prägung bei Georg Lukács.
Genie also *und* gleichzeitig gesellschaftliche Verantwortung und plebejische Tradition. Da war an »Glück« nicht zu denken. Freude wie Kummer entfernten sich. Nun konnte er schlafen. Doch unlustig und trübe: ein permanenter November. Das be-

kannte Gedicht vom »Radwechsel« drückt es in den Zeilen der Mittelachse aus:

> Ich bin nicht gern, wo ich herkomme.
> Ich bin nicht gern, wo ich hinfahre.

In einer sorgfältigen Analyse der sechs Gedichtzeilen im Jahrbuch 1987 der Schillergesellschaft werden die fast unabsehbaren Interpretationen aufgezählt: als Aussage über die DDR, über das kalifornische Exil und so weiter.
Es war viel mehr. Überall hätte Brecht diese Zeilen schreiben können, weil sie allenthalben für ihn gültig blieben. Er liebte die Welt. Der Weg Heinrich von Kleists war für ihn undenkbar. Dennoch war auch ihm in dieser Welt wohl nicht zu helfen.
Trotzdem machte er Vorschläge und wünschte sich ernsthaft, weil es um die Existenz ging: sie würden angenommen.
Brecht war krank seit der Jugend in Augsburg. Ein Gedicht aus der »Taschenpostille«, einer Vorform der späteren »Hauspostille«, hat davon berichtet. Das Gedicht wurde dann nicht mitgedruckt in der »Hauspostille«. Brecht wußte sich gefährdet, folglich kurzlebig. Mit allem mußte gerechnet werden. Weshalb alles vorbereitet werden mußte für den plötzlichen Todesfall, der dann eintrat im August 1956. Der Metallsarg war entworfen worden, die Anordnungen für eine Bestattung ohne Reden am Grabe waren fixiert. Die Totenmaske wurde erlaubt. Der Bildhauer Fritz Cremer, der sie abnahm, hat berichtet, wie schwer dabei hantiert werden mußte. »Der tote Brecht schien sich zu wehren«, sagte Cremer: ein Freund.
Wichtiger war das Überleben im Werk und im Wirken. Das poetische Werk dürfte ihn nicht sorgenvoll gestimmt haben. Der Aufbau der Gesamtausgabe lag fest. Stücke, Gedichte, Prosa. In dieser Reihenfolge.
Auch der *Lehrer Brecht* durfte befriedigt sein. Die schreckliche Exilzeit konnte überstanden werden. Schrecklich, wie ein Gedicht andeutet, weil sie ein *»Lehren ohne Schüler«* bedeutet hatte. Die waren nun herangewachsen und gut eingewiesen worden in ihre künftige Arbeit. Sie betraf die »Vorschläge«, die

ein krankes Genie seiner Nachwelt, insgesamt den »Nachgeborenen«, zu machen gedachte.
Welche Vorschläge aber, und wurden sie angenommen? Wer danach fragt, hat das Thema *Brecht und der Marxismus* zu behandeln. Berührungsängste kann und darf es nicht geben. Der totale Brechtboykott in Wien, gefordert und bewirkt durch Friedrich Torberg und Hans Weigel in den Fünfziger Jahren, war in seiner Art eine runde und reinliche Sache. Man ließ die heuchlerische Trennung des Poeten Brecht von jeglicher Substanz und Funktion seines Werks nicht gelten. Entweder – Oder. So dachte auch Brechts Freund *Peter Suhrkamp*, als er in einer für mich unvergeßlichen Sitzung in der Wohnung des toten Brecht, ein paar Tage nach der Bestattung, die Frage zu prüfen hatte, ob sein Verlag sich straffällig machen würde durch den Druck von Brechts Stück »Die Mutter« (nach Gorkis Roman), das nun einmal erzkommunistisch war mitsamt seinen theoretischen Zusätzen. Werbung für eine verbotene Partei. Nimmt man Hanns Eislers großartige Musik hinzu, so wäre von gefährlicher Staatsfeindlichkeit zu sprechen.
Peter Suhrkamp sagte ruhig, fast beiläufig: »Nach meiner Entlassung aus dem Konzentrationslager beschloß ich, solche Risiken nicht mehr einzugehen. Für Brecht würde ich es trotzdem tun.« Kein Gratismut auch bei *Harry Buckwitz* in jenen Fünfziger Jahren einer fröhlichen Restauration, als er von dieser Bühne aus den so reinlichen Brechtboykott hartnäckig und rückfällig durchbrach und sogar, wie im Falle des »Schweyk im Zweiten Weltkrieg«, gewisse Stücke des toten Stückeschreibers aufführte, an welche sich das Berliner Ensemble am Schiffbauerdamm nicht herantraute. Auch hier, beim Frankfurter Schauspielhaus das Entweder-Oder.
Brecht und der Marxismus. Hier kulminieren alle Widersprüche. Brecht war nicht allein zwischen den bourgeoisen Antikommunismus geraten und die von Moskau aus, unter Stalin, theologisierte und von aller Dialektik befreite Gesellschaftskritik. Man hat ihm in Moskau bis zu seinem Lebensende nicht über den Weg getraut. Erst den toten Brecht hat man posthum vom bloß kritischen zu einem sozialistischen Realisten befördert.

Andererseits hat sich Brecht, wovon nicht bloß die letzte Komödie über die Prinzessin Turandot und den Kongreß der Weißwäscher zeugt, sehr kritisch verhalten zur »Kritischen Theorie« der Frankfurter Horkheimer und Adorno. *Weißwäscher.* In der endgültigen Fassung des »Galilei« schmäht sich der Widerrufer mit den Worten: »Geheiligt sei unsre schachernde, weißwaschende, todfürchtende Gemeinschaft!«
War das eine Selbstkritik des Stückeschreibers? Man weiß es nicht. Bei allem Arbeits- und Lebensmaterial, das nun vorliegt, und das er selbst anzuhäufen befahl, bleibt Brecht, gleich den anderen Großen, nahezu unerklärbar.
Sein Marxismus hatte kaum mit der politischen Ökonomie zu tun, wenig mit einem realen Proletariat, das bei Brecht in den Stücken, den Lehrstücken, wie in der »Heiligen Johanna der Schlachthöfe«, ziemlich charakterlos agiert. Positive Helden mochte der Augsburger nicht.
Der Intellektuelle Ziffel erläutert, in seinen Flüchtlingsgesprächen mit dem Arbeiter Kalle im Bahnhofsrestaurant von Helsinki, wie teuer einen der echte Marxismus zu stehen kommt. »Eine halbwegs komplette Kenntnis des Marxismus kostet heute ... zwanzigtausend bis fünfundzwanzigtausend Goldmark, und das ist dann ohne die Schikanen ...« Abgesehen davon, wie Ziffel ergänzt, »daß die Leistungen in bürgerlichen Berufen bedenklich sinken nach einer gründlichen Marxlektüre; in bestimmten Fächern wie Geschichte oder Philosophie werdens nie wieder wirklich gut sein, wenns den Marx durchgegangen sind«.
Gemeint ist: marxistische Geschichtsbetrachtung und Philosophie verhindern nachhaltig die erfolgreiche Karriere als Weißwäscher.
Brechts Marxismus meinte stets ihn selbst, den Bürgersohn, den man, wie er im Exil scheinbar zufrieden konstatierte, »mit gutem Grund« verjagte. Deshalb war ihm die *Zwischenposition der ideologischen Sympathisanten* nicht minder verhaßt als die sozialdemokratische Rolle, Arzt zu sein, »am Krankenbett des Kapitalismus«, wie das der Gewerkschafter Fritz Tarnow in der Wirtschaftskrise von 1929 gefordert hatte.
Andererseits Stalin. Der Leipziger Lyriker *Georg Maurer* hat

mir berichtet, wie er mit Brecht fast eine Nacht lang beisammensaß, um zu sehen, ob das so erwünschte Stalingedicht geliefert werden könne. Es erwies sich als unmöglich. In Moskau wurde auch das registriert. Reinheit eines Marxismus fast ohne Praxis, fast in Berührungsangst mit dem Proletariat, machte ihn anfällig. Auch in den Stücken und manchen Gedichten. Brechts einstiger Schüler Peter Hacks, der seinetwegen von München nach Berlin gezogen war, hat spöttisch bemerkt, das seien alles »Gewerkschaftsstücke«: als wäre das etwas Verächtliches. Sie waren bisweilen etwas anderes: bisweilen reine, menschenlose Lehre, die gelegentlich, wie in der »Maßnahme«, an die Grenze der Unmenschlichkeit geriet. Brecht hat allen Ernstes beim Schreiben des Spiels vom Kaukasischen Kreidekreis geglaubt, die Entscheidung des Richters Azdak gegen die leibliche und für die fürsorgliche Mutter sei ein Kommentar zur Oder-Neiße-Grenze.

Bleibt *das Werk des Schriftstellers.* Es hat die Welt der Literatur verändert in unserem Jahrhundert. Die Welt des Gedichts; die Welt der deutschen Literatursprache; unser Gedenken an versunkene Revolten und Rebellen; die Welt der Schaubühne sowohl als Musiktheater wie als Spielweise der Komödianten.

Auch die von Brecht geforderte *Neue Zuschaukunst*, jahrelang als Marotte belächelt, klingt uns heute vertraut. Alle Bemühungen um neue Zuschauer und ein neues Hinsehen, um neue Spielräume: ohne Brecht ist nichts davon denkbar. Auch wenn mancher Heutige und Modische diese Erbschaft nicht antreten möchte.

Alle Vorschläge Brechts, so wird man behaupten dürfen, all seine *Verfremdungen* sind gegen die bourgeoise *Entfremdung des Menschen* gerichtet. Wer sich den Manipulationen der bürgerlichen Marktwirtschaft ebenso widersetzt wie den Manipulationen eines theologisierten Sozialismus, hat damit, oft ohne es zu ahnen, die »Vorschläge« des großen Augsburgers angenommen.

Die Größe Bertolt Brechts: vielleicht ist sie von hier aus am deutlichsten zu erfassen. Er war alles andere als weltfremd, auch in Geldsachen. Was er jeweils unbedingt erreichen wollte, hat er durch List und Geduld erreicht: in Kalifornien wie am Schiffbauerdamm. Er hat dem Senator McCarthy vor dem Ausschuß gegen unamerikanisches Verhalten keine Konzessionen gemacht. Das Tondokument zeigt einen kühlen, für Provokationen der Behörde nicht erreichbaren Verhandlungspartner. Der in keine Falle geht, wenn die Zeile aus dem von Eisler vertonten Gedicht einer Ansprache an die Arbeiter der Welt erläutert werden soll: »Du mußt die Herrschaft übernehmen.« Oder der Song von der Solidarität. Er habe das geschrieben, es sind Gedichte, und man könne ihm nicht nachweisen, daß er dergleichen propagandistisch aufführen ließ. Also ...

Ein geläufiges Englisch mit Augsburger Akzent. Er ist ganz wach, keinerlei Höflichkeit, erst recht nicht Servilität. Dabei geht es um die Existenz. Er spielt die Rolle eines literarischen Profi, der sich nicht hereinlegen läßt. Immer wieder Gelächter im Zuschauerraum, das aber nicht provoziert wurde. Brecht war halt sehr witzig, auch im Alltag.

Als wir im Jahre 1954 mit ihm bei einer Tagung des PEN-Klubs den Thronsaal der holländischen Monarchie in Haag betraten, wo eine Sitzung stattfand, sagte Brecht beim Eintreten: »So kann man heute auch nicht mehr inszenieren!«

Unbeirrbar auch in Ostberlin. Als die stalinistisch infizierten Jugendfunktionäre ihn einluden zu einem Gespräch, das ersichtlich dazu bestimmt war, ihm »Selbstkritik« zu entlocken, nahm er die Mütze und ging weg. Er schikanierte die Sicherheitsbeamten bei allen Kontrollen, und berichtete gern davon. In unserem Leipziger Hörsaal wurde er zu Beginn des Jahres 1949 von einstigen Kriegsteilnehmern unter den Studenten gefragt, warum er solche Texte wie »Furcht und Elend des Dritten Reiches« überhaupt habe drucken lassen. Brecht drehte sich um, sah den Frager an und erwiderte: »Damit künftig nicht mehr solche Fragen gestellt werden.«

Warum blieb er in Ostberlin? Im Haus neben dem Dorotheenstädtischen Friedhof, wo er begraben sein wollte, weil dort Hegel begraben war. Er konnte nach Österreich ziehen, nach Westdeutschland, nach Paris. Seit etwa 1954 war er abermals berühmt. Die Antwort wird vielleicht durch *zwei* Argumente möglich: eines der Praxis und eines der Theorie.

Der *praktische* (oder pragmatische) Grund betraf sein *Theater.*

Er hatte nirgendwo in der westlichen Welt die Möglichkeit, *sein* Theater umfassend zu erproben, und vor allem: um die Stücke Bertolt Brechts so aufzuführen, daß sie unangefochten blieben von herkömmlicher Bühnenroutine. Im Gespräch äußerte er gleich nach seinem Eintreffen in Berlin, gegen das Jahresende 1948/49: »Wenn ich alle Schauspieler der deutschen Bühnen heute zur Verfügung hätte, könnte ich dennoch keinen großen Shakespeare richtig besetzen ...« Es ging damals um »Troilus und Cressida«. Was hätte ihm also das Burgtheater bieten können, oder das Deutsche Schauspielhaus in Hamburg. Brecht war glücklich bei seiner Theaterarbeit, seit er endlich das Haus am Schiffbauerdamm zur Verfügung hatte.
Leicht wurde es ihm auch dort nicht gemacht. Säuerliche und amtlich inspirierte Kritiken. Auf die Frage, wann er seinen Roman über die »Geschäfte des Herrn Julius Cäsar«, deren Fragmente er in Huchels Zeitschrift »Sinn und Form« drucken ließ, abschließen werde, kam die Antwort: »Wenn mir X und Y das Theaterspielen endgültig verleidet haben werden.« Brecht nannte Namen. Er mußte die Konkurrenz stalinistischer Erbauungsschmarrn ebenso aushalten wie das fröhlich im Westen restaurierte glanzvolle Theater »aus jenen Tagen«, wie die Sprachregelung lautete. Dabei wird man nicht heiter.
Wichtiger war eine *theoretische* Erkenntnis, die ihn festhielt trotz Walter Ulbricht, der ihm dann noch einen mißmutigen Nachruf herunterzuleiern hatte bei der amtlichen Trauerfeier. Es war Einsicht, die seit 1925 zur Lebenssubstanz gehörte. Es war die *Dialektik.* Die historische und materialistische Dialektik: wobei der Terminus des Materialismus vermutlich ersetzt werden müßte durch einen genaueren geistigen Zugriff. *Der dialektischen Erkenntnis aber unserer Gegenwart hat Brecht vertraut.* Daß es auch im Sozialismus nach wie vor Widersprüche geben werde, war selbstverständlich. Mao Tse-tungs Arbeit über die »Antagonistischen und nicht-antagonistischen Widersprüche im Sozialismus« hatte Brecht mit großer Zustimmung gelesen. Daß sich Mao später vom eigenen Erkennen entfernen sollte, hat Brecht nicht mehr erlebt. Irre wäre er trotzdem nicht geworden: das wage ich zu behaupten.
Daß der Kapitalismus keine Lösung der menschlichen Zukunft

zu bieten habe, war Brechts tiefe Überzeugung. Eine neu strukturierte Gesellschaft, die imstande sein würde zur Solidarität und zur »Freundlichkeit« in den menschlichen Beziehungen, das hat Brecht in seinem Gedicht »An die Nachgeborenen« gültig für sich ausgesagt. Alle seine »Vorschläge« kulminierten hier. Davon ist er niemals abgewichen. Auch alle Gegengedichte, die später von Nachgeborenen geschrieben wurden, etwa von Hans Magnus Enzensberger, haben nichts widerlegt.
Brechts Vorschläge gegen den bürgerlichen Kulturbetrieb sind gleichfalls gültig geblieben: daran ändert modische Gegenprofilierung ebensowenig wie die Konstatierung, daß auch Brechts Vorschläge von der Kulturindustrie vereinnahmt wurden. Allein Brecht wird stets alle falsche Erbaulichkeit stören. Dafür hat er viele Anweisungen hinterlassen: als Baal, als Courage, als Mackie Messer, oder als Richter Azdak. Von den Gedichten und den Kurzgeschichten einer plebejischen Tradition nicht zu reden.
Die Weisheit Mackies hat er zynisch formuliert, doch selbst nicht beherzigt:

> Ich selber könnte mich durchaus begreifen
> Wenn ich mich lieber groß und einsam sähe.
> Doch sah ich solche Leute aus der Nähe
> Da sagt ich mir: Das mußt du dir verkneifen.

Kein Stefan George also, hieß das damals. Erst recht kein Thomas Mann. Allein Mackie ist ein Mörder, und sein Refrain ist mörderisch:

> Nur wer im Wohlstand lebt, lebt angenehm!

Abermals die Dialektik. Weshalb Brechts Vorschläge auch gegen Ende eines allzu kurzen Lebens, und nach zwei Weltkriegen, nicht anders gelautet haben mögen als um das Jahr 1930. Als die sterbende Johanna der Schlachthöfe von Chicago feierlich abschwor aller unehrlichen »Klassenharmonie«:

O folgenlose Güte! Unmerkliche Gesinnung!
Ich habe nichts geändert.
Schnell verschwindend aus dieser Welt ohne Furcht
Sage ich Euch:
Sorgt doch, daß ihr die Welt verlassend
Nicht nur gut wart, sondern verlaßt
Eine gute Welt!

Das ist ein Postulat geblieben: für uns alle. Weshalb kein Grabstein denkbar wäre, der behaupten könnte, *diese* Vorschläge seien bereits angenommen. So will es abermals die Dialektik. *Allein eben diese Disharmonie ist Brechts eigentliche Größe.* Ihr nämlich, dieser Disharmonie, hat er sein Werk geweiht, und sein Leben. Ehre seinem Andenken!

XI. DIE GRÖSSE HEINRICH MANNS

(1988)

Seinen höchsten Augenblick hat er wohl am 21. Juni 1935 erlebt, und natürlich in Paris. Damals hatte Heinrich Mann sein 64. Lebensjahr vollendet; fast fünfzehn Jahre Lebenszeit sollten ihm noch bleiben. Erfüllte Augenblicke nunmehr im Dasein eines alternden Mannes, der im Exil lebt, fern von Deutschland, doch in der geliebten französischen Wahlheimat. Einem sicheren Tod durch die neuen deutschen Machthaber hatte er sich, lebensklug immer wieder in entscheidenden Augenblicken, rechtzeitig entziehen können. Seine Habe blieb verloren. Er brachte sich durch unter den Franzosen. In Südwestfrankreich, der Heimat seines Königs Henri Quatre, gab es die große Zeitung »La Dépêche de Toulouse«. Die hatte Heinrich Mann beauftragt, einen wöchentlichen Leitartikel über Weltprobleme zu liefern, deutsche vor allem. Daran hat er sich, innerlich immer noch ein ordentlicher Hanseat mit einem höchst unordentlichen Leben, bis zum Augenblick der Flucht und der Unterdrückung seines Blattes gehalten.

Auch die Russen hatten geholfen, diesmal, und später auch noch im amerikanischen Exil, als die Not groß geworden war. Die Sowjetunion ignorierte damals immer noch das bürgerliche Urheberrecht. Heinrich Mann hatte sie in großen Auflagen gedruckt: den las man gern in dem Riesenreich. Ob man dem Autor jedoch etwas von seinen Urheberrechten zukommen ließ, das entschied Stalin von Fall zu Fall. Diesmal brauchte er Heinrich Mann, also ... Man ließ ihm etwas zukommen von dem Seinigen.

Trotzdem hatte der Sechzigjährige das Schlimmste noch vor sich: die Flucht zu Fuß über die Pyrenäen. Er stand sie durch, wie alles voller Gelassenheit und Würde. Damals erklärte er spöttisch-entrüstet, diese Wege, die der Bergführer einzuschlagen hatte, seien zwar geeignet für Ziegen, nicht aber für einen deutschen Schriftsteller.

Dann die USA. Bündnispartner bald darauf im Kampf gegen

Jenen, den Bruder Thomas einmal in einem merkwürdigen Aufsatz als »Bruder Hitler« bezeichnet hatte. Dennoch kündigte sich die Nachkriegsschnüffelei, die juristisch zu unterscheiden gedachte zwischen amerikanischem und unamerikanischem Verhalten, bereits an. Nicht alle Amerikaner verabscheuten die Maximen und Praktiken des Dritten Reiches. Nicht alle sahen die Notwendigkeit einer Allianz mit den »Roten« in Moskau.

In diesem selben Jahr 1935, als Heinrich Mann auf dem Höhepunkt seines Ruhms stand, schrieb der amerikanische Schriftsteller und erste amerikanische Literatur-Nobelpreisträger (1930) *Sinclair Lewis* einen Amerikaroman mit dem Titel »It Can't Happen Here«: Das ist bei uns nicht möglich. Der Roman demonstrierte, wieviel bereits jetzt und hier möglich sei ...

Weil dem so war, und weil die bereits vorhandenen und immer mehr nachwachsenden »Faschismen«, wie man damals formulierte in einer Generalisierung des Mussolinismus, war eben jener Kongreß für die Zeit vom 21. bis 25. Juni nach Paris einberufen worden. Als ein Kongreß »zur Verteidigung der Kultur«.

Man muß den geistigen und politischen Umkreis dieser Tagung genauer beschreiben, um Heinrich Manns Weltbedeutung in diesem geschichtlichen Augenblick zu würdigen. Das Dritte Reich hatte nur ausbrechen können, weil die Parteien der Arbeiterklasse *einander* als Hauptfeinde ansahen: nicht die Braunen. Der Vater der Völker im Kreml, J. W. Stalin, hatte dafür sogar eine eigene Theorie geliefert. Sie besagte: In ihrer Endphase, vor dem Untergang, bedient sich die kapitalistische Gesellschaft *zweier Stützen*, der Faschisten und der Sozialfaschisten, worunter Stalin die Sozialdemokraten verstand. Gefährlicher seien diese Sozialfaschisten. Stalin nannte sie die »soziale Hauptstütze der Bourgeoisie«. So gab es abscheuliche Allianzen zu Beginn der Dreißiger Jahre zwischen Roten Gewerkschaften der KPD und braunen Demagogen. Ulbricht diskutierte im Berliner Sportpalast mit Joseph Goebbels.

Zu Heinrich Manns 60. Geburtstag im März 1931 hatte die »Linkskurve«, das Organ der proletarisch-revolutionären deutschen Schriftsteller, einen höhnischen Text geliefert mit der geistsprühenden Überschrift: »Vom ›Untertan‹ zum Untertan«. Also: vom Verfasser eines Buches vom Range des »Untertan« aus dem Jahre 1914 sei so etwas wie ein Lakai der Bourgeoisie geworden ...

Die Folgen trafen sie alle. Als der Bulgare Georgi Dimitroff im Reichstagsbrandprozeß zu Leipzig freigesprochen werden mußte, weil das Goebbels-Libretto dieses Prozesses durchfiel, reiste er nach Moskau. Hier gelang es ihm, den Mächtigen davon zu überzeugen, daß Einheit der Antifaschisten vonnöten sei, nicht deren Spaltung. Stalin ließ es sich scheinbar gesagt sein: im Spanischen Bürgerkrieg, ein paar Jahre später, wurde er rückfällig. Da waren ihm die sogenannten Trotzkisten bekämpfenswerter als die Marokkaner des Generals Franco.

Im Jahre 1935 jedoch galt sie noch: die *Einheitsfront* oder Volksfront. Der Brüsseler Kongreß der KPD hatte die Losung sanktioniert. Nun war Heinrich Mann nicht mehr ein bourgeoiser Agent, sondern ein großer Verbündeter. Ulbricht warb um ihn in Paris, doch Heinrich Mann hat damals, in vernichtender Höflichkeit, alle deutschen Umarmungen vermieden. An Stalin jedoch hat er geglaubt.

Mit allen Rissen und Sprüngen, Intrigen und Ketzereien war der *Pariser Kongreß* ein großer Moment in der europäischen Kulturgeschichte. Mit Recht hat man vor drei Jahren in Rom, auf Einladung der Stadt Rom und der französischen Botschaft, gleichfalls auf einem mehrtägigen Kongreß, die Erbschaft des Damals reflektiert.

Eine sonderbare, doch bedeutende Konstellation der deutschen Intellektuellen wurde sichtbar. Um zunächst von den »drei großen Doktoren« zu sprechen, wie sie der Schweizer Max Rychner genannt hat, so blieb *Georg Lukács* fern in Moskau. *Walter Benjamin* war da, aber er sprach nicht auf der Tagung. *Ernst Bloch* improvisierte eine Rede im Sinne der Generallinie. Die Rede hat er aber später nicht in die Gesamtausgabe aufgenommen.

Glanzvolle Namen im Präsidium: André Gide und André Malraux: zwei künftige Dissidenten. H. G. Wells aus England. Es gab Prügeleien zwischen den Surrealisten um André Breton,

den nunmehrigen Trotzkifreund, und den Russen um Ilja Ehrenburg. *Bertolt Brecht* ignorierte in seiner Rede das Einheitsgebot und verlangte von den Genossen, man solle vor allem über die Eigentumsverhältnisse reden. *Robert Musil* war aus Wien gekommen, sprach aber, zum Ärger der bereits exilierten deutschen Antifaschisten, *gegen* jegliche Vermengung des Politischen mit dem Literarischen. *Klaus Mann* betrauerte den Selbstmord seines Freundes *René Crevel*, der sich, ein glänzender Schriftsteller, gleichzeitig Kommunist und Surrealist, aus Kummer über jene Prügeleien, den Tod gegeben hatte.
In alledem hielt einzig der Präsident *Heinrich Mann* dem Einheitskonzept die Treue. Ihm ging es wahrhaft um die Verteidigung der Kultur vor der hochstilisierten und hochtechnisierten braunen Barbarei.
Heinrich Manns Kongreßrede mit dem Titel »Die Verteidigung der Kultur« ist gültig geblieben. Man liest sie nach wie vor mit Trauer.
Der Redner vermeidet es, und sagt das auch, von einem einzelnen Land zu sprechen. Kein Italien und kein Deutschland. Ganz allgemein, und damit eben ganz universal: die Aufklärung und die Regression. Eine simple Überlegung steht am Anfang, aber man mußte sie anstellen. Heinrich Mann fragt sich verwundert, wie es denn zugehe, daß man im Jahre 1935 über Freiheit des Denkens beraten müsse. »Im Jahre 1535 wäre es neu gewesen.«
Dann stellt er eine Frage, die seitdem, seit nunmehr fast dreiundfünfzig Jahren, nicht aufgehört hat, alle Debatten über die Beziehungen zwischen Literatur und Politik zu irritieren. Sie lautet etwa so: Ist eine entschieden menschenfeindliche und menschenverachtende Literatur möglich? Sind Literatur und Lüge, um die Formel von Karl Kraus zu wiederholen, antagonistisch oder nicht?
Heinrich Mann fragte damals, an jenem Frühlingstag des Jahres 1935 in Paris: »Angenommen, ein Regime oder System zwänge alle, die von ihm abhängen, ihre geistige Vergangenheit zu verleugnen; angenommen, es erlaubte ihnen nicht mehr, sich Kenntnisse oder auch nur Informationen zu verschaffen; nichts weiter würde es ihnen beibringen, als zu lügen.« Die Folgerung

wäre, meinte der Redner Heinrich Mann: »Unter dem Regiment der Lüge muß einer sich durchaus blöd stellen, damit er es zu etwas bringt. Die Gelehrten geben Albernheiten von sich und sind sich dessen bewußt. Man treibt Wahrheitswidrigkeiten um des lieben Lebens willen, um in Amt und Stellung zu gelangen oder nur in Ruhe gelassen zu werden. Die erniedrigten Intellektuellen verachten ihre Erniedriger und sich selbst.«

Gemeint war damals vor allem das im Dritten Reich praktizierte und mörderische Rassensyndrom. Es wird heute von uns ganz anders, und mit Schrecken nachgelesen. Wir haben es ziemlich weit gebracht in solcher Lügenpraxis. Beschlüsse von Helsinki, freilich. Allein die Fundamentalismen in aller Welt, die sämtlich Heinrich Manns Diagnose bestätigen, sind wirksamer denn je. Natürlich, die These war richtig. Potente Literatur ist unter solchen Verhältnissen, die alle gegnerische Literatur unmöglich machen, nicht denkbar. Das hat sich bis heute bestätigt. Allein das Greshamsche Gesetz aus der Finanzwissenschaft bestätigt sich gleichfalls: Das schlechte Geld verdrängt das gute. Die schlechte Literatur verdrängt die kritischen Geister.

Bruder Thomas Mann fragte sich, gegen das Kriegsende hin, sorgenvoll, ob große Dichtung trotzdem denkbar wäre: auch wenn sie ein erwiesener »Faschist« produziert. Er mochte die Möglichkeit, im Gegensatz zu dem älteren Bruder, nicht ausschließen. Allerdings waren seine Beispiele nicht schlüssig. Kipling war ein englischer Imperialist einer vergangenen Zeit, kein Fundamentalist. Hamsun war ein kranker und sehr alter Mann, als er daranging, das eigene Lebenswerk zu diskriminieren. Und Ezra Pound? Dieser Fall wurde bis heute zum Streitfall.

Jahrzehnte später nahm *Jean-Paul Sartre* von sich aus, vermutlich ohne Kenntnis des Damaligen, das Thema wieder auf. Wäre große antisemitische Lyrik denkbar, fragte er sich. Oder eine literarisch potente und gültige Verherrlichung, wie Sartre schreibt, des »Schmutzigen Krieges in Vietnam«. Wohlgemerkt: bevor er verloren wurde.

Fragen von 1935. Fragen der Achtundsechziger. Fragen von heute.

Heinrich Mann schloß seine Rede mit dem Satz: »Das Recht

jeder Gesellschaftsordnung reicht genau so weit, wie sie den Gedanken anerkennt und bemüht ist, ihn zu verwirklichen.«
Hier spricht ein Aufklärer und Jakobiner des 20. Jahrhunderts. Leicht wäre es, und auch zynisch, darüber zu lächeln. »Das Recht jeder Gesellschaftsordnung«? Worauf könnte es sich gründen, falls man Immanuel Kant wie einen lästigen Schwätzer abtut: geeignet bestenfalls für Festreden. Der von Heinrich Mann bis ans Lebensende bewunderte Friedrich Nietzsche hätte entgegnet: es gebe keine Instanz, vor welcher sich »das Leben« zu rechtfertigen hätte. Das Leben, also auch das verlogene und lebensfeindliche Leben. Als Kinder hatten die beiden Lübecker Heinrich und Thomas ein »Bilderbuch für artige Kinder« verfaßt, das in den Zwanziger Jahren noch vorhanden war. Dort hatten sie »das Läben«, mit ä geschrieben, bewußt als gräßlich blickendes keifendes Weib abgebildet. Im Briefwechsel der Brüder wird daran erinnert.
Trotzdem war es groß und richtig, damals in Paris, an diese sehr deutsche Überlieferung des kategorischen Moralismus zu erinnern. Tradition gegen Traditionsverachtung war das nicht allein. Das wäre diskutabel gewesen. Es gibt gute und schlechte Traditionen. Die Traditionen der neuen deutschen Machthaber mit ihrem »Tag von Potsdam«, mit einer Herrenrasse, die besonders attraktiv wirkte in ihren damaligen Repräsentanten: dem Österreicher, dem Luftmarschall, dem Propagandaredner, mußten konfrontiert werden mit der großen idealistischen Überlieferung *deutscher Aufklärung*. Es war kein Zufall, daß um dieselbe Zeit *Walter Benjamin*, indem er den unverdächtig arischen Namen eines Detlev Holz annahm, eine Anthologie »Deutsche Menschen« herausgab, die an solchen Traditionsverlust erinnern wollte.
Zum Abschluß des Pariser Kongresses wurde, wie Heinrich Mann in ein paar kurzen Einleitungssätzen zum Erstdruck seiner Kongreßrede in der exilierten »Weltbühne« mitteilt, ein internationaler Schriftstellerverband gegründet. Zwei deutsche Mitglieder im Vorstand: Heinrich und Thomas. Thomas Mann ignorierte damals noch die Nominierung. Die anderen Mitglieder, die Heinrich Mann nennt, bedeuteten ausnahmslos große Literatur: Gide, Barbusse, Rolland, Gorki, E. M. Forster. Al-

dous Huxley. Bernard Shaw. Sinclair Lewis. Selma Lagerlöf. Ramón Del Valle-Inclán.
Barbusse starb zwei Monate später, übrigens in Moskau. Gide wurde zum Dissidenten. Aldous Huxley schrieb den Roman der Gegenaufklärung mit dem Shakespeare-Zitat »Brave new world« als Titel. Bernard Shaw, sehr alt und in falschen Positionen verharrend, liebäugelte eine Weile mit dem Berliner Lügenregime. Del Valle-Inclán zog sich, verzweifelt über das Herannahen des Spanischen Bürgerkrieges, in die Landeinsamkeit zurück. Er starb am 3. Januar 1936. Er war anderthalb Jahre älter gewesen als Heinrich Mann.
Der hatte, in diesem für ihn glorreichen Jahr 1935, *noch* einen großen Lebensaugenblick, als er am 29. November 1935 und in französischer Sprache in Genf vor dem Völkerbund sprach. Er suchte um Hilfe nach für die antifaschistischen deutschen Emigranten, die ihn als Sprecher nominiert hatten. Es ging um gültige Papiere für die Rechtlosen und Ausgebürgerten, um materielle Hilfe, um Solidarität. Heinrich Mann sprach stolz, nicht devot. Er schloß: »Wir sind doch Ihresgleichen, meine Herren! Die Nazis und ihr wahrscheinlich kurzbefristeter Staat sind es gewiß nicht, die kämpfen nicht bei euch; wir aber sind's, wir Emigrierte, emigriert, grade weil wir auf derselben Seite stehen wie ihr und im Grunde die Kraft fühlen ... eines Tages unser Heimatland zurückzuführen unter das gemeinsame Gesetz und in den Schoß einer Menschheit, die sich achtet.«
Es war vermutlich sein großer, weltweit beachteter Lebensmoment. Vierundsechzigjährig, unsichere Einkünfte, unsichere Rechtslage. Gefährdet an Leib und Leben. Bald darauf machte man ihn und auch die Familie des Bruders zu Bürgern der Tschechoslowakischen Republik. Die aber gab es dann nicht mehr nach dem Abkommen von München zwischen dem Führer, dem Duce, dem ahnungslosen englischen Premierminister Neville Chamberlain und dem durchaus ahnungsvollen, doch erpreßten französischen Regierungschef Daladier.
Dann brach, als Frankreich im Blitzkrieg des Frühjahrs 1940 unterging, alles zusammen. Vorher aber, noch bevor es zu dem längst fälligen Zweiten Weltkrieg kam, hatte Heinrich Manns Rede vor dem Völkerbund doch noch irgendwelche Folgen ge-

habt. Die Völkerbundskommission beschloß zu Evian am Genfer See die Herausgabe eines *Flüchtlingspasses*. Sich wirklich mit seiner Hilfe aus der Todesgefahr retten, konnte man freilich nicht. Auch Heinrich Mann konnte es nicht. Der tschechoslowakische Paß ging unter mit der Tschechoslowakei.
»Unser eigenes Papier war keineswegs gefälscht«, heißt es in Heinrich Manns Erinnerungsbuch »Ein Zeitalter wird besichtigt«, »es traf nur nicht zu ...« Weiter wird nichts gesagt. Sie kamen durch, er und seine Frau, bei der Lufthansa, die hier ein Monopol hatte. So flogen sie nach Madrid und Lissabon. Die echten Papiere mit dem amerikanischen Visum lagen im Koffer und durften vorerst in Lissabon nicht sichtbar werden. »Wir kamen durch. Vielleicht, daß unsere naive Unkenntnis uns vertrauenswürdig machte.« Die Schilderung all dieser Lebensgefahren ist würdig und heiter zugleich. Das war, wie alle Zeugen später bestätigen konnten, durchaus übereinstimmend mit Heinrich Manns Verhalten damals.

Menschliche Würde in den Augenblicken des Erfolgs und der Gefahr: das hat er damals und immer wieder bewiesen. Er *war* nicht der lebensunfähige, geistig und juristisch vor dem jüngeren Bruder abdankende Großherzog, als welchen Thomas Mann den älteren Bruder in »Königliche Hoheit« porträtiert hat. Sonderbar genug: Thomas Mann hat für sich aus der *Ironie*, also eigentlich einem antiken, griechisch-römischen Prinzip, ein ästhetisches Arbeitsprinzip gemacht. Der »lateinische«, so gar nicht deutsch-romantische Heinrich Mann hingegen bedient sich des Stilmittels der Ironie mit Vorsicht. Eher die *Satire*. Weit eher der – weitgehend gut niederdeutsche – *Humor*. Der Großherzog, den Bruder Thomas geschildert hat, wäre im Jahre 1940 untergegangen. *Heinrich Mann konnte überleben, weil er den einfachen Menschen, überall in der Welt, vertrauensvoll vorkam.* Sie halfen ihm immer wieder. Er war naiv, kein Ironiker. Das macht: er war gütig. Vielleicht hat er, das läßt der Lebenslauf vermuten, niemand wahrhaft festhalten können. Allein er hat wohl auch niemand verraten.

Das größte Erzählwerk seiner Exiljahre, den zweiteiligen Roman über *Jugend und Vollendung des Königs Henri Quatre* von

Frankreich, beschließt Heinrich Mann mit einer französisch geschriebenen Lebensbilanz, die zweideutig zwischen einer Ansprache des französischen Königs der Renaissance und dem autobiographischen Bekenntnis des Autors Heinrich Mann in der Schwebe bleibt. Mehr noch: Da der Text gleichsam als Ansprache des Romanhelden an den Romanautor gelesen werden muß, andererseits der Erzähler, was er selten tat, den König von Frankreich und Navarra nach dem eigenen Bild entwarf, scheint es sich um eine Ansprache Heinrich Manns an und für sich selbst zu handeln.

Alles ist stilisiert, als manieristische Dekoration entworfen. Der König auf der Wolke und in der Apotheose. Der Stil ist französisch, übrigens untadlige Prosa des Deutschen Heinrich Mann. Der Kernsatz ist ein Bekenntnis sowohl des Romanhelden wie seines Romanciers: »J'ai été prince du sang et peuple. Ventre saint-gris. Il faut être l'un et l'autre, sous-peine de rester un médiocre ramasseur d'inutiles déniers.« Was man wohl so übersetzen muß: »Ich bin Fürst von Geblüt und Volk gewesen. Verdammtnochmal. Man muß beides sein, sonst wird man ein mittelmäßiger Krämer, der nutzlose Groschen häuft.« Er ist beides gewesen: ein Fürst der Literatur und ein Freund der Plebejer, der Bauern, der Proletarier. *Kein* Freund der Bourgeoisie. Die hat es ihm bis zum Lebensende mit Haß vergolten. Im Ersten wie im Zweiten Weltkrieg, und dazwischen und danach. Daß die neugegründete Sektion Dichtung einer preußischen Akademie der Künste in den ausgehenden Zwanziger Jahren gerade Heinrich Mann zu ihrem Sprecher und Präsidenten machte, wie daß man ihn vor nunmehr 55 Jahren energisch aufforderte, er solle sich davonmachen, was er ganz richtig verstand: *beides war folgerichtig.* Die Novemberrevolution von 1918 war nun einmal nicht zu vergleichen mit dem 14. Juli 1789.

So erklärt es sich wohl auch, daß Heinrich Manns literarisches Schaffen zwischen 1918 und 1933 ziemlich fahl und ungenau wirkt. Die Weimarer Welt war die seine nicht. Er war Patrizier und Plebejerfreund in einem. Die Stinnes und Thyssen und Hugenberg waren seine Leute nicht. Die intrigierenden ostelbischen Junker ebensowenig. Die Arbeiterklasse war zunächst

polarisiert nach Reformisten und Revolutionären. Gegen das Ende der Weimarer Ära dann in viel bedenklicherer Weise, in Nocharbeitende und Arbeitslose. Da gedieh der Sektengeist. Siehe die Verunglimpfung Heinrich Manns, des angeblichen »Untertan«, im Jahre 1932.
Ebenjener Roman »Der Untertan«, der im Jahre 1914 so rechtzeitig fertig wurde, daß man ihn bei Kriegsausbruch sogleich verbieten konnte, gilt uns heute als »Roman des Kaiserreichs« schlechthin. Mit diesem Titel »Roman des Kaiserreichs« hatte der Erzähler eine epische Trilogie zusammenfassen wollen. Nach der Geschichte des Papierfabrikanten Diederich Heßling aus Netzig, des Untertans und Nachäffers Seiner Kaiserlichen Majestät, sollte die Geschichte des reformistischen Arbeiters und schließlich, unter der Republik, die Welt der Gewinner und Drahtzieher beschrieben werden. Beides mißlang. Heinrich Mann achtete die Proletarier, allein er kannte sie nicht. Er mißachtete die Schieber und kaiserlich-republikanischen Intriganten, allein er kannte sie auch nicht.
So mißlangen die Romane »Die Armen« und »Der Kopf«. Der »Untertan«: das war und blieb der Roman jenes zugrundegehenden deutschen Kaiserreichs und seines letzten Kaisers.
Den *»Roman der Weimarer Republik«* hat *Thomas Mann* geschrieben. *»Der Zauberberg«*, erschienen 1924, endet zwar als Romanbericht mit dem Kriegsausbruch von 1914, aber er konnte nur geschrieben werden dank den Erfahrungen seines Verfassers mit Kriegsende und Nachkrieg. Der »Zauberberg« als Roman des deutschen Bürgertums, den Bruder Heinrich nicht hätte schreiben können. Den Roman der deutschen Gegen- und Unterwelt zur Oberwelt der Weimarer Bourgeoisie schrieb der Kassenarzt *Dr. Alfred Döblin* vom Alexanderplatz. Den Roman ratloser deutscher Bauern und Kleinbürger vermochte ein gefährdeter Mann und bedeutender Schriftsteller zu liefern, der den Knast aus eigener Erfahrung beschreiben konnte: *Hans Fallada.*
Heinrich Manns »Berliner Romane« aus den Zwanziger Jahren sind enttäuschend. Er hat es gewußt. In einem Brief an Arnold Zweig, dem Heinrich Mann über den Pariser Kongreß berichtet (26. Dezember 1935), schreibt er: »Wie kommt es, daß das Exil

so arbeitsreich ist? In Berlin, mit allem Trara, behielt ich, glaube ich, mehr freie Zeit.« Es war wohl eben dieses Trara einer offiziellen Funktion, hinter welcher sich nicht Macht verbarg, sondern Ohnmacht. Die Trennung zwischen Macht und Geist war absolut geworden. Als einige Polit-Träumer, entsetzt über die deutsche Polarisierung bei der Reichspräsidentenwahl »Hie der alte Marschall – Hie der Braunauer«, zu erwägen gaben, es sei doch denkbar, einen Kandidaten mit Namen Heinrich Mann zum Reichsoberhaupt zu wählen, gab es ein allgemeines Hohngelächter. So eine Schnapsidee! Reichspräsident Heinrich Mann ...

Alles war ganz sonderbar gelaufen in seinem Leben. Er kam zur Welt am 27. März 1871. Etwa zehn Wochen nach der deutschen Reichsgründung im Spiegelsaal zu Versailles. Ein frühes Kind des Kaiserreichs. Ein Buddenbrook also, der im Roman nicht vorkommt. Die kaufmännische Lehre mißlingt. Auch Heinrich will die Literatur, »und sonst gar nichts«. Nach dem frühen Tod des Vaters und Senators muß die Firma liquidiert werden. Die Söhne wollen sie nicht. Auch Heinrich zieht mit der Mutter und den Geschwistern, von denen er wohl einzig die Schwester Carla geliebt hat, die Selbstmord beging, nach München. In seinen Anfängen ein Snob und Nietzscheaner, was zweierlei ist. Ein genauer Leser Nietzsches blieb er bis zum Lebensende. Außer Nietzsche aber gab es für ihn vor allem die Franzosen. Ihnen allein hat Heinrich Mann seine großen literarischen Essays gewidmet. Er hat die »Gefährlichen Liebschaften« von *Laclos* übersetzt, die jüngst wieder Anlaß wurden für *Heiner Müllers* Stück »Quartett«.
Heinrich Manns erster Roman »Im Schlaraffenland« trägt den denunziatorischen Untertitel »Ein Roman unter feinen Leuten«. Ein Berliner Roman, der die Pariser Welt von Maupassants »Bel ami« ins Tiergartenviertel versetzt. Bös zugespitzt gegenüber dem Vorbild dadurch, daß der deutsche Gigolo sich an eine reiche Ehefrau und Jüdin heranmacht. Was nicht ohne antijüdischen Hochmut des Verfassers abgeht. Ein glänzender Roman, nach wie vor. Man liest ihn mit Unbehagen. Heinrich Mann muß es nicht anders ergangen sein. Bei einer Neuauflage

seines Erstlings im Jahre 1929 läßt er sich, als Vorwort, einen Brief schreiben, den sein Romanheld Andreas Zumsee verfaßt hat. Adresse: »Rheinpalace I. Ranges. Generaldirektion: Andreas Zumsee. Gumplach am Rhein.« Andreas also, wie sonderbar, in der Ursprungswelt und Branche des wohlbekannten Felix Krull ...

Die frühen Liebesromane und erotisierten Renaissancenovellen sind kaum zu retten. Der Satiriker rettet sich. Der Bürgerhaß wird produktiv; die Entdeckung der einfachen Leute in der italienischen *»Kleinen Stadt«* nicht minder. Heinrich Manns »Kleine Stadt« erscheint gleichzeitig mit des Bruders »Königliche Hoheit«. Diesmal siegt der Lateiner und Plebejerfreund Heinrich über die operettenhafte Symbiose aus deutschem Fürstentum und amerikanischem Großkapital, die sich Thomas Mann erträumte, um sie gleichzeitig nicht ernstlich zu wollen.

Der berühmte Konflikt zwischen den Brüdern während des Weltkriegs ist zum Lieblingsthema der germanistischen Oberseminare geworden. Beide standen schließlich als Verlierer da. Thomas hatte an ein Bürgertum geglaubt, das es nicht gab. Heinrich an einen französischen jakobinischen Demokratismus, den es ebensowenig gab. Nicht Zola oder Anatole France sprachen in Versailles im Namen der Sieger, sondern Raymond Poincaré als Vertreter der französischen Schwerindustrie, und der abtrünnig gewordene Jakobiner Georges Clemenceau.

Von alledem blieb, jenseits der Literaturgeschichte, der große Zola-Essay von Heinrich Mann. Unvorstellbar mutig als Konzept, denn natürlich beschrieb der Analytiker das Leben Emile Zolas als eines Schriftstellers, der unter dem unwürdigen Empire eines Dritten Napoleon dessen Welt als Untergang schildert, und der abwarten muß, bis das Debakel eintritt. Er muß sich, dieser Zola, beim Krieg von 1870 die Niederlage des eigenen Landes wünschen. Heinrich Mann, der den Roman des deutschen Kaiserreichs geschrieben hatte, weicht dieser Analogie, mitten im Krieg, nicht aus. Er macht sogar auf sie aufmerksam. In dem Zola-Essay heißt es: »Demokratie aber ist hier ein Geschenk der Niederlage.« Gedruckt im November 1915 im kaiserlichen Deutschland. Und weiter: »Was besagt das, Nie-

derlage? ... Was besagt der Sieg? Dem unbekannten Ziel der ewigen Erde nähern wir uns vielleicht ebensosehr durch unser Leiden wie durch unsern Kampf.«
All dies ist Größe Heinrich Manns. Auch Brecht hat ihn bewundert. Auch für Heinrich Mann hätte er die Formel verwenden können, die er für sich selbst fand, als er 1933 ins Exil ging: »Verjagt mit gutem Grund.«

Nie war er wirkungsvoller in allen seinen Möglichkeiten, als in jenen ersten Jahren des Exils, von 1933 bis zum Kriegsanfang vom September 1939. Gelöst und sprachmächtig auch als Schreibender, wie er es in den Zwanziger Jahren nur selten gewesen war. Damals entstand sein größtes Erzählwerk seit dem »Untertan«: die »Geschichte von der Jugend und Vollendung des Königs Henri Quatre«. Heinrich IV. wurde im Religionskrieg, den er beenden wollte, von einem Fundamentalisten erstochen. Die Revolutionäre von 1792 haben einzig *seine* Gebeine in Saint-Denis respektiert.
Ein historischer Roman, der stets Gegenwart vermitteln möchte. Die Schilderung der Bartholomäusnacht erscheint dem Lesenden von heute wie ein Bericht aus unseren Tagen: ganz ohne daß der Erzähler es darauf angelegt hätte. Henri Quatre ist für ihn auch ein Vermittler von Selbstaussagen.
Kein raunendes Beschwören des Imperfekts, sondern sonnenhelle Gegenwart. *Pierre Bertaux* hat an dieser Stelle die Entstehung des Henri Quatre in den Pyrenäen als Freundeswort mitgeteilt. In Heinrich Manns Erinnerungsbuch »Ein Zeitalter wird besichtigt« gibt es im Grunde nur drei Porträts: das des Bruders, den Bericht über den Freund Frank Wedekind und über den Freund Félix Bertaux, den Germanisten und Vater des Germanisten Pierre Bertaux.
Der erste Absatz auf der ersten Seite des zweibändigen Romans mag für die Schönheit und Genauigkeit dieser Prosa zeugen.
»Der Knabe war klein, die Berge waren ungeheuer. Von einem der schmalen Wege zum anderen kletterte er durch eine Wildnis von Farnen, die besonnt dufteten oder im Schatten ihn abkühlten, wenn er sich hineinlegte. Der Fels sprang vor, und jenseits toste der Wasserfall, er stürzte herab aus Himmelshöhe. Die

ganz bewaldeten Berge mit den Augen messen, scharfe Augen, sie fanden auf einem weit entfernten Stein zwischen den Bäumen die kleine graue Gemse! Den Blick verlieren in der Tiefe des blau schwebenden Himmels! Hinaufrufen mit heller Stimme aus Lebenslust! Laufen, auf bloßen Füßen immer in Bewegung! Atmen, den Körper baden innen und außen mit warmer, weicher Luft! Dies waren die ersten Mühen und Freuden des Knaben, er hieß Henri.«

Welch eine Prosa! In seinem Dankbrief auf Heinrichs Geburtstags-Essay zum siebzigsten Geburtstag des Bruders schrieb Thomas Mann: »Diese Prosa ist einzigartig. Ich habe nicht zum erstenmal das Gefühl, daß diese kondensierte und intellektuell federnde Schlichtheit die Sprache der Zukunft, der neuen Welt ist.«

Das letzte Jahrzehnt, vom Kriegsanfang bis zum Tode Heinrich Manns in einem Vorort von Los Angeles in Kalifornien, war trostlos im Wortsinne. Die Flucht, die Todesgefahr, die beschwerliche Schiffsreise nach Amerika, wo die Demütigungen bereits warteten. Hier war er für die Medien, folglich für das allgemeine Wissen, bloß der Bruder des berühmten Nobelpreisträgers. Aber er schreibt auch selbst ... Man hatte ihm, weil das Visum materiell abgesichert werden mußte, zu einem Vertrag mit einer mächtigen Filmfirma verholfen. Für die erste Zeit ließ sich so leben in Kalifornien. Man hatte auch zu tun. Szenarien, Treatments. Drehbücher landeten auf dem Tisch. Die waren zu begutachten. Man ging freudig mit den alten Freunden in den Nebenzimmern an die Arbeit. Alfred Döblin und Alfred Polgar und Leonhard Frank, und Heinrich Mann.

Bald kam es heraus: die Manuskripte waren Spielzeug aus Papier. Was man ihnen zur Begutachtung zuwies, galt bereits als abgelehnt. Es ging in der Tat zu wie in dem berühmten Hollywood-Gedicht von Brecht:

> Jeden Morgen, mein Brot zu verdienen
> Gehe ich auf den Markt, wo Lügen gekauft werden.
> Hoffnungsvoll
> Reihe ich mich ein zwischen die Verkäufer.

Heinrich Mann konnte nicht lügen. Er hatte es immer noch nicht gelernt. Das war schlecht. Im Briefwechsel mit dem Bruder ist er nun der Werbende. Als Thomas nach Kriegsende schwer erkrankt und operiert werden muß, verrät das Telegramm Heinrichs an den Kranken die treue Liebe eines Bruders, die wohl nicht wirklich erwidert worden ist.

Natürlich war auch Heinrich Mann ein schwieriger Fall. Thomas Mann war beeinflußbar, Heinrich im mindesten nicht. Klaus Mann hat berichtet, wie Heinrich einmal in München einen politischen Text im großen Familienkreise vorlas. Da man ihn kannte, stimmten alle zu. Klaus gab Widerworte. Heinrich Mann resümierte trocken: »Alle haben es verstanden, nur Klaus nicht ...«

Ein Frauenlob, der die Ehe scheute. Seine Freundin Mimi Kanowa hatte er bei Ausbruch des Ersten Weltkriegs geheiratet. Mit ihr hatte er eine Tochter, ein einziges Kind, Leonie.

Die zweite Ehe mit einer Lübeckerin, die noch dazu Kröger hieß, ohne es zu sein im Buddenbrooksinne, war unglücklich. Schwager und Schwägerin in Kalifornien wollten keine Exzesse. Heinrich liebte eine seelenkranke Frau, deren Selbstzerstörung er nicht aufhalten konnte. Politisch hielt man ihn für ebenso unamerikanisch, also verdächtig, wie den Freund Lion Feuchtwanger, der niemals eingebürgert wurde.

Heinrich wollte stets nach Deutschland zurück. Es kamen unverbindliche Aufforderungen, aber man bot ihm kein Amt an, keine Existenz in dem besiegten und zerstörten Land. In einem Brief an Alfred Kantorowicz vom 22. August 1946 schreibt er: »Aber eine Lebensweise des Auftretens, Sprechens und verwandte Pflichten kann ich mir nicht mehr zumuten. Nicht nur das Alter, nicht mehr überwindliche Erlebnisse haben mich scheu gemacht angesichts einer Öffentlichkeit, besonders wenn sie mein tägliches Geschäft wäre ...«

Dann kam aus der Sowjetischen Besatzungszone die Einladung, im Ostsektor von Berlin die Präsidentschaft einer neuzugründenden Akademie der Künste zu übernehmen.

Er hat erst gezögert, dann angenommen. In einem Brief an

Arnold Zweig vom 28. Februar 1950 teilte er die bevorstehende Abreise mit. Er starb den Herztod am 12. März: kurz vor dem 79. Geburtstag.
Geschrieben hatte er bis zuletzt. Zwei Versuche mit dialogisierten Erzählwerken. Vor allem aber den Roman *»Der Atem«*, der noch 1949 in dem wiedererstandenen Emigrantenverlag Emanuel Queridos, eines holländischen Juden, den man umbrachte, erscheinen konnte.
»Der Atem« ist noch einmal ein bedeutender, kühn und kunstvoll gearbeiteter Roman, der alle Lebensmotive dieses Patriziers und Jakobiners zusammenfügt. Ort der Handlung ist das geliebte südliche Frankreich. Die Zeit: 1. September 1939. Ausbruch des Zweiten Weltkriegs.
Die Geschichte einer mutigen Frau. Vergleichbar jener »Madame Legros«, der Titelheldin in Heinrich Manns bedeutendstem Theaterstück. Aufklärer wie Brecht, Bernard Shaw und Heinrich Mann haben stets die weiblichen Kunstfiguren ins Recht gesetzt gegenüber männlichem Unrecht. Der letzte Lebenstag der Gräfin Traun ist zugleich der letzte Friedenstag im Spätsommer 1939. Die Gräfin Traun war reich gewesen, hatte alles verloren. Bevor es ans Sterben geht, denn der Atem ist schwer geworden und schmerzhaft, spielt sie im Kasino und sprengt die Bank. Sinnlosigkeit des Oben und des Unten. Der Erzähler zeigt eine Aristokratin, an deren Bett die armen Leute stehen, die ihr helfen wollen, sie retten möchten, denn die Regierung macht gerade Jagd auf verdächtige Dissidenten, zu denen diese Traun, die nicht Französin ist, gehört. Das war damals, wie man weiß, die Wirklichkeit im »Unholden Frankreich«, wie es Feuchtwanger erlebte und beschrieb.
Ein Flugzeug soll sie in die Sowjetunion bringen. So das utopische und naive Romankonzept. Der Tod kommt allem zuvor. Die Sowjetunion als Utopia. Der Machthaber im Kreml als Freund und Helfer. Heinrich hat es wohl so gesehen. Immerhin hatte Stalin gesiegt, als dieser Roman geschrieben wurde. Es wäre billig, sich auszumalen, wie es der geretteten Gräfin Traun im realen Rußland ergangen wäre, damals.
Wahrscheinlich hat der Erzähler auch das geahnt. Der Schluß des Romans klingt so aus: »Die Welt schlief wie in Nächten

ihrer ausgebrochenen Katastrophen, wenn auch wir müde sind und das Wort niederlegen.«

Heinrich Mann wurde in Santa Monica eingeäschert. Später brachte man die Urne nach Berlin. Sie wurde beigesetzt auf dem Dorotheenstädtischen Friedhof.
Dort wurden auch Brecht begraben und Helene Weigel, die »Mutter Courage«. Auch Arnold Zweig und Hanns Eisler, der große Romanist Werner Krauss und der Schauspieler-Sänger Ernst Busch. Unweit von diesen Gräbern der Aufklärer unseres Jahrhunderts finden sich die Gräber von Hegel und Fichte. Ihr Denken war tief geprägt worden durch die Französische Revolution. Fichte hatte man aus dem Amt gejagt: als Atheisten. Er nahm später, als Napoleon die Menschenrechte verriet, dies Erbe für seine deutsche Nation in Anspruch. Hegel, der Freund Friedrich Hölderlins, reflektierte als erster den Umschlag von der Aufklärung zur Gegenaufklärung: die blutigen Spesen allen menschlichen Fortschritts.
Der Dorotheenstädtische Friedhof zu Berlin wurde so etwas wie ein Pantheon der deutschen Aufklärung. Heinrich Mann schloß seinen Zola-Essay im Jahre 1915 mit den Worten: »Wir wollen ihn aufheben, das Pantheon steht offen.«

XII. GUSTAV MAHLER
EIN RADIO-ESSAY

(1988)

Am Ende seiner IV. Symphonie, an welcher Mahler um die Jahrhundertwende 1899/1900 arbeitete, also bereits als Kaiserlicher Hofoperndirektor zu Wien, führt die musikalische Konstruktion und Konzeption zu einem gerade bei Mahler sehr ungewohnten Finale. Die im gesamten 19. Jahrhundert nahezu unbestritten gültige Konzeption der Beethoven-Symphonik, zumeist angelegt nach dem Prinzip »Durch Kampf zum Sieg«, ist preisgegeben.

Man hat Gustav Mahler bis in die neuere Zeit hinein seine lärmenden Schlußsätze strafend vorgehalten, die bereits in Mahlers I. Symphonie ein Vorbild fanden. Mit jähem Lärm wird das romantische Nachtbild abgelöst durch eine Musik des Kampfgetümmels.

Hier jedoch, im Aufbau der IV. Symphonie in G-Dur, scheint am Schluß alle Lebensqual und schneidende Verzweiflung plötzlich abgetan. In einer großen und jähen, durchaus theatralisch gemeinten Himmelfahrt entfernt man sich vom Erdengetümmel. Musikalisch wird gleichsam eine barocke Himmelfahrt angedeutet, bis schließlich ein leichter und heller Sopran das Finale intoniert: ein Lied aus »Des Knaben Wunderhorn«. »Wir genießen die himmlischen Freuden, / Drum tun wir das Irdische meiden.« Ein Strophengedicht, das der Tonsetzer bewußt nicht-symphonisch abwandelte, sondern, nach dem musikalischen Vorbild des 18. Jahrhunderts, als Strophenlied mit Refrain stehenließ. Es endet gleichsam als leise Anbetung der Heiligen Cäcilia, der Patronin der Musiker und der Musik. Engelskonzert, das sich nicht mit irgendeiner irdischen Musik vergleichen lasse. Dann ist die IV. Symphonie von Mahler zu Ende. Leise und in der Transzendenz.

Wie wohl an keiner anderen Stelle des musikalischen Schaffens von Mahler hat man hier alle Grundelemente nicht bloß seiner Kunst, sondern auch seiner Lebenssubstanz beieinander. Die

Zerrissenheit und die Verzweiflung am Dasein und an den Leiden des Erdenlebens; die Sehnsucht nach einer neuen Unschuld und Naivität; die Verklärung der Musik in Form eines Religionsersatzes. Damit wurde ein Grund-Tatbestand erwähnt, der für alle Interpretation des Menschen und Musikers entscheidend war: sein objektives, durchaus nicht immer subjektiv bewußtes Suchen nach einem Religionsersatz in einer glaubenlosen bürgerlichen Gesellschaft. Durch seine Lebensdaten (1860–1911) wurde Gustav Mahler hineingestellt in eine bürgerliche Welt des materialistischen Philosophierens, liberaler Skepsis und einer nahezu unerschütterten Bemühung um die Ersetzung einstiger Riten und Religionen durch die Ersatzreligion der Kunst und der Künstler. Franz Kafka aus Prag, auch ein Jude, der 23 Jahre nach Mahler zur Welt kam und in aller Bewußtheit das Phänomen Mahler zur Kenntnis nehmen konnte, sprach von der eigenen Position als einer, die das katholische Sakrament nicht kannte, und die dem Entschweben des jüdischen Gebetsmantels nachschauen mußte.
Im Gegensatz jedoch zur Lebensgeschichte Franz Kafkas oder Sigmund Freuds, oder auch Arnold Zweigs, der 1887 als Sohn eines Sattlermeisters im schlesischen Glogau zur Welt kam, hat es in der Familie Gustav Mahlers keinen Konflikt gegeben zwischen einem jüdisch-orthodoxen Vater und einem das eigene Judentum immer schärfer negierenden Aufklärungsdenken des Sohnes. Kafkas Brief an den Vater, worin berichtet werden muß, warum er nicht zur Synagoge geht, wäre undenkbar gewesen zwischen dem Sohn Gustav und dem Vater Bernhard Mahler. Bei Sigmund Freud ist die Auseinandersetzung zwischen Jakob und Sigmund Freud ganz offenkundig entscheidend gewesen für alle wissenschaftlichen Entdeckungen des großen Psychologen. Bernhard Mahler jedoch gehörte zu der um die Mitte des 19. Jahrhunderts recht zahlreichen Schicht der zunehmend verbürgerlichten, also der Synagoge, den Riten und Speisegesetzen des Judentums entfremdeten Juden: ganz im Gegensatz zu den immer noch in offenen Gettos lebenden Juden im Ostbereich des riesigen Kaiserreichs Österreich-Ungarn: in Galizien etwa oder in der Bukowina.
Gustav Mahler wurde am 7. Juli 1860 in dem Dorf Kalischt an

der böhmisch-mährischen Grenze geboren. Der Vater hatte dort ein Fuhrgeschäft und eine Dorfschenke betrieben. Kalischt aber war wohl nicht zu vergleichen mit der gesellschaftlichen Struktur des jüdisch dominierten »Schtetl«, wie es Manès Sperber in seinen Jugenderinnerungen beschrieben hat. Der Vater Bernhard Mahler muß große Energien aufgewandt haben, um sich emporzuarbeiten zum bürgerlichen Kaufmannsstand. Das kämpferische Emporstreben scheint er seinem Sohn vererbt zu haben. Gustav Mahler hatte noch eine ältere Schwester, Justine, die ihm lange Zeit, auch noch in Wien bis zu seiner Heirat mit Alma Schindler im Jahre 1902, den Haushalt führte. Gustav Mahlers heute noch lebende zweite Tochter, die Bildhauerin, trägt die Vornamen Anna Justine.

Noch im Geburtsjahr 1860 verläßt die Familie das Dorf Kalischt und zieht in die Industriestadt Iglau (Jihlava). Die Familie Bernhard Mahlers ist nun so weit, daß der Sohn dort das Gymnasium besuchen kann. Mit sechs Jahren war seine musikalische Begabung bereits offenkundig geworden. Er bekam Klavierunterricht, zwei Jahre später erhielt der Achtjährige auch einen allgemeinen Musikunterricht: bereits Harmonielehre beim Städtischen Musikdirektor Heinrich Fischer. Im Oktober 1870 tritt er als Zehnjähriger öffentlich auf als Pianist.

Bereits in der frühesten Jugend wird eine für Mahlers späteres Leben immer wieder charakteristische Doppeltätigkeit konstatiert: er hat gleichzeitig Gymnasiast zu sein und künftiger Berufsmusiker. Das muß schon bei dem Zehnjährigen den Konflikt bedeutet haben. Später wird daraus der immer wieder schmerzhaft empfundene Dualismus zwischen dem weltberühmten Dirigenten Gustav Mahler und dem angefochtenen und mißverstandenen, bisweilen verachteten Komponisten dieses Namens.

Es scheint nicht, daß der Vater gebieterisch und lastend die Laufbahn des Sohnes gehemmt hätte; allein die Doppelgleisigkeit hat er vom Sohn offensichtlich nach wie vor verlangt. Das Gymnasium in Iglau hat Mahler bis 1875 besucht. Dann wurde er im gleichen Jahr in das berühmte Kaiserliche Konservatorium zu Wien aufgenommen. Der angesehenste Klavierlehrer der damaligen Kaiserstadt, der jüdische Pianist Julius Epstein,

ein vertrauter Freund von Johannes Brahms, wurde sein Klavierlehrer. Kompositionslehre bei Fritz Krenn. In Wien wurden Hugo Wolf und der spätere Musikwissenschaftler Guido Adler seine Freunde. Mit 18 Jahren (1878) verläßt Mahler mit glänzenden Zeugnissen das Wiener Konservatorium. Dann aber muß er zurück nach Iglau, um dort das Abitur nachzuholen.

Über sein Verhältnis zur Familie hat sich Mahler, soweit man sieht, weitgehend ausgeschwiegen. Die Briefe aus der Jugendzeit haben durchaus nicht den Charakter jugendlicher Emotionen und Konfessionen. Auch Mahlers spätere Briefe, das hat er oft den Adressaten seiner Schreiben ausdrücklich mitgeteilt, sind kaum vertraulich und persönlich gehalten. Sie haben Information zu liefern und zu transportieren. Die große Ausnahme bilden natürlich die verzückten Liebesbriefe an seine ebenso junge wie schöne Frau Alma, die Mutter seiner beiden Töchter.

Gustav Mahlers Lehrjahre, die seit dem Ende der Lehrzeit am Konservatorium in Wanderjahre eines gleichsam »ambulanten« Kapellmeisters übergingen, müssen schwer gewesen sein. Die Nähe Mahlers zur Jugendentwicklung Sigmund Freuds ist immer wieder verblüffend. Der junge Musiker kam nicht aus wohlhabendem Hause wie sein mährischer Landsmann Karl Kraus. Er konnte auch nicht in finanzieller Abhängigkeit bleiben, fast ein Leben lang, vom wohlhabenden Vater wie Franz Kafka oder später, im 20. Jahrhundert, wie der 1892 geborene Walter Benjamin.

Es scheint eine wüste bohemehafte Wiener Jugend gegeben zu haben: wahllose Liebschaften. Die Wirklichkeit ist offenbar ganz anders gewesen, als es die spätere Mahler-Legende vom Asketen wahrhaben wollte. Er war keineswegs ein Asket bis zur Heirat mit Alma Schindler, einer Stieftochter des bekannten Malers Carl Moll von der Wiener Secession. In seiner Hamburger Zeit als Leitender Kapellmeister des Hamburger Stadttheaters gab es ein Liebesverhältnis mit Mahlers großartiger Interpretin, seiner späteren Leonore und Isolde, mit Anna von Mildenburg. Sie heiratete dann den Schriftsteller und Dramatiker Hermann Bahr und gehört, unter dem Namen Anna

Bahr, Mildenburg, zur Operngeschichte in unserem Jahrhundert.
Charakteristisch für den achtzehnjährigen Gustav Mahler war einmal die unbeirrbare Fixierung an die Berufung des Tonsetzers. Damals in Wien hatte er vertrauten Umgang nicht allein mit Hugo Wolf, sondern auch mit Anton Bruckner. Der Achtzehnjährige verfertigte den Klavierauszug zu Bruckners III. Symphonie in e-Moll, die der Komponist, nach einem Besuch in Bayreuth, dem Meister Richard Wagner gewidmet hatte. Mahlers Klavierauszug erschien 1880.
Gleichzeitig besuchte Gustav Mahler philosophische Vorlesungen an der Wiener Universität, und es entsteht auch der Plan einer großen Liedkantate, zu welcher er sich, ermutigt gleich vielen seiner damals jugendlichen Zeitgenossen, durch das Beispiel Richard Wagners, auch selbst den Text entwirft. »Das klagende Lied.«
Hier bereits wird ein kennzeichnendes Element des Mahlerschen Künstlertums deutlich: sein durchaus willkürliches, den Primat der Musik betonendes Verhältnis zu Text und Dichtung. Der Musiker in ihm, so scheint es auch Mahler selbst, mußte in sich auch den Poeten hervorlocken. Genauso hielten es, woran erinnert werden darf, später der junge Richard Strauss mit seinem »Guntram«; der Musiker Hans Pfitzner mit seiner »Rose vom Liebesgarten«, die Gustav Mahler in Wien uraufgeführt hat; später der Musikdramatiker Franz Schreker, oder Paul Hindemith mit seinem »Mathis der Maler«. Natürlich auch Arnold Schönberg, den Mahler, unter allen musikalischen Zeitgenossen, am stärksten bewundert und gefördert hat.
Eine groteske Laufbahn: zuerst als ein Kur-Kapellmeister, nicht zu vergleichen der strahlenden Dirigentenkarriere des um vier Jahre jüngeren Richard Strauss. Allerdings, der war kein Jude, sondern Sohn eines Königlich-Bayerischen Hofmusikers und einer Mutter aus sehr wohlhabender Münchener Patrizierfamilie. Mit 21 Jahren ist Mahler Kapellmeister am Landschaftlichen Theater zu Laibach in Slowenien. Immer wieder kündigt er schroff seine Stellung und sucht etwas anderes. Kapellmeister in Olmütz ist er nur drei Monate lang im Jahre 1883. Im April dieses Jahres, bald nach dem Tode Richard Wagners, dirigiert

Mahler zum erstenmal am Carl-Theater zu Wien. Im Sommer besucht er die Bayreuther Festspiele, die nun von Cosima geleitet werden. Der »Parsifal« wird für ihn zum unauslöschlichen Erlebnis. Von dort her stammt seine nie aufgegebene Überzeugung, daß alle Musik, wie er sie in sich fühlt, gemessen werden müsse am Werk von Beethoven und von Richard Wagner.
Natürlich kannte er auch Johannes Brahms, der ihm, wie die Briefe von Brahms bezeugen, durchaus wohlgesinnt war. Dem Kapellmeister Mahler natürlich. Zum Komponisten Gustav Mahler hatte Brahms kein inneres Verhältnis. Als Mahler einer Wiener Jury die Partitur seiner Kantate »Das klagende Lied« einreicht, wird sie abgelehnt. Mitglieder der Jury waren der Geiger und Komponist Joseph Hellmesberger, der damals bekannte Komponist Karl Goldmark, übrigens ein Jude, und Johannes Brahms. Auch später hat Brahms, immer wieder mit einem Unterton des Bedauerns, denn die Judenfeindschaft war ihm von Grund auf zuwider, feststellen müssen, daß es sinnlos sei, Mahler ständig auch für die Konzerte des Wiener Philharmonischen Orchesters zu gewinnen. Schließlich fiel die Operndirektion Gustav Mahlers in Wien im Jahrzehnt zwischen 1897 und 1907 mit einer stets wachsenden deutschtümelnden und nationalistischen Bewegung, mit stark judenfeindlicher Tendenz, zusammen. Ihr Sprecher Karl Lueger wurde Bürgermeister von Wien. Seine Bewegung sollte Folgen haben, wie bekannt, bis heute. Sie hat vermutlich auch mitgeholfen, das Leben Gustav Mahlers zu verkürzen. Der Herztod mit fünfzig Jahren war – historisch und soziologisch – gleichsam programmiert.
Der Jude Gustav Mahler, ziemlich klein, wohl unschön nach den ästhetischen Vorstellungen damaliger Konvention, mit den brennenden Augen und den ekstatisch anfeuernden Bewegungen des Kapellmeisters, die von den Karikaturisten so gern nachgezeichnet wurden, mußte sich nicht minder energisch und rücksichtslos emporarbeiten als einstmals der Vater Bernhard, der Kneipenwirt und Fuhrunternehmer in seinem mährischen Dorf. Aber mit 26 Jahren ist der junge Österreicher bereits Zweiter Kapellmeister am Stadttheater zu Leipzig, einem der großen mitteleuropäischen Musikzentren. Ihm vorgesetzt ist

der Gewandhauskapellmeister und Erste Opernkapellmeister Arthur Nikisch. Mahler hat sich, aus dem Gefühl eines Genies, das sich zurückgesetzt fühlt hinter einem großen musikalischen Talent des reproduzierenden, nicht produzierenden Musikers, oft unfreundlich über Nikisch geäußert. Trotzdem hat Nikisch immer wieder Werke von Gustav Mahler uraufgeführt oder auf das Programm der Gewandhauskonzerte gesetzt. Es sei nicht vergessen, daß Arthur Nikisch die Musik Anton Bruckners recht eigentlich durchgesetzt hat: gegen alle Widerstände. Die Leipziger Uraufführung der VII. Symphonie in E-Dur von Bruckner unter Nikisch im Gewandhaus hat wohl zum erstenmal einer breiteren Öffentlichkeit das Verständnis für die Größe dieser Musik vermittelt.
In einer gutbürgerlichen Seitenstraße Leipzigs, unweit der Stelle, wo einstmals das im Zweiten Weltkrieg zerstörte alte Operntheater stand, in dessen Nähe Richard Wagner zur Welt kam, findet sich eine Tafel an einem Bürgerhaus, die mitteilt, hier habe Gustav Mahler im Jahre 1885/86 an seiner I. Symphonie gearbeitet: seinem ersten Meisterwerk und überhaupt einer seiner geschlossensten und bemerkenswertesten Partituren, wie man heute betonen darf.
Seit der Leipziger Zeit ist der Weg des bedeutenden Kapellmeisters geebnet. Als Mahler in Leipzig hinschmeißt und kündigt, wird er schon zwei Jahre später zum Direktor der Königlich-Ungarischen Oper in Budapest ernannt. Hier hält er es drei Jahre lang aus, immerhin. Auch hier ist der Konflikt bereits programmiert. Was Gustav Mahler bei den Ungarn einerseits enthusiastisch gedankt wird, verwandelt sich bald in einen Anlaß zur Vertreibung. In Budapest, wo die Ungarische Nationaloper, als ein Ergebnis des politischen Kompromisses von 1867, der ein »Kaiserreich Österreich-Ungarn« entstehen machte, erst vor kurzem eröffnet worden war, verlangt der Operndirektor Mahler, ein Österreicher und ein Jude, daß alle Opern *in ungarischer Sprache* aufgeführt werden müßten. Er selbst aber kann gar nicht Ungarisch, war auch durchaus nicht bemüht, es zu lernen. Zuerst große Begeisterung des ungarischen Nationalbewußtseins. Allein auch in Budapest sind mit der Bewegung eines neuen Nationalismus nicht bloß antideutsche Strömungen

herangerollt, sondern auch antijüdische. Gustav Mahler, der Hofoperndirektor, ist nun beides: Deutscher und Jude. Zudem verärgert er seine Sänger und schließlich auch sein Publikum. Die Sänger wollen ihre Rollen ungern in ungarischer Sprache erlernen: dadurch sind ihnen alle Gastspiele im Ausland versperrt. Auch die Praxis dieses nationalen Musiktheaters stimmt nicht überein mit der wunderschönen Theorie. Immerhin hat Mahler damals in Budapest nicht bloß bei der Entstehung nationaler Opern in ungarischer Sprache Pate gestanden: besonders bei dem Komponisten Ferenz Erkel. Er hat auch bis heute sein Prinzip durchgesetzt. Die »Meistersinger« werden auch heute noch in Budapest auf ungarisch gesungen.
Die nächste Station ist *Hamburg*. Hier hält es Mahler immerhin aus von 1891 bis 1897. Dies ist der Durchbruch des von nun an berühmten und in aller Welt begehrten Kapellmeisters und, mehr noch, des radikalen Erneuerers des gesamten Musiktheaters. Was Richard Wagner als Vision vorgeschwebt hatte: die Preisgabe des konventionellen Opernschlendrians, formuliert als Dualismus von »Oper« und »Drama«, gipfelnd bei Wagner in der Gründung der Bayreuther Festspiele, das versucht Gustav Mahler nun im Bereich und mit den Mitteln der vorhandenen Operntheater zu verwirklichen. Abermals größte Widerstände. Die Hamburgische Operngeschichte ist nun einmal gleichsam tragisch gewesen. Man hat weder Händel halten können, noch den Bewerber Johann Sebastian Bach akzeptiert, noch den gebürtigen Hamburger Felix Mendelssohn-Bartholdy zurückgeholt, noch den gebürtigen Hamburger Johannes Brahms als Musikdirektor haben wollen. Man hat wohl auch in der hanseatischen Kaufmannsstadt nicht recht begriffen, daß eine so radikale Erneuerung der Musikdramatik, gipfelnd in Mahlers Aufführungen des »Tristan« und der Ring-Tetralogie, der großen Mozart-Opern und des »Fidelio«, finanziell nicht eben billig zu haben sei. Aber bereits im zweiten Jahr seiner Hamburger Direktion kann er sein Ensemble als Gastspiel im Londoner Covent Garden-Opernhaus präsentieren. Tristan und Fidelio und alle vier Abende der Tetralogie. Es gibt Ovationen für das Ensemble und insbesondere für seinen Operndirektor Gustav Mahler.

Auch in den Briefen und Tagebuchaufzeichnungen Peter Tschaikowskys findet sich ein Widerhall dieser genialischen Opernreform. Tschaikowsky war angereist, um einer Premiere seines »Eugen Onegin« beizuwohnen. Was konnte man in Hamburg erwarten? Das war ein Stadttheater, keine Hofoper. Und nun dieser Mann. Daß jedoch der Symphoniker Tschaikowsky irgendeine Kenntnis genommen hätte vom Symphoniker Gustav Mahler, der damals gerade an seiner Zweiten Symphonie arbeitete, der sogenannten Auferstehungs-Symphonie: das ist nicht bekannt. Vermutlich hat auch Hans von Bülow sein ursprüngliches und erschreckend negatives Urteil über Mahlers eigene Musik niemals zurückgenommen. Es muß eine scheußliche Szene gegeben haben, wohl in Kassel, wo Mahler auch einmal Station gemacht hatte als Kapellmeister. Bülow reiste an mit seinem Meininger Orchester. Mahler spielt aus der I. Symphonie vor.

Hans von Bülow, preußischer Junker, wenngleich linksliberal, mit sozialistischen Sympathien, ist immer noch ein bißchen Antisemit. Der Umgang mit Richard Wagner wirkt trotz allem nach. Bülow war einer der großen musikalischen Entdecker seiner Zeit: Wagner und Brahms und der im Westen ganz unbekannte Tschaikowsky, dessen Klavierkonzert b-Moll dem Pianisten Hans von Bülow gewidmet wurde, und ganz spät noch der geradezu zärtlich protegierte junge Richard Strauss. Aber dieses kleinen Juden am Klavier mit seiner offenbar dilettantischen und sentimentalen Musik, den gedachte Hans von Bülow nicht anzuerkennen. Angewidert schaut er zum Fenster hinaus, winkt schließlich ab, wie berichtet wird. Allein den Kapellmeister hat er dann in Hamburg sehr bewundert und gefördert. Nach Bülows Tod am 12. Februar 1894 übernimmt Gustav Mahler die Abonnementskonzerte der Hamburger Philharmoniker. Im selben Jahr trifft er sich im Sommer in Bad Ischl mit Johannes Brahms.

Alles Weitere ist bekannt, weil es Operngeschichte gemacht hat: das Jahrzehnt der Mahlerschen Operndirektion in Wien bis zum Jahre 1907. Man wird sagen dürfen, daß die oft mißverstandenen Grundkonzepte eines heutigen Musiktheaters nach wie vor durch Gustav Mahler in Hamburg und Wien entwickelt wurden. Ganz so wie die Grundprinzipien unseres heutigen internationalen Systems der Symphoniekonzerte in den Dreißiger Jahren des 19. Jahrhunderts durch einen Juden geprägt wurden: durch Felix Mendelssohn-Bartholdy im Leipziger Gewandhaus.

»Tradition ist Schlamperei.« Dieser Ausspruch Gustav Mahlers ist weltberühmt geworden. Immer wieder befehdet und mißverstanden. Gustav Mahler war auch hier ein getreuer Schüler Richard Wagners. Sein umfangreicher Briefwechsel mit Cosima Wagner in Bayreuth bestätigt es. Cosima hat sich immer wieder bei dem Juden Gustav Mahler in schwierigen Fragen einen Rat gesucht. So wie Richard Wagner keinen Augenblick gezögert hatte, den Juden Hermann Levi zur Uraufführung des »Parsifal« nach Bayreuth zu holen. Allein als Dirigenten in Bayreuth hat sie Mahler nicht haben wollen, während sie den jungen Richard Strauss mit der ersten Bayreuther Einstudierung des »Tannhäuser« betraute. Auch Gustav Mahlers engster Mitarbeiter, der große Kapellmeister Bruno Walter, der nach dem Tode des Meisters die Uraufführung des »Lied von der Erde« und der nachgelassenen Neunten Symphonie zu leiten hatte, wurde niemals nach Bayreuth geholt. Auch nicht Otto Klemperer oder Erich Kleiber, nicht Georg Szell und viele andere »Nichtarier«, die es getrost mit den damaligen »arischen« Kapellmeistern Karl Elmendorff oder Franz von Hösslin hätten aufnehmen können.

Immer wieder wird Mahlers Wirken und Leben überschattet von diesem krampfigen Rassengeschwätz. Der Bayreuther Liebling und ausgezeichnete Dirigent Felix Mottl scheint, wie Mahlers Briefe bezeugen, als Münchener Opernchef keine Gelegenheit verabsäumt zu haben, dem Komponisten Mahler im Wege zu stehen. Auch die Bitterkeit der späten Briefe, nach der Demission in Wien, macht ahnen, was sich im einzelnen abgespielt haben könnte. Auch in seinem eigenen Opernensemble zu Wien, mit seinen Schülerinnen Anna Bahr-Mildenburg und Marie Gutheil-Schoder, mit dem Tenor Leo Slezak und dem Bassisten Richard Mayr, hat es Rivalitäten, Kabalen und Intrigen gegeben. Der Kapellmeister Franz Schalk, in den Zwanziger Jahren Leitender Kapellmeister der Wiener Staatsoper, hat offenbar nicht gerade mit größter Zuverlässigkeit mit dem schwierigen, aufbrausenden, stets besessenen und oft fast geistesabwesenden Mahler gearbeitet. An Anekdoten fehlt es nicht. Leo Slezak hat in seinen Erinnerungen berichtet, wie er zum erstenmal in Wien vorsang. Bevor er begann, mit der Arie des Tamino, kam eine scharfe Stimme aus dem dunklen Zuschauerraum: »Sie, wenn Sie schleppen, werfe ich Sie sofort hinaus!«

Ein Interview Gustav Mahlers, das er am 5. Juni 1907 dem »Neuen Wiener Tagblatt« gewährte, läßt die Misere ahnen. Da heißt es: »Es ist also zunächst völlig unwahr, daß mich irgendwelche ›Affairen‹ gestürzt hätten. Ich bin überhaupt nicht gestürzt worden. Ich gehe aus eigenem Antriebe, weil ich meine völlige Unabhängigkeit erreichen will. Und dann auch, und dies in erster Reihe, weil ich zu der Erkenntnis gekommen bin, daß die Opernbühne an sich eine Institution ist, der für die Dauer nicht beizukommen ist. ... Wahr ist, daß ich vom nächsten Jahre angefangen von der Wiener Hofoper eine höhere Pension hätte beziehen können, und daß ich auf dieses Recht freiwillig verzichtet habe, weil ich schon jetzt gehen wollte. Sie sehen, daß ich mich auf meinen materiellen Vorteil nicht besonders gut verstehe.«

Gustav Mahler hat damals auf die Pension verhältnismäßig leicht verzichten können, obwohl Alma Mahler anspruchsvoll war und Wert legte auf ein großes Haus und viel gesellschaftlichen Trubel. Ihre Erinnerungen wirken unangenehm. Hat sie wirklich begriffen, an wessen Seite sie leben konnte oder auch mußte? Thomas Mann hat später, im amerikanischen Exil, eine Frage aufgezeichnet, die Alma Mahler (die nach der Scheidung vom Architekten Walter Gropius den Schriftsteller Franz Werfel geheiratet hatte) an eine andere befreundete Dame mit reger Scheidungstendenz richtete: »Heiraten Sie auch immer Juden?« In Alma Mahlers Erinnerungen gibt es auch ein sonderbares Leitmotiv. Sie war zweifellos eine nicht unbegabte Komponistin, scheint aber niemals ganz frei gewesen zu sein von heimlicher Rivalität gegenüber dem älteren komponierenden Mann an ihrer Seite.

Hat Gustav Mahler dies alles geahnt? Seine Briefe an Alma

verraten nichts davon. Seine Wirklichkeit war wohl immer, trotz aller Praxis des Umgangs mit Theaterleuten und Orchestern, wovon in seinen Briefen am meisten die Rede ist, ein Traumreich. Realismus und Wirklichkeitssinn waren nicht seine Stärke. Eines der berühmtesten Mahler-Lieder, nach einem Text von Friedrich Rückert, macht es ahnen. Es handelt sich um einen Vorgang, den der Musikwissenschaftler Hans Heinrich Eggebrecht in seinem Buch über »Die Musik Gustav Mahlers« als *Phänomen einer A-Historizität* bezeichnet hatte. Was damit gemeint ist, läßt sich eben am letzten der Rückert-Lieder genau demonstrieren. Dieses letzte der Rückert-Lieder, »Ich bin der Welt abhanden gekommen«, entstanden im August 1901, gehört sicher zu Mahlers schönsten und kennzeichnenden Liedgebilden. Er hat sich emphatisch dazu bekannt, mit den von Natalie Bauer-Lechner überlieferten Worten: »Er selbst sagte über die ungemein erfüllte und gehaltene Art dieses Liedes, es sei Empfindung bis in die Lippen hinauf, die sie aber nicht übertritt! Auch sagte er: das sei er selbst!«

Vergleicht man jedoch das Rückertsche Original mit der von Mahler komponierten Textfassung, so wird abermals ein Verhalten des Tonsetzers zur lyrischen Vorlage offenbar, das man nicht anders umschreiben kann als mit dem Wort *»usurpatorisch«*. Dies ist weder Bemühung im Sinne der Kunstliedtradition, sich dem Dichter anzuverwandeln, noch läßt es, im Sinne der These Arnold Schönbergs, den poetischen Text ungeschoren und unverändert, weil es ohnehin auf den nicht ankomme.

Mahler nimmt den Text sehr ernst: so sehr, daß er alles zu eliminieren sucht, was die Identifikation hemmen könnte. Freilich herrscht der Primat der Musik. Der dritte Vers bei Rückert »sie hat so lange von mir nichts genommen« wird umgeändert in »so lange nichts von mir genommen«: aus Gründen der musikalischen Akzentuierung. Das »Weltgewimmel« bei Rückert wird zum »Weltgetümmel«.

Mahlers Redaktion der letzten Strophe aber verändert die Aussage. Dies ist nicht mehr Friedrich Rückert, doch im höchsten Maße ist es ein Selbstbekenntnis Gustav Mahlers. Bei Rückert:

Ich leb' in mir und meinem Himmel,
in meinem Lieben, in meinem Lied.

Bei Gustav Mahler:

Ich leb' allein in meinem Himmel,
in meinem Lieben, in meinem Lied.

Rückerts Verse gehören zum Zyklus des »Liebesfrühling« von 1821. Es ist romantische deutsche Innenwelt: das Sehnsuchtsbild des Einsiedlers und seiner stillen Klause wird immer noch scheu bewundert. Allein der romantische Hochton fehlt bereits. Die zweite Strophe, die Mahler unverändert übernahm, kündet bereits ein mürrisches Dichten in der Umgangssprache an:

Es ist mir auch gar nichts dran gelegen,
ob sie mich für gestorben hält.
Ich kann auch gar nichts sagen dagegen
denn wirklich bin ich gestorben der Welt.

Der enttäuschte Romantiker Rückert lebt, jenseits des Weltgewimmels, bloß noch »in mir und meinem Himmel«. Dies süße Wörtlein »und« jedoch bedeutet ein Bekenntnis zu etwas, was alle Innenwelt transzendieren muß. Mag es als Gott oder Ideal oder Kunst verstanden werden: bei Rückert fließt alles ineinander, allein es bedeutet Bindung und Ausbruch aus der Klause des Ich.

Gustav Mahler hingegen hatte diese Bindung und Entgrenzung verweigert in seiner Textfassung »Ich leb' allein in meinem Himmel...« Das Ich hat sich zur Welt gemacht: auch in seinem Lieben und seinem Lied.

Dies usurpatorische Verhalten zum vorgegebenen Text ist gewollt und vermittelt. Jeder von Mahler komponierte Text wird von ihm – virtuell – als ein Text Gustav Mahlers verstanden und entsprechend behandelt. Von dem Rückert-Lied »Blicke mir nicht in die Lieder!« habe er gesagt, wie überliefert wurde, es sei »so charakteristisch, als hätte er selbst es gedichtet«.

Immer stärker fühlte sich Gustav Mahler in den letzten Lebensjahren seit 1907 auch selbst »allein in seinem Himmel«. Nun wird er nach New York geholt an die Metropolitan Opera, hoch bezahlt, begeistert gefeiert. Wenn er nach dem Ende der amerikanischen Season nach Europa zurückkehrt, wartet man auf ihn in Paris und in Rom. Aber er fühlt sich einsam. Ein ergreifender Brief an *Arnold Schönberg* in Wien macht es spürbar. Ein Brief aus New York vom 10. Januar 1910:

»Mein lieber Freund Schönberg!
Das war lieb von Ihnen, mir so ausführlich zu schreiben. Was Sie mir über Ihre Eindrücke – früher und jetzt – sagen, verstehe ich sehr gut, und habe es mir im Grunde genommen immer genau so gedacht. – Sie sind da ganz anders als ich. Ich lasse mich ohne Bedenken umrennen – ohne Furcht und auf die Gefahr hin, mich an Jemanden zu verlieren. (Ich weiß nämlich innerlich doch genau, daß ich mich schon wiederfinden werde.) – Was liegt eigentlich daran, wer die Werke schreibt. Wenn sie nur zur rechten Zeit da sind.
...
Ich lebe hier in einer schrecklichen Hetze. Auf Briefschreiben bin ich gar nicht eingerichtet (Sie sehen, ich habe nicht einmal Briefpapier und benutze das meiner Frau) und muß jeden Augenblick ausnützen. Um so lieber freilich lese ich Briefe und denke oft zu meinen Freunden und unterhalte mich im Stillen mit ihnen. Ihr Quartett habe ich mit und studire es zuweilen. Aber hart wird es mir. Es thut mir so schrecklich leid, Ihnen so schlecht folgen zu können; und hoffe auf die Zukunft, wo ich mal mehr ›zu mir‹ (also auch zu Ihnen) kommen kann. Meine erste Symphonie ist hier ziemlich durchgefallen – Sie sehen daraus, daß ich hier ziemlich incognito herumwandle. Und wie sehr ich mich eigentlich nach der Heimath sehne (worunter ich nämlich die wenigen Menschen meine, von denen ich verstanden werden möchte und die ich lieb habe). Und dazu zählt Sie in vorderster Reihe Ihr Freund Gustav Mahler.
Grüßen Sie Freund Zemlinsky! Sind Sie wieder miteinander?«
Die Sommerferien verbringt er seit 1908 in Südtirol: in Toblach. Dort, im nunmehr italienischen Dobbiaco, finden seit einigen

Jahren jeweils im Sommer Musikfestspiele statt im Zeichen Gustav Mahlers. Das kleine Komponierhäuschen ist zu besichtigen, wo Mahler das »Lied von der Erde« vollendet hat, die von ihm so gefürchtete »Neunte« Symphonie und die Fragmente der unvollendeten Zehnten.
Nunmehr ist er auch als Komponist anerkannt. In dem Holländer Willem Mengelberg fand er einen Bewunderer. Nach dem Ersten Weltkrieg hat Mengelberg mit seinem Concertgebouw-Orchester Amsterdam zum erstenmal das gesamte symphonische Werk Gustav Mahlers aufgeführt. Die VII. Symphonie mit den singulären beiden Nachtstücken wird 1909 im Haag und in Amsterdam aufgeführt. Am 17. April 1910 dirigiert Mahler seine II. Symphonie in Paris. Im August trifft er, der schwer herzkranke Mann, gequält von Todesahnungen, im holländischen Leiden zusammen mit *Sigmund Freud.* Es ist eine Konsultation. Am 12. September erlebt Mahler in München den wohl größten Triumph seines Lebens: die Uraufführung seiner VIII. Symphonie. Eine gewaltige Propaganda war durch die Impresarios entfacht worden. Mahler beklagt sich ärgerlich in Briefen an Bruno Walter, der die Proben zu leiten hat, über das zirkusmäßige Gebaren der Reklameleute.
In der Tat paßt dieser Rummel um eine »Symphonie der Tausend« wenig, trotz des gewaltigen Aufführungsapparats, zu einem Werk, das in zweifacher Weise die sublime Geistigkeit anspricht. Im ersten Teil mit einer lateinischen Hymne des Hrabanus Maurus mit den Anfangsworten »Veni, creator spiritus«; dann im zweiten Teil mit den Schlußszenen von Faust II, gipfelnd in einer in der Tat ergreifenden Vertonung des Chorus mysticus: »Alles Vergängliche ist nur ein Gleichnis.«
Von allen neun Symphonien Gustav Mahlers, das spürt man heute beim Anhören jeder neuen Aufführung, ist diese Achte am fragwürdigsten. Auch Theodor Wiesengrund Adorno verharrt in seinem Mahler-Buch sehr skeptisch vor dieser Partitur. Großartig gearbeitete und immer wieder auch erfundene Musik. Allein die angestrebte Spiritualität wird so stark entäußert, daß sie sich auf weite Strecken hin kaum mehr überträgt. Eine gewaltige Opernszene weit eher als ein Werk der sogenannt konzertanten Musik.

Das legt abermals die Frage nahe, warum Gustav Mahler, dieser Meister des ursprünglichen Musiktheaters, nicht selbst für die Opernbühne geschrieben hat. Versuchung gab es in seinen Anfängen. In Leipzig hat er auch nach einem nachgelassenen Fragment Carl Maria von Webers eine Oper »Die drei Pintos« geschrieben, die Erfolg hatte. Obwohl die Kritiker, ziemlich ungnädig, fragten, was an der Partitur nun eigentlich noch von Weber und was bereits von Mahler sei. Hans von Bülow äußerte sich höchst verachtungsvoll über solche »Weberei und Mahlerei«.
In einem Gespräch hat *Pierre Boulez* wohl die richtige Antwort gegeben, wenn er meinte, die überstarke Innenwelt des Komponisten Gustav Mahler habe sich in den Symphonien so vollkommen entäußert, daß an ein eigentliches Opernschaffen, welches undenkbar ist ohne die Erschaffung von Bühnencharakteren, nicht mehr gedacht werden konnte.
Diese Uraufführung der VIII. Symphonie in München war aber nicht nur ein Erfolg des Dirigenten und Komponisten Mahler bei einem durch Sensation angeheizten Publikum. Es gab auch tiefere Wirkung. Einer der Besucher der Aufführung, ein Schriftsteller, sandte dem Meister das Widmungsexemplar eines Buches mit einem ehrfurchtsvollen Brief. Darin heißt es: »Als Gegengabe für das, was ich von Ihnen empfangen, ist es freilich schlecht geeignet und muß federleicht wiegen in der Hand eines Mannes, in dem sich, wie ich zu erkennen glaube, der ernsteste und heiligste künstlerische Wille unserer Zeit verkörpert. Ein epischer Scherz. Vielleicht vermag er Sie ein paar müßige Stunden lang auf leidlich würdige Weise unterhalten. Ihr ergebener Thomas Mann.«
Der »epische Scherz« bestand in einem Exemplar des Romans »Königliche Hoheit«. Nach dem Konzert war *Thomas Mann* mit Mahler und auch mit Max Reinhardt zusammen. Er war wohl auch bereits in der Hauptprobe gewesen. Gustav Mahler war befreundet mit Thomas Manns Schwiegereltern, den Pringsheims. Katia Manns Zwillingsbruder Klaus Pringsheim hatte in Wien mit dem Operndirektor Gustav Mahler gearbeitet. Ich selbst habe noch, das sei hier erwähnt, vor etwa dreißig Jahren im Leipziger Gewandhaus eine würdige Aufführung von

Mahlers IX. Symphonie erlebt: geleitet eben von Klaus Pringsheim.
Katia Mann glaubt sich an einen Ausspruch ihres Mannes nach dem Konzert zu erinnern: »Das war wohl das erstemal in meinem Leben, daß ich das Gefühl hatte, mit einem wirklich großen Mann zusammenzukommen.« Der Tonfall ist echt; der Widmungsbrief an Mahler paßt dazu.
Ein Jahr später verfolgt Thomas Mann mit großer innerer Aufregung die Berichte der Wiener Presse über das langsame Sterben des großen Musikers. In Paris hatte Mahler eine ärztliche Behandlung gesucht. Im Mai kehrt er nach Wien zurück. Dort starb er am 18. Mai 1911.
Thomas Mann arbeitete damals bereits an der Erzählung vom »Tod in Venedig«. Sie schließt bekanntlich mit dem folgenden Satz: »Und noch desselben Tages empfing eine respektvoll erschütterte Welt die Nachricht von seinem Tode.« Vom Tode des Schriftstellers Gustav von Aschenbach. Thomas Mann hatte ihm den Vornamen Gustav Mahlers verliehen.

XIII. DEM ANDENKEN ERICH FRIEDS

(1988)

Vom *Dichter Erich Fried* soll zuerst gesprochen werden, aus diesem Anlaß und an dieser Stelle. Von ihm her nämlich ist alles gekommen, was wir erlebt haben mit ihm und durch ihn: vom unablässigen Strömen der Sprache, das Körper und Geist des Gezeichneten in jedem Augenblick durchzog. Strom der Sprache, genauer noch: Strömen der zärtlich geliebten Wörter, denen Erich Fried ihr Geheimnis ablauschte, ihren Nebensinn, ihre Widersprüche.

Dessen war er sich immer bewußt. Leben und Sprechen, Leben und Schreiben waren ihm eins. Er hat noch in den letzten Momenten, in der Intensivstation, unlesbare Aufzeichnungen gemacht. Er hat bis zuletzt als ein Schreibender gelebt.

Das war ein »Ausdruckszwang«: auch in einem Sinne, den der von Fried politisch mißbilligte, doch heimlich bewunderte Lyriker Gottfried Benn beschrieben hatte. Es war eben dies Ausdruckszwang, und es war doch ganz anders beim Schreiben und Dichten von Erich Fried. Aber das Benn-Prinzip einer »monologischen Dichtung« hielt Fried nicht allein für undenkbar, sondern vor allem für unmenschlich. Der Dichter braucht die *Anrede*, den oder die *Partner*, er will Sprecher sein für die Sprachlosen. Vor allem für ihr sprachloses Leid. Kaum bei einem anderen Lyriker unter meinen Zeitgenossen habe ich so stark wie bei Erich Fried die Wahrheit begriffen, die Goethes Dichter Torquato Tasso in die Verse zusammendrängt:

> Und wenn der Mensch in seiner Qual verstummt,
> Gab mir ein Gott, zu sagen, wie ich leide.

Ein Gott der Sprache und der Dichter. Und das Sagen des Dichters war verstanden als ein *stellvertretendes Sprechen*: im Zorn und in der Liebe, in der Freundschaft wie der Einsamkeit.

Auch dies hat er natürlich gewußt, Erich Fried, und er hat es gesagt und aufgeschrieben in den drei qualvollen letzten Jahren der Krankheit. Ein Gedicht schickte er mir am 4. Februar 1986: als wir dabei waren, seine Geburtstagsfeier im Wiener Konzerthaus zum 65. Geburtstag vorzubereiten. Keiner von uns war damals sicher, daß Erich dabeisein würde. Auch er nicht. So entstand das Gedicht »Hilfe«.

Hilfe

Nacht für Nacht
suche ich Trost und Ermutigung
in den Gedichten
Toter und Lebender.

Nacht für Nacht
enttäuschen mich ihre Gedichte
weil ich bei ihnen so wenig
Trost und Ermutigung finde.

Nacht für Nacht
helfen mir ihre Gedichte
weil sie Ermutigung suchen
und Trost wie ich.

In diesen zwölf Zeilen ist eine ganze Poetik enthalten, nicht allein das poetische Bekenntnis eines Leidenden. Es umschreibt vielmehr wesentliche Züge *aller* Dichtung: ganz im Sinne des Goetheschen »zu sagen, wie ich leide«. Auch die Dichtung, das wußte Fried, und er hat auch das gesagt, muß sich hüten, erbaulich sein zu wollen. Erbauliche Trostgedichte sind verlogen, sind: schlechte Literatur. Den Trost gewähren die Dichter, das verstand der Kranke in seinen ruhelosen Nächten, durch ihr *Suchen* nach Trost.
Leiden nämlich bedeutet immer auch zugleich: *Leben.* Erich Fried war kein Dichter des Lamento und der Jeremiaden. Er wollte ein Dichter des *ganzen Lebens* sein, in all seinen Erscheinungsformen: *mit Ausnahme der Gewalt.* Er war ein heiterer Mensch, auch als Leidender, auch zuletzt noch. Seine Liebesgedichte waren es wirklich. Leben, Lieben und Dichten, auch das hat er selbst ausgesprochen, waren untrennbar für ihn.

Untrennbar war auch für ihn der Zusammenhang zwischen dem dichterischen Benennen unwürdiger Zustände, und dem Versuch, *die menschliche Würde gegen Unwürdiges zu verteidigen.*

Leid war ihm nicht gleich Leid. Es gab das Leid aus der *Notwendigkeit* menschlicher Begrenzung. Und es gab das Leid – nicht der Freiheit, sondern der *Unfreiheit.* Da mußte gesprochen werden.

In einem seiner bedeutendsten Gedichte, das er selbst auch für besonders wichtig hielt, offenbart der Satz

»es ist wie es ist«

all seine Zweideutigkeit. Einmal Notwendigkeit; dann aber auch einen Zustand, einen status quo, der durchaus nicht verdient, so zu bleiben, »wie es ist«. Hier wird Erich Frieds Dichten zum *Inbegriff des Widerstehens.*

In einem Fernsehfilm über ihn, den ich vor kurzem sehen konnte, wird Fried durch einen nicht besonders scharfsinnigen und auch nicht besonders gutwilligen Dialogpartner gefragt: ob denn nun alles unbedingt »politisch« sein müsse. Dabei wurde Frieds Gedichtband »Liebesgedichte« mit spitzen Fingern und gleichsam strafend emporgehalten. Erich Fried antwortete gelassen, als ein geschulter Dialektiker: »Aber das ist doch bereits eine politische Frage!«

Welchen Widerstand aber hat er gemeint, der Dichter Erich Fried? Und was hat ursprünglich, gleichsam als *stellvertretende Lebenserfahrung*, den Willen zum Widerstand in ihm erweckt?

Hier muß vom *Österreicher* Erich Fried gesprochen werden, und von dem *Juden* dieses Namens. Fried wurde hier in der Stadt am 6. Mai 1921 geboren. Kleine jüdische Leute. Sechs Jahre später, am 15. Juli 1927, gab es einen Aufstand des Volkes in dieser Stadt gegen politisches Unrecht: es brannte der Justizpalast. Erich Fried hat immer wieder betont, daß er in seinem Leben, als ein Sechsjähriger, mit diesen Vorgängen, und wohl auch mit dem Verhalten seiner Umwelt, *die erste überpersönli-*

che Regung von Empörung und Zorn verband. Man darf ihm das glauben. Wir wissen heute alle, seit *Sigmund Freud* uns beim Erinnern half, daß viel mehr in unseren ersten Lebensjahren gespeichert wurde, als wir ahnen möchten. Ich selbst verbinde in meinem Leben die erste überpersönliche Empörung mit den Berichten über die Abschlachtung der Rosa Luxemburg. Damals war ich elf.

Es sind nicht immer die quantitativ besonders abscheulichen Untaten, die unser Fühlen treffen. Die Affäre des jüdischen Hauptmanns Alfred Dreyfus in Frankreich. Die Ermordung von Jean Jaurès zu Beginn, und der Liebknecht-Luxemburg gleich nach dem Ende eines Ersten Weltkriegs. Der Brand des Justizpalastes mit dem Wüten der Meute des Wiener Polizeipräsidenten Schober, und fast sechs Jahre später der Berliner Reichstagsbrand. Dergleichen vergißt man nicht als Zeitgenosse. Hier gibt es keine Verjährung.

Der brennende Justizpalast: er bedeutet, von heute aus gesehen, vor allem auch eine *Kontinuität großer österreichischer Literatur.* Von *Karl Kraus* zu *Elias Canetti.* Von Elias Canetti zu *Erich Fried.*

Karl Kraus war niemals größer, seit er die »Letzten Tage der Menschheit« beenden konnte, als in jenen Sommertagen des Jahres 1927. An den Plakatsäulen konnte man, versehen mit der Unterschrift »Karl Kraus«, einen einzigen Satz lesen, worin der Polizeipräsident Schober zum Rücktritt aufgefordert wurde. Der dachte nicht daran. Er habe, wie er mitteilen ließ, »Nur seine Pflicht getan«: wie so viele vor ihm *und nach ihm.*

Elias Canetti hat berichtet, wie seine eigene schriftstellerische Erweckung – »Die Fackel im Ohr« – mit *zwei* Erfahrungen zusammenhing: mit dem Wirken von Karl Kraus, und mit dem Anblick der Masse im Angesicht des brennenden Justizgebäudes. Hier entstand, in dieser Konstellation, Canettis späteres Hauptwerk »Masse und Macht«, das so wenig gelesen wird, und das man so dringend lesen sollte, wenn man sich Sorgen macht über alles Künftige.

Freilich gab es auch eine andere österreichische Literaturreaktion auf den Brandtag. *Heimito von Doderer* ließ uns wissen, wie er das brennende Gebäude des Rechts und der Rechtsprechung damals erlebte. Als eine »Geruchssymphonie«.

Dann der Februar 1934, der März 1938. Frieds Vater wird von einem Nazi ermordet. Die Mutter, aus alter österreichischer Juristenfamilie, protestiert im Gerichtssaal gegen den Mörder und wird verhaftet. Es gibt aber Hilfe in Wien wie in England, wohin Erich Fried geflohen war. Lord Louis Mountbatten, Mitglied der Royal Family, der später selbst ermordet wurde, besorgt das Visum für die Mutter: im letzten Augenblick.

Dann das *Exil.* Die fremde englische Welt.
»Die englischen Verhältnisse damals waren nicht die besten die englischen Regierungen waren schwachsinnig.«
Das sagt, beim Rückblick auf damals, der Professor Robert in dem Theaterstück »Heldenplatz« von Thomas Bernhard.
Heimatlos mit siebzehn Jahren. Wieviel Englisch hat er gekonnt, als er 1938 in London ankam? Er war noch jung. *So konnte das Exil zur Erweckung führen.* Zuerst Hilfsarbeiter, das Übliche, doch bereits auch das Unübliche: Milchchemiker oder Glasarbeiter. Auch Bibliothekar. *Und die neue Sprache:* damit ein neues Strömen der Sprache in ihm selbst. Es beginnt die Arbeit des *Nachdichters* Erich Fried. Der Lyriker spezialisiert sich auf Dramatisches: T. S. Eliot, John Synge. Vor allem die Bekanntschaft, dann Freundschaft mit *Dylan Thomas* erzeugt eigene neue Möglichkeiten für den Ausdruckszwang. Den Gedichten Frieds haben später Leute, die selbst nicht dichten können, aber genau wissen, wie das auszusehen habe: ein deutsches Gedicht, vorgeworfen, er schreibe englische Gedichte in deutscher Sprache.
Man könnte mit einer englischen Redensart darauf gegenfragen, was daran schlecht wäre. Dergleichen hat es immer gegeben. Stefan George begann mit Mallarmé-Gedichten als Vorbild seinen Weg als deutscher Dichter. Erwähnenswert ist der absurde Vorwurf deshalb, weil Fried selbst geantwortet hat. Er bekannte sich zu dem Mann aus Wales, zu Dylan Thomas. Die Bühnenfassung von »Unter dem Milchwald« (Under Milk Wood)

wurde dank dem Übersetzer Erich Fried ein großer Erfolg auf den Bühnen deutscher Sprache.
Aber da war mehr. Fried bekannte, seine Freundschaft mit dem genialen Waliser, der mit 39 Jahren sterben sollte, habe auch mit gemeinsamer Bewunderung für große Schriftsteller der englischen Sprache zu tun: für Joyce, für Hopkins, für Cummings. *So wurde der lyrische Typ der Fried-Gedichte möglich.* Es hat immer Besserwisser gegeben, die meinten: das seien überhaupt keine Gedichte. Weil die Texte von Erich Fried in der Tat wenig Gemeinsames haben mit dem wohlbekannten, oft wunderschönen Gedicht einer deutschen Einsamkeit und Innenwelt.
Erich Frieds Gedichte suchen die *Gemeinschaft* auch dort, wo sie von *Einsamkeit* berichten. Es sind demokratische Gedichte. Das klingt banal, doch es gibt keinen besseren Ausdruck. Gedichte eines wahrhaft demokratischen Menschen. Daher sind sie bisweilen rüde, vulgär, plebejisch. Sie legen es oft darauf an, daß gelacht wird. Auch Nonsens ist ihnen, die Umgang hatten mit Angelsachsen, nicht fremd.
Es ist richtig, was *Wieland Schmied* gesagt hat: »Durch Fried hat die deutsche politische Lyrik einen neuen Stellenwert erhalten.« Aber man hat auch in Großbritannien schließlich gewußt, wer sich da immer wieder zu Wort meldete: in Sachen des für Engländer so fremden Kontinents wie in Angelegenheiten seines nunmehr zur Heimat gewordenen Exillandes. Nach Erichs Tode erschien im »Observer« nicht etwa ein Nekrolog oder ein Feuilleton, sondern ein Leitartikel: Da sei eine große Stimme verstummt.
Sprechen wir auch von dem *neuen deutschen Shakespeare*, den er uns vermachte. In Gesprächen und in Briefen aus den letzten Jahren kommt er immer auf jene Stücke zurück, die er gern noch nachgedichtet hätte. Sie strömten bereits in ihm. Aber da war keine Nachfrage, erst recht kein Auftrag. Ich hatte mir immer eine Nachdichtung der Tragödie Eduards II. von Christopher Marlowe gewünscht, weil das Original des Elisabethaners unendlich stärker ist, als die Bearbeitung durch Brecht. Fried hätte es gern geleistet. Damals reichten die Kräfte noch aus. Aber kein Auftrag und Bedarf. *Irgendwann wird man den Shakespeare von Erich Fried entdecken.* Das Werk

eines Dichters, der vollkommen die beiden Sprachen kannte. Vorerst pflegt man sich am Regiepult und in der Dramaturgie selbst über die Texte herzumachen.

Das Werk eines österreichischen Juden, der zum Emigranten werden mußte. Da gibt es die Gemeinsamkeiten des Erlebens, die Fried mit Canetti verbanden, mit Joseph Roth, der in Paris zugrunde ging, mit Jean Améry, der nicht mehr leben wollte.

Fried wollte leben, jeden Augenblick noch. Ein Todfeind des Todes sozusagen: mit aller Zweideutigkeit dieser Formel. Darin verwandt dem Denken von Canetti, dem diese Nähe erwünscht war. Es gibt aber noch tiefere *Zeugnisse der einstigen österreichisch-jüdischen Symbiose.* Die kleinen Wiener Juden um das Jahr 1920 trugen immer noch die Erinnerung mit sich an bäuerliche Kindheiten der Eltern und Voreltern im Riesenreich der Habsburger. Vieles von dem, was den einzigartigen Zauber *Gustav Mahlers* ausmacht *und* der Geschichten *Franz Kafkas*, mit den Soldatenweisen und Dienstbotenliedern, den Landärzten, Knechten und Lakaien, lebt weiter auch in den Gedichten und Geschichten von Erich Fried. Auszählverse, Kinderreime, Liebe und Landschaft und Sterben.

Ein Gedicht von Erich Fried, das erkennt man sogleich. Es hat »Stil«: im Sinne von Goethes Definition.

So war es längst fällig, den Dichter Erich Fried auch im Namen *Georg Büchners* zu ehren. Daß er das noch erleben konnte, im Oktober 1987, ist für uns alle, für seine Freunde, ein Grund zur Freude. Daß seine Rede einigen der Festteilnehmer die festliche Stimmung verdarb, war vorauszusehen. Erich hat bisweilen, wenn er polemisierte, unrecht gehabt, weil er falschen Informationen oder der Suada irgendwelcher Fundamentalisten zu gläubig gefolgt war. Er konnte weder gut lügen, noch mißtrauisch abwägen. Allein mit seiner Büchner-Rede war er durchaus im Recht. Fried hat seine Freunde niemals verleugnet. Auch dort nicht, wo er mißbilligte. Nicht Rudi Dutschke, nicht Ulrike Meinhof.

Erich Fried war immer ein Denkspieler. Was wäre, wenn ...: er wurde nicht müde, dies Spiel in Gedanken zu versuchen. Das war nicht Flucht aus der Wirklichkeit, sondern Sehnsucht nach einem würdigeren Leben. Auch dies gehört zu einer *Denktradition von Juden in Österreich.* Das ist Kafka und Joseph Roth, Hermann Broch und Elias Canetti.

Bei Fried diente bisweilen das Spiel zur Demaskierung von Lügen und Phrasen. So auch in der Büchnerpreisrede von 1987. Er holte den Rebellen des »Hessischen Landboten« und Dichter des »Woyzeck« zu sich in die Gegenwart. *Wie hätte Büchner als Zeitgenosse Erich Frieds gelebt und gehandelt?* Büchner forderte den Aufruhr: gegen Aristokraten und Bourgeois, nicht zuletzt gegen intellektuelle Weißwäscher. Flucht, Steckbrief, illegaler Grenzübergang und Exil. Dann der Tod mit 23 Jahren.

Der Büchnerpreisträger Fried sah ihn nicht allein bei den Achtundsechzigern, sondern auch an der Seite seiner Freunde Rudi Dutschke und Ulrike Meinhof. Er sah ihn *nicht*, ausdrücklich nicht!, an der Seite von Mördern und Bombenwerfern. Leise sagte er, man konnte es jetzt im Film wieder sehen und hören, daß Büchner sich in einem solchen Augenblick abgewendet hätte von den bisherigen Freunden.

Läßt man solches Denken des Anachronismus überhaupt zu, so wird man in Büchners Lebenszeugnissen und Werken nichts finden, was dieser Hypothese widerspricht. Das Denkspiel genügte aber, um Zorn zu erregen im Darmstädter Festsaal. Zwischenrufe und Türenknall. Dabei hatte Fried nichts anderes getan, als zu demonstrieren, daß die großen Dichter nicht erbaulich sind, und ganz sicher keine Mitläufer.

Damals, vor einem Jahr im Herbst, war er bereits seit langem ein Sterbender. Er wußte es. *Mehr als drei Jahre hat er bewußt weitergelebt wie bisher, so gut es ging:* arbeitend, reisend, Zuspruch zu geben, Unsinn entwirrend, wohl auch einmal Verwirrung stiftend, wenn man ihn falsch unterrichtet hatte. Weiterdichtend vor allem.

Erich war ein reiner, ein heiterer Mensch. In diesen letzten Jahren hat er gezeigt, was das sein kann: *Menschliche Größe.*

Sein Grab liegt auf dem alten viktorianischen Friedhof von Kensal Green in London. Fried hat ihn gut gekannt, auch aus der Literatur. Gern rezitierte er den Schluß eines Gedichtes von *G. K. Chesterton*, auch als eigenes Credo. Da heißt es:

> For there is good news yet to hear and
> fine things to be seen,
> Before we go to Paradise by way of
> Kensal Green.

Man versteht: gute Nachrichten wird es auch weiterhin geben und Schönes wird man auch weiterhin sehen können: bevor einer sich auf den Weg macht ins Paradies: mit dem Umweg über Kensal Green.
Eben dies sagt auch Erichs wohl programmatisches letztes Gedicht am Schluß seines letzten Gedichtbandes von 1988.

Statt eines Nachworts

> Auch was ich gegen das Leben
> geschrieben habe
> ist für das Leben geschrieben.
> Auch was ich für den Tod
> geschrieben habe
> ist gegen den Tod geschrieben.

Erich Fried: Ehre seinem Andenken.

XIV. JAKOBINER AUF DER DEUTSCHEN BÜHNE

(1989)

Der 14. Juli 1789 ist nach wie vor gegenwärtig in unser aller Leben. Die mokanten Betrachtungen aus Anlaß des üppig gefeierten Jubiläums, die von unnötigem Historismus sprachen und an die Schreckensszenen von einst erinnerten, an den schließlich ästhetisierten Terror der Guillotine, an die Massenmorde in Lyon oder auf der Loire bei Nantes: nichts davon kann verhindern, daß unsere zeitgenössischen Vorstellungen vom Leben in einer leidlich zivilisierten Gesellschaft undenkbar sind ohne die Grundkonzeptionen der Französischen Revolution von 1789.

Seit jenen Ereignissen und hinweg über alle Aufschwünge und Verzweiflungen von damals, blieb uns das Wesentliche bis heute erhalten: das Postulat der Menschen- und der Bürgerrechte; der rechtsstaatliche Schutz gegen staatliche Willkür; die Gleichheit vor dem Gesetz; das Selbstbestimmungsrecht der Völker; Schutz der Minderheiten. Ein großer Prozeß des bürgerlichen Selbstempfindens, beginnend im Herbst des Mittelalters und in Italien, fand hier den folgerichtigen Ausdruck in der Theorie und zugleich in dem umfassenden Versuch einer geistig fundierten Praxis. Dies alles kann niemals rückgängig gemacht werden.

Der Titel dieser Rede lautet »Jakobiner auf der deutschen Bühne«. Natürlich denkt man dabei zuerst an die Schaubühne, allein der Titel ist doppeldeutig und weiter gespannt. Nicht allein um Literaturgeschichte oder gar Theatergeschichte darf es sich handeln. *Die Bühne der Jakobiner war von jeher das wirkliche Leben:* ein Wirken auf dem theatrum mundi. Auch die Schaubühne gehört zur Weltbühne. Der Publizist Siegfried Jacobsohn gab vor dem Ersten Weltkrieg in Berlin eine Zeitschrift mit dem Titel »Die Schaubühne« heraus. Inmitten der Weltkriegsereignisse beschloß er, von nun an eine »Weltbühne« herauszugeben. Die hat dann in der Tat deutsche Geschichte gemacht, und erlitten. Nach Jacobsohns frühem Tod wurde sie von Carl von Ossietzky und Kurt Tucholsky herausgegeben. Beide sind ebenfalls früh gestorben. Der eine an den Folgen der Marter im Konzentrationslager Oranienburg; der andere im Exil und durch eigene Hand. Dies alles soll andeuten, *daß unser Thema der Gegenwart angehört*, und daß unsereiner hier nur als ein Zeitgenosse sprechen kann. Als »Zeuge des Jahrhunderts«, wie die Klischeeformel zu lauten pflegt.

Erinnerung also und Erinnerungsarbeit. Wir sind zusammengekommen an einem 14. September. Das ist ein trübes Datum für einen, der sich noch erinnern kann. Da wird der 14. September 1930 erinnert: ein erster Wendepunkt in der Sterbegeschichte der Weimarer Republik. Vom 14. September 1930 führte ein gerader und folgerichtiger Weg zum 30. Januar 1933. Reichstagswahlen am 14. September 1930. 104 Gefolgsleute ihres Führers zogen ein ins Reichstagsgebäude. Noch waren die Sozialdemokraten stärkste Partei geblieben. Doch dann wurde immer wieder neu gewählt. Der Reichstagspräsident Paul Loebe trat ab, der neue Präsident der deutschen Volksvertretung hieß Hermann Göring.

Wir konfrontieren den 14. Juli 1789 sowohl mit einem 14. September 1930 wie zugleich mit unserem heutigen Tag, dem 14. September 1989. *Was hat sie den Deutschen gebracht, die Französische Revolution?* Was ist geschehen auf deutschem Boden, um jegliche Auswirkung der französischen Gedanken und Zustände auf deutschem Boden zu verhindern? *Immer und immer wieder.* Anders ausgedrückt: deutsche Geschichte als Ablauf nicht von Revolutionen, sondern von Restaurationen. Die prägnanteste Deutung bis heute hat der junge Karl Marx gegeben in einem Aufsatz seiner kurzlebigen Exilzeitschrift »Deutsch-französische Jahrbücher« von 1844. Im selben Band findet man, nicht zufällig, auch den Erstdruck des »Wintermärchen« von Heinrich Heine, das bekanntlich in Hamburg zu Ende geht: als die Harmonie dem Dichter im Nachttopf die deutsche Zukunft voraussagt. Karl Marx formulierte bündig. Die Deutschen hätten niemals die Revolutionen der anderen Völker geteilt, doch stets deren Restaurationen. »Zuerst wurden wir restauriert, weil unsere Fürsten Angst hatten, dann wurden wir

restauriert, weil unsere Fürsten keine Angst mehr hatten.« Man kann es nicht besser sagen.
Jakobiner auf der deutschen Weltbühne. Die Frage danach führt immer wieder und mit Notwendigkeit *zur Konfrontierung der französischen und der deutschen Geschichte.* Das Ausbleiben einer Parallelentwicklung zu den französischen Ereignissen hat nicht allein zu dem geführt, was der Philosoph Helmuth Plessner eine »verspätete Nation« genannt hat, gipfelnd im Scheitern der Revolution von 1848/49. Es hat seit dem Ausgang des 18. Jahrhunderts vor allem bewirkt, daß der Vorwurf des »Jakobinismus« und alle seine Nachfolge-Invektiven bei den Deutschen jedesmal genügten, um eine Schreckbewegung der Abwehr hervorzurufen. Das galt bereits bei Georg Forster und den wirklichen deutschen Jakobinern der Revolutionszeit. Dann die Nicht-Beachtung des Schauspiels »Dantons Tod« von Georg Büchner. Bis zum abschätzigen Vorwurf gegen den »deutschen Jakobiner« Heinrich Mann, der bis heute andauert.
Es ist daher nicht verwunderlich, daß die jüngsten Jubiläumsartikel zum 14. Juli 1989 immer wieder betonten, die großen Deutschen der damaligen Zeit, angeführt von den Weimaranern Goethe und Schiller, hätten sich schaudernd abgewendet vom blutigen Frankreich. Als gäbe es nicht die Generation des Jahres 1770: Beethoven, Hegel und Hölderlin.

Der 14. Juli 1789 zu Paris bedeutete für die deutschen Zuschauer, ob Aufklärer der alten Schule wie Friedrich Nicolai, oder Hain-Bündler wie Fritz Stolberg, oder einen Stürmer von einst, der sich mittlerweile zum wenig wohlbestallten Universitätsprofessor der Historie gewandelt hatte, also wie den Hofrat Friedrich Schiller zu Jena, *eine Begegnung mit eigenen Positionen und Postulaten aus scheinbar verlorener Zeit.* Bastillesturm; Verkündung der Menschen- und Bürgerrechte; Verzicht (ob ernst gemeint oder nur scheinbar) auf frühere Privilegien durch die Repräsentanten des Adels und des hohen Klerus; Vorbereitung einer Verfassung durch eine weitgehend frei gewählte Nationalversammlung; Beschränkung königlicher Rechte durch das Recht eines Grundgesetzes; Anstalten in ganz Frankreich zur Verwirklichung des Rousseauismus, sowohl im Erzie-

hungswesen wie im gesellschaftlichen Miteinander unter Gleichgeborenen: alles wurde auch in Deutschland bekannt und forderte eine deutsche Replik heraus.
Was Friedrich Gottlieb *Klopstock* in seinem Gedicht »Kennet euch selbst« im Jahre 1789, wie gewohnt schwungvoll, postulierte, durfte unter den bürgerlichen Deutschen als gemeinsame Forderung anerkannt und verstanden werden.

Frankreich schuf sich frei. Des Jahrhunderts edelste Tat hub
Da sich zu dem Olympus empor!

Es folgt das wohlbekannte Bild der Dämmerung und Nacht, die gleichgesetzt wird mit geistiger Unmündigkeit. Der Spruch vom Tempel des Delphischen Apollo, dieses »Erkenne dich selbst«, wird übernommen in die Überschrift des Gedichts: »Kennet euch selbst«. Der Delphische Apollo aber ist der Sonnengott und damit wohlbekannte Chiffre für Klärung und Aufklärung. Brüderlichkeit möge herrschen, so wünscht es sich Klopstock im Gedicht, nicht allein unter den Franken, sondern auch zwischen Franzosen und Deutschen. »Unsere Brüder, die Franken ...; und wir?«
Nun wird die Frage postuliert:

Ach ich frag' umsonst, ihr verstummet, Deutsche! Was zeiget
  Euer Schweigen? bejahrter Geduld
Müden Kummer? Oder verkündet es nahe Verwandlung
  Wie die schwüle Stille den Sturm,
Der vor sich her sie wirbelt, die Donnerwolken, bis Glut sie
    werden, und werden zerschmetterndes Eis?

Der Schluß dieser Klopstock-Vision eines Festes vor dem Tempel der Vernunft wirkt als Vorwegnahme jener Tänze um den Freiheitsbaum, errichtet im Tübinger Stift zwei Jahre später, umtanzt von den Jungen des Jahrgangs 1770 und 1772: Hölderlin und Hegel und Schelling:

Knaben umtanzen den Mann, den kein Despot mehr verachtet,
Mädchen das ruhige, saugende Weib!

Das war damals, im Herbst des Jahres 1789, durchaus noch gedichtete Gleichzeitigkeit. Sieben Jahre später, als *Goethe* mit den Hexametern von »Hermann und Dorothea« beschäftigt ist, im Herbst 1796, wurde daraus nur mehr eine wehmütige Reminiszenz. Flüchtlinge vor den Heeren der französischen Eroberer blicken leidvoll zurück auf damaliges Hoffen. Ein lebenserfahrener Mensch wie der Richter spricht aus, was viele in Deutschland empfanden, für die Klopstock gesprochen hatte:

> Denn wer leugnet es wohl, daß hoch sich das Herz ihm erhoben,
> Ihm die freiere Brust mit reineren Pulsen geschlagen,
> Als sich der erste Glanz der neuen Sonne heranhob,
> Als man hörte vom Rechte der Menschen, das allen gemein sei,
> Von der begeisternden Freiheit und von der löblichen Gleichheit.

Was in den folgenden sieben Jahren geschehen war und die Gleichzeitigkeit der Klopstockschen Poesie in entschiedene Ungleichzeitigkeit zwischen der französischen Revolutionsentwicklung und den deutschen Zuständen transformierte, wird durch den Hinweis auf den jakobinischen Terrorismus der Robespierre und St.-Just nur unzulänglich erklärt. Gewiß, die Nachrichten aus Paris und dem übrigen Frankreich konnten ohne Grauen nicht entgegengenommen werden. Das Unvorstellbare präsentierte sich inmitten eines Prozesses, der als Verwirklichung allgemeiner Vernunft begann.

Prozeß und Hinrichtung des Königs: das war noch eine politische Entscheidung, die mit Argumenten aufwarten konnte. König und Königin hatten Verrat geübt an der nunmehr zu sich selbst erwachten Nation. Das konnte ebenso bewiesen werden, mit aufgefundenen Geheimdokumenten, wie die Konspiration des für den Tiers État auftrumpfenden Grafen Mirabeau mit dem Hof zu Versailles. General Dumouriez war mitten im Krieg gegen die monarchischen Invasionstruppen zum Feind übergelaufen. Die verhafteten Aristokraten konspirierten vom

Gefängnis der Conciergerie aus mit dem Ausland und den nach Koblenz geflüchteten Aristokraten.
Es war also denkbar, daß die Freunde der Bastillestürmer und Rousseauisten in Deutschland, mit ihnen Klopstock, die Notwendigkeit der Repression verstehen und geistig nachvollziehen konnten: als Verhinderung eines Sieges jener Repräsentanten des Ancien Régime, die ein Klopstock oder Goethe gut kannte, und die Klopstock gemeint hatte in seiner Formel vom menschenverachtenden Despoten.
Allein da war anderes geschehen und verübt worden in Frankreich. Der republikanische Terrorismus, der nichts anstreben mochte als den Kampf gegen wirkliche und erklärte Gegner, war zum *spektakulären Terrorismus* degeneriert, der durch das schaurige Schauspiel des niederstürzenden Fallbeils ablenken wollte von der Hilflosigkeit der neuen Machthaber und vom Hunger im Lande.
Die Ästhetisierung der Terrors zum Zweck von Schaulust und politischer Ablenkung hatte mit Notwendigkeit alle Grenzen verwischt zwischen dem politisch und vielleicht sogar juristisch gerechtfertigten Prozeß gegen Revolutionsgegner *und* der Ermordung von Unschuldigen, die irgendwer aus irgendwelchen Beweggründen denunziert hatte. Der hingerichtete Lyriker André Chénier war in der Tat ein erklärter Royalist; der Chemiker *Antoine Lavoisier*, den man im Jahre 1791 immerhin zum Kommissar des Nationalschatzes ernannt hatte und der wenige Wochen vor dem Thermidor unters Fallbeil kam, war ein treuer Republikaner, der freilich andere politische Ansichten vertrat als der Wohlfahrtsausschuß des Maximilien Robespierre.
Eben dies war gemeint in Klopstocks neuerem Gedicht »Mein Irrtum« vom Jahre 1793.
Klopstock ist nunmehr ein Mann von 69 Jahren. Er muß auch in Hamburg damit rechnen, daß die Sendboten des Rousseauismus jenes »Kennet euch selbst« von 1789 *in Form einer militärischen Expansion auf deutschem Boden proklamieren* werden.
Klopstock stand ersichtlich, als er im Zeichen des Robespierrismus die Verse »Mein Irrtum« niederschrieb, *zwischen ent-*

täuschter Hoffnung und propagandistisch durch die Autoritäten des Ancien Régime erzeugtem Irrtum.

Deiner heiligen Zeichen, o Wahrheit, hat der Betrug sich
  Angemaßt, der Natur köstlichste Stimmen entweiht,
Die das bedürftige Herz in der Freude Drang sich
    erfindet;
  Kaum gibt wahres Gefühl durch Verstummen sich
    kund.

Dennoch bleibt es notwendig, angesichts sehr oberflächlicher Geburtstagsartikel zum 14. Juli 1789, das Verhältnis der beiden Weimaraner zu den französischen Ereignissen genauer und vor allem *an den dichterischen Texten* zu erörtern.

Der Sohn eines Frankfurter Patriziers und herzögliche Günstling in Weimar, *Goethe* also, hat die französischen Vorgänge vermutlich mit viel größerer innerer Billigung akzeptiert, als man damals vermuten konnte. Der Hofmann und Minister hatte Rücksichten zu nehmen. Als er die im Grunde in ihrer Zustimmung sehr deutlichen *Unterhaltungen deutscher Ausgewanderter* im Jahre 1795 bei Schiller in den »Horen« drucken läßt, legt er großen Wert darauf, *daß kein Name des Verfassers genannt wird.* Dadurch entstand vor allem bei Lesern des abschließenden berühmten »Märchen« viel Gerate und Verwirrung. Die Anonymität war besonders im Falle des »Märchen« wohlbegründet. Der Text nämlich enthielt, wenn man genau zu lesen verstand, eine ausdrückliche Billigung des Prozesses gegen Ludwig XVI., und damit wohl auch der Hinrichtung des Monarchen. Goethe hat später im Alter eine Bilanz gezogen, die für den heutigen Leser der Texte evident ist. Er hielt die Revolution in Frankreich angesichts der allgemeinen Korruption des Ancien Régime für notwendig und richtig. Der selbstbewußte Bürger Goethe hat das Hofgetriebe und den Absolutismus offensichtlich verabscheut. Seine Sorge galt immer wieder dem Übergreifen der Revolution auf Deutschland. Das wollte er verhindert sehen. Trotzdem hat er später, in Erfurt, keine Bedenken getragen, die Einladung des Kaisers Napoleon zu einer Audienz anzunehmen. Die Deutschtümler haben das dem

Dichter des »Faust«, sie haben es übrigens auch Christoph Martin Wieland, der gleichfalls den Kaiser aufsuchte, arg verübelt. Goethe hat auf diesen Unmut mit einem frechen Gedicht im »West-östlichen Divan« geantwortet. Sein eigenes Urteil über Hof und Ancien Régime findet man gleich zu Beginn des Faust II: in den satirischen Szenen am Kaiserhof.

Schillers Verhältnis zur Französischen Revolution ist komplexer, weitgehend auch negativer. Im Grunde war schon der junge Dramatiker der »Räuber« und des bürgerlichen Trauerspiels »Kabale und Liebe« weit weniger stürmisch und stürmerisch als die ersten Verkünder eines bürgerlichen Selbsthelfertums, die Leute um Herder und Goethe und Lenz. Bereits die »Räuber« endeten mit einer fast reuevollen Zurücknahme der Revolte. Goethe wäre niemals, wie Schiller im Jahre 1792, auf den Gedanken gekommen, ein Memorandum zur Verteidigung des angeklagten Königs zu schreiben. Schiller hat es dann übrigens doch nicht getan. Es ging alles zu schnell. Während aber Goethe auf die Pariser Ereignisse mit Sorge für die Deutschen antwortete, versuchte Schiller, der eifrige Kantianer, die schroffe Trennung zu vollziehen zwischen Dichtung und Philosophie auf der einen, allgemeinen Zeitereignissen auf der anderen Seite. »Deutschland, aber wo liegt es?« – so hätte Goethe nicht fragen mögen.

Trotzdem war Schiller von den Grundideen des Jahres 1789, eben weil es sich um *Ideen* handelte, *weit stärker ergriffen als der Geheime Rat am Weimarer Frauenplan.* Schillers Dichtung hat damals Ernst gemacht mit dem Gedanken einer nationalen Selbstbestimmung der Völker. Der gewaltige Erfolg seiner »Jungfrau von Orleans« wurde von den Deutschen unter der Fremdherrschaft richtig verstanden. Schiller machte Ernst mit dem Gedanken der Nation, den die französischen Revolutionäre entwickelt hatten, dem sie auch ihre militärischen Siege verdankten. Nun wendete er dies Prinzip gegen jene, die es zuerst der Menschheit verkündet hatten.

Darum ist es ausgerechnet Schillers letztes vollendetes Schauspiel in deutscher Sprache, das zwar keine »Jakobiner« auf die deutsche Bühne holt, aber die wichtigsten Prinzipien der Französischen Revolution in reinster Form verkündet: der *»Wilhelm*

Tell«. Dem werden alle jene stürmisch widersprechen, die noch mit Schaudern an den berüchtigten Schulklassiker zurückdenken. Auch der Aufklärer und bürgerliche Revolutionär *Ludwig Börne* hätte widersprochen. Er hielt Schillers Schauspiel, insbesondere wegen der Figur des Titelhelden, für duckmäuserisch und reaktionär.

Natürlich hat der Dichter des »Tell« mit aller Vorsicht gearbeitet. Auch der geadelte Hofrat Friedrich von Schiller mußte Rücksichten nehmen. Sein Schauspiel ist gleichsam auf dem Reißbrett entworfen. Das Volk schön nach Berufen aufgegliedert, wie bei einer demoskopischen Untersuchung. Der Hirte, der Fischer, der Jäger. Die Dreizahl ist überall spürbar, fast wie in der »Zauberflöte«. Die Freiheitsbewegung ist dreifach gegliedert, nach der jeweiligen Herkunft und nach dem Alter. Der alte Walther Fürst aus Uri, Werner Stauffacher aus Schwyz als Mann in den besten Jahren, der stürmische Jüngling Arnold von Melchthal aus Unterwalden.

Nicht genug damit, bringt Schiller abermals den Grundgedanken der deutschen Stürmer und Dränger auch hier wieder ins Spiel: zum Sprecher der scheinbar utopischen Freiheitsideen wird wieder einmal ein *Adelsmann* berufen, der Freiherr von Attinghausen. Der Reichsgraf von Moor, Ferdinand von Walter, Götz von Berlichingen, Graf Egmont usw. Das deutsche Unglückliche Bewußtsein immer wieder.

Trotzdem: im »Wilhelm Tell« gibt es, unverkennbar zu spüren für die damaligen Zeitgenossen, *die drei Grundprinzipien der Französischen Revolution*: die Zerstörung der Bastille als Zerstörung von Zwing-Uri, der Verzicht auf adlige und sonstige Privilegien. »Und frei erklär' ich alle meine Knechte«, sagt der Adelsmann Ulrich von Rudenz gerade noch rechtzeitig vor dem Fallen des Vorhangs. *Schließlich der Tyrannenmord.* Mehr als ein Jahrzehnt war vergangen seit der Hinrichtung des französischen Königs. Aber auch im Mittelpunkt des »Wilhelm Tell« steht der Tyrannenmord. Darum eben hat Schiller, zum Ärger eines Ludwig Börne, seinen Tell schroff abgesetzt gegen die Volkstagung auf dem Rütli. Der Tyrannenmörder mußte als Einzelkämpfer handeln. Doch *er* ist für Schiller nach wie vor der Titelheld.

Auch hier wieder die Rücksicht. Der legitime Tyrannenmord am Landvogt wird ausdrücklich als schwere Gewissensentscheidung verstanden. Es gibt keinen Kategorischen Imperativ, der den Mord an einer unsittlichen Obrigkeit rechtfertigen könnte. Wenn der Habsburgische Herzog Johannes seinen Verwandten ersticht, den Kaiser Albrecht, so ist das ein Mord, der gesühnt werden muß. Der Fall des Landvogts Geßler hat damit, für Schiller, nichts zu tun.

Auch *Beethovens* Befreiungs-Oper *»Leonore«*, bekannt geworden in der späteren Fassung als *»Fidelio«*, enthält weit mehr als das um 1800, also seit dem Thermidor, ästhetisch wohlgefällige Schema des Befreiungs-Spektakels. Die Komponisten unter den französischen Citoyens, vor allem Paër, wollten immer noch einmal die Befreiung aus der Bastille als aufwühlendes Spektakel auf die Bühne bringen. Seit dem Ende von Robespierre und Saint-Just, dem Thermidor also, war das längst ästhetisiert. *Bei Beethoven hingegen* finden sich Momente, vor allem während des schwierigen Prozesses der Arbeit an dieser Oper, die unmittelbar zurückführen nicht bloß zum Bastillesturm des 14. Juli, sondern zu den Grundgedanken selbst, die erst das Ereignis des 14. Juli möglich machten. *Es sind die Prinzipien der Hoffnung und der Gleichheit.*

In diesen ersten Jahren des 19. Jahrhunderts sind die jungen Menschen vom *Jahrgang 1770* immer noch fest verbunden mit den Grundprinzipien der bürgerlichen Revolution: *Beethoven, Hegel*, Hölderlin. Die Utopie der Hoffnung, verkündet in der großen Arie der Leonore, reicht weit hinaus über das Bühnengeschehen von mörderischer Obrigkeit und freiheitlichem Widerstand. Die Nachbarschaft zwischen dem Fidelio und der Eroica ist evident. Die Eroica ist eine Symphonie, die den revolutionären Prozeß nachzeichnet. Der Trauermarsch gilt den Gefallenen einer Befreiungsbewegung. Das Finale ist aufgebaut auf dem Thema des Prometheus, des »Lieblingsheiligen«, mit Goethe zu sprechen, der Stürmer und Dränger. Das Prinzip des Neuen Menschen.

Neben der großen Utopie der Leonoren-Arie und dem Trompetensignal des Prinzips Hoffnung aber steht der schlüssige

Satz der Leonore im Kerker. Sie weiß noch nicht, ob es Florestan ist, der vor ihr, und todgeweiht, in Ketten liegt. Trotzdem sagt sie: »Wer du auch sei'st, ich will dich retten.« Johann Gottlieb Fichte, den der Kultusminister Goethe als Atheisten aus der Universität Jena entfernte, hätte hier von der »Gleichheit alles dessen« gesprochen, »was Menschenantlitz trägt«.

Jakobiner auf der deutschen Bühne. Dies gilt im Wortsinne der Schaubühne und auch im übertragenen Sinne des Welttheaters für *Georg Büchner* und sein Schauspiel *»Dantons Tod«* vom Jahre 1835. »Dramatische Bilder aus Frankreichs Schreckensherrschaft«, so lautete der Untertitel. Den aber hatte wahrscheinlich, ebenso wie die vielen Kürzungen und Prüderien, der Herausgeber *Karl Gutzkow* zu verantworten. Der steckbrieflich gesuchte Büchner in seinem Straßburger Exil versuchte zwar, den Eltern in Darmstadt brieflich klarzumachen, wie entsetzlich er seine Gestalten finde, doch der Text des Schauspiels weiß es anders. Büchner kannte die historischen Vorgänge sehr genau. Er hatte die wirklich gehaltenen Reden der Dantonisten und ihrer Gegner im französischen Original studiert: bereits in der Bibliothek seines Vaters, des einstigen Bonapartisten Dr. Ernst Büchner.

Büchners politische und dichterische Existenz ist beispiellos in der deutschen Literaturentwicklung. *Ein Genie ohne literarische Tradition und ohne spezifischen literarischen Ehrgeiz.* Ein wirklicher Revolutionär, der sich die Verzweiflung von der Seele schreibt. Darum läßt sich »Dantons Tod« auch nicht in sorgfältiger Unterscheidung der positiven und der negativen Gestalten auf die Bühne bringen. Sie alle *haben* recht und unrecht zugleich. Sie alle *tun* unrecht und recht zugleich. Es kommt auf den jeweiligen Standpunkt an. Alle Bühnenversuche mit einem Opfergang des Danton oder mit einer geradezu stalinistischen Gloriole für Robespierre und erst recht für den jungen Saint-Just, dem Töten und Sterben nichts bedeutet, auch das eigene Sterben nicht, mußten mit Notwendigkeit scheitern.

Der Abstand Büchners von den bedeutenden Theaterdichtern unter seinen Zeitgenossen macht die neue Qualität sichtbar.

Christian Dietrich Grabbe arbeitete kurz vor Ausbruch der Julirevolution von 1830 an einem zeitgeschichtlichen Drama. Es wurde ein *Napoleon-Stück.* Mit einer mürrischen Verherrlichung des Korsen gegenüber der Spießigkeit sowohl der Bourbonen wie der deutschen militärischen Draufgänger. *Karl Immermann* arbeitete um dieselbe Zeit an seinem *»Trauerspiel in Tirol«.* Es ging um Andreas Hofer und den Tiroler Aufstand von 1809. Abermals ein Befreiungsschauspiel, aber wenigstens mit einem Thema aus der neueren Geschichte und nicht abermals die Schlacht im Teutoburger Wald wie bei Kleist oder Grabbe.
Jakobiner auf der deutschen Bühne? *Das konnte sich nur ein Nicht-Literat wie Georg Büchner einfallen lassen.*

Bei Georg Büchner gibt es sie wirklich: Jakobiner auf der deutschen Bühne. Auch darin ist er einzigartig gewesen. Nicht minder darin, daß »Dantons Tod« alles andere geblieben ist als ein Geschichtsspektakel des Historismus aus dem 19. Jahrhundert. Was sich in den rasch wechselnden, oft ganz kurzen Szenen präsentiert, ist *Dialektik der Aufklärung* in unserem heutigen Sinne. Die Französische Revolution wird bei Büchner bereits verstanden als praktizierte Aufklärung, die im Begriff ist, in neue Mythenbildung umzuschlagen. Die Aufklärungsbegriffe mit ihrem *Antagonismus von bürgerlicher Tugend und feudalem Laster* werden absurd im Verlauf des revolutionären Prozesses. Max Horkheimer hatte in einer Studie aus der Exilzeit über »Egoismus und Freiheitsbewegung« den Moment beschrieben, wo ein sachlich notwendiger »Terrorismus gegen Gegner« umschlägt in einen bösen ästhetischen »Terrorismus für Anhänger«. *Genau dies hat Büchner beschrieben.* In dem entscheidenden Gespräch zwischen Danton und Robespierre stehen nicht etwa Laster und Tugend gegeneinander, sondern *Pragmatismus und Fundamentalismus.* Robespierre wirft dem Revolutionsgenießer Georges Danton wohl nicht mit Unrecht seinen Lebenswandel vor, aber mit der Argumentation: das Laster sei zu gewissen Zeiten einfach Hochverrat. Danton repliziert mit dem Hinweis auf die unschuldigen Opfer einer fundamentalistischen Doktrin des Terrorismus. Als Robespierre bloß zu erwidern weiß, es sei kein Unschuldiger gestorben, wird das Gespräch abgebrochen.

Dergleichen fand auf lange Zeit hin *keine Nachfolge in der deutschen Literatur* und auf der deutschen Bühne. Das ständige Thema *Friedrich Hebbels* bleibt freilich der Zeitpunkt einer historischen Zäsur zwischen untergehenden und aufsteigenden Systemen. Von Hebbel immer wieder gedeutet aus der Sicht des Untergangs. Die Versuche des frühen *Gerhart Hauptmann* mit dem Geschichtsdrama galten den regelmäßig scheiternden *deutschen* Freiheitsbemühungen: dem schlesischen Weberaufstand von 1844 und dem Großen Deutschen Bauernkrieg von 1525.
Gerade zur Jahrhundertwende, im Jahre 1899, wird freilich ein bis heute erfolgreiches und viel gespieltes Stück fertiggeschrieben, das in Paris spielt im Jahre 1789, und zwar am Abend des 14. Juli, also des Bastillesturms. *Arthur Schnitzler* gibt seinem Stück »Der grüne Kakadu« den Untertitel »Groteske in einem Akt«, weil es an Elementen seltsamer Verzerrung des Geschehens und der Charaktere nicht fehlt. Im Grunde aber schreibt Schnitzler bereits ein Stück von *Luigi Pirandello.* Mit dem ständigen Verwirrspiel zwischen Schein und Realität, zwischen der Schaubühne und der Weltbühne. Der »Grüne Kakadu« ist ein Künstlerlokal zu Paris, wo der Wirt zugleich ein Theaterdirektor ist *und* ein Republikaner. Es beginnt damit, daß ein Literat und Philosoph zurückkehrt aus dem Garten des Palais-Royal. Er hat zu den Massen gesprochen, wie vor ihm der berühmte Camille Desmoulins. Er selbst habe aber mindestens soviel Applaus erhalten wie der große Camille. Der ziehe nun mit den Massen hin zur Bastille. Er werde gleich nachfolgen.
Am Schluß des Stückes ist Grasset vom Bastilleplatz zurückgekehrt, man hat gesiegt, den Kopf des Gefängnisdirektors trägt man auf einer Stange voran, die Revolution hat begonnen. Verbunden ist dies alles mit einer Schilderung von hohen Aristokraten des Ancien Régime, die es satt haben, zusammen mit der Königin im Park von Trianon sehr züchtige Schäferspiele zu veranstalten. Da sind Lumpenbälle viel aufregender. Folglich

gibt man sich ein Stelldichein in der Spelunke zum grünen Kakadu.
Was Schnitzler gereizt haben mag, ist die Konfrontation von Herrschaft und Knechtschaft. Die Herrschenden sind ihrer Rolle überdrüssig, die Untertanen nicht minder. Allein da ist noch mehr, von heute aus gesehen. Man steht erst am Anfang. Wird dieser 14. Juli Folgen haben oder rasch wieder untergehen in der Repression? Es ist das philosophische Thema *Ernst Blochs.* Er nannte es: *»Das Dunkel des gelebten Augenblicks.«* Wie verhalten wir uns in einem Lebensaugenblick, der später in Geschichtsbüchern als – je nachdem – großer Tag oder als Unglückstag behandelt wird? Das wiederholt sich immer wieder auch für uns alle. Ob Goethe wirklich am Abend der Kanonade von Valmy gewußt und gesagt hat, von nun an habe eine neue Geschichtsepoche begonnen, darf bezweifelt werden. In den 60er Jahren saßen wir einmal als Gesprächsrunde beisammen vor der Fernsehkamera: Böll und Koeppen und Hermann Kesten und Hans Werner Richter. Das Thema war der 30. Januar 1933. Wie hatten wir ihn erlebt? Durchaus als Dunkel des gelebten Augenblicks. Keiner von uns hatte geahnt, was sich hier auch für sein eigenes Leben vorbereitet hatte. Es war auch bei uns so zugegangen wie im »Grünen Kakadu« am Abend des 14. Juli 1789.
Der Einakter von Schnitzler blieb lebendig und erfolgreich. Das Schauspiel *»Madame Legros«* von *Heinrich Mann* hingegen scheint vorerst unbekannt zu sein in den Büros der Dramaturgen. Der Text ist wohl nur noch vorhanden in der Gesamtausgabe der Theaterstücke Heinrich Manns. Dabei war »Madame Legros« in den 20er Jahren ein außerordentlicher Bühnenerfolg allenthalben im Deutschen Reich. Geschrieben wurde das Stück bereits am Vorabend eines Ersten Weltkriegs, im Jahre 1913. Es steht also durchaus in der Nachbarschaft zu dem Roman »Der Untertan«. Dann kam es zum Krieg, und beides mußte vorerst ungedruckt oder unbeachtet bleiben. Das Schauspiel von der kleinen Pariser Putzmacherin Madame Legros, in deren Hände ein Hilferuf gelangt, den ein unschuldiger Gefangener aus der Bastille schmuggeln konnte. Sie nimmt sich des Mannes an, den sie gar nicht kennt. Es ist auch bei Heinrich Mann, wie in

Beethovens »Fidelio«, das Prinzip der Gleichheit und der Brüderlichkeit. Ähnlich wie Beethovens Leonore denkt und handelt auch Madame Legros. »Wer du auch sei'st, ich will dich retten.«
Damit bringt sie das ganze System des Ancien Régime in Unordnung. Durch Intrige und Gegenintrige wird sie sogar der Königin vorgestellt, also der Marie Antoinette. Die lebt, historisch wohl nicht unzutreffend nachgezeichnet, ebenfalls im Dunkel des gelebten Augenblicks. Am Schluß des Stückes befindet man sich, wie bei Arthur Schnitzler, am Abend des Quatorze Juillet. Doch welch ein Unterschied. Madame Legros ist für Heinrich Mann gleichzusetzen mit der Güte und Anständigkeit der einfachen Leute. Sie erklärt, diese kleine Madame Legros, gewarnt von ihrem Mann, den Nachbarn, bedroht von den Aristokraten: »Was das für Menschen sind! Sie wissen nun, daß es einen Unschuldigen gibt, der leidet, und wollen dennoch weiterleben wie bisher: ihren Kram verkaufen und Wein trinken.«
Alfred Kantorowicz, einer der besten Kenner der Werke Heinrich Manns, hatte so formuliert: »Es ist das Drama des reinen Herzens. Das Leitmotiv der Henri-Quatre-Romane: ›Die Gewalt ist stark. Stärker ist die Güte‹ – klingt hier auf und verebbt in Resignation: als sei der Handelnde immer gewissenlos und niemand habe Gewissen als der Betrachtende.«
Heinrich Mann hat es im Jahre 1917, als in München das Stück »Madame Legros« mit gewaltigem Erfolg aufgeführt wurde, nicht resignativ gesehen. Madame Legros selbst kehrt am Abend des 14. Juli nach Hause und zu ihrem Mann zurück. Über all den Aktionen und Intrigen ist die laufende Arbeit der Putzmacherin liegengeblieben. Die muß jetzt nachgeholt werden. Der Alltag kehrt wieder ein für Madame Legros. Für die Welt aber hat nun die große geschichtliche Zäsur begonnen.
In einem Brief an den damals verfeindeten Bruder *Thomas Mann*, den Heinrich Mann nicht abschickte, dessen Entwurf jedoch erhalten blieb, rechtfertigt er vor dem Bruder seine eigene Aufgabe: »Ich ließ ein Stück aufführen, das kein ohnmächtiger Reim auf die schlimme Gegenwart war, und schenkte, als Erster von allen, den Gequälten das Vertrauen in eine bessere

Zukunft.« Gemeint war eine Zukunft der Vernunft und der menschlichen Solidarität. Heinrich Mann hat diese Hoffnung im eigenen Leben schwer büßen müssen. Preisgegeben hat er sie niemals.

So unähnlich diese beiden Stücke sein mögen vom Abend des 14. Juli, geschrieben von bedeutenden Autoren, von Arthur Schnitzler und Heinrich Mann, *so ähnlich sind sie auch wieder.* Natürlich konnte man weder den Aristokraten bei ihren lüsternen Spielen im »Grünen Kakadu« noch der zur Arbeit zurückkehrenden Madame Legros selbst vorwerfen, daß sie nicht wußten, welcher Tag nun zu Ende ging: der 14. Juli 1789. Schnitzler und Heinrich Mann wußten es natürlich. Daher die Themenwahl. Daher aber auch jeglicher Verzicht auf eine Nachfolge Georg Büchners. Natürlich kannte man den Dichter, und man kannte »Dantons Tod«. Während des Ersten Weltkriegs hatte Max Reinhardt in Berlin die Jakobiner Georg Büchners in der Tat auf die Bühne gebracht. Übrigens als drittes erst der Stücke des Frühverstorbenen. »Woyzeck« und das Lustspiel von Leonce und Lena waren schon vor dem Krieg gespielt worden. Aber es gab immer noch das Deutsche Kaiserreich als Bund fürstlicher Regierungen, und es gab den französischen Erbfeind. Erst die Schrecken des Weltkriegs *und* die Ahnung einer Niederlage machten es möglich, daß Büchners Stück von den Jakobinern auf die Bühne kam: ganz wie die vorrevolutionäre Revolutionsgeschichte der kleinen Madame Legros.
Trotzdem gab es auch diesmal keine Nachfolge. Das Thema war nun »bühnenreif« geworden, doch man hielt sich auf deutschen Bühnen an die Revolutionsschauspiele von *Romain Rolland.* Sein »Spiel von Tod und Liebe« wetteiferte mit den Bühnenerfolgen der »Madame Legros«. Bis zum 30. Januar 1933. Erst eine doppelte – und schreckliche – Negation ließ alles wieder aufbrechen: *als eine doppelte Wunde.* Das Scheitern der bürgerlichen Revolution von 1789 *und* das Scheitern der *Russischen Revolution* von 1917 unter dem Stalinismus. Nun war die Stunde gekommen, in unseren Sechziger Jahren, als die fröhliche Restauration der Fünfziger Jahre zu Ende ging, für dieses *Doppelthema.* Zweimal die geschichtliche Dialektik der Aufklä-

rung. 1789 und 1917. Abermals kamen Jakobiner auf die deutsche Bühne. Ein deutscher Emigrant, nach Schweden verschlagen, hatte sie gerufen: *Peter Weiss.*
Das Spiel von der Verfolgung und Ermordung des Jean-Paul Marat, mit dem Spielleiter Sade, dargeboten in der Irrenanstalt zu Charenton unter dem napoleonischen Empire, also das heute kurz als *»Marat/Sade«* berühmt gewordene Theaterstück, entstand im Jahre 1963. Es wurde ein Jahr später (1964) in Berlin uraufgeführt und ist seitdem ein Welterfolg. Vermutlich eines der bedeutendsten Theaterstücke seit dem Kriegsende. Unverwüstlich nicht allein in Peter Brooks berühmter Inszenierung, sondern auch bei kargen Mitteln eines Zimmertheaters, etwa in Tübingen. Eine der besten Darstellungen gab es durch *Karl Paryla* in Hamburg: ohne Stars und auf kleiner Bühne. Alles kam genau an.
Jakobiner auf der deutschen Bühne, *und auch wieder nicht.* Dialektik der Aufklärung, *und auch wieder nicht.* Peter Weiss hatte zwei Motivationen, als er sein Stück konzipierte vor den Ereignissen von 1968: die Auseinandersetzung mit *Büchners »Danton«* und den *Stalinismus.* Beide gehen sie vom Thermidor aus, also dem Scheitern der Jakobiner. Beide wissen natürlich, Büchner und Weiss, als Nachlebende, wie es weiter zuging, als die Revolution zu Ende war und der *Citoyen* sich in den *Bourgeois* verwandelte. Beide kannten sie, auch in ihren eigenen Leben, die Repression. Die drei Bände der *»Ästhetik des Widerstands«* von Peter Weiss sind unmittelbare Weiterführung der dramatischen Dialoge zwischen dem von Sade inszenierten Marat-Darsteller und dem Marquis selbst, der in der Tat nach Marats Tod die öffentliche Totenrede hielt, doch nur, wie Peter Weiss in einem Essay feststellt, um seinen Kopf vor Robespierre zu retten.
Büchner kennt das Prinzip Hoffnung nicht. Er kennt nur die leidenden Menschen. *Peter Weiss* ist ein Sozialist, der sich mit dem verratenen Sozialismus auseinandersetzen muß. Darum kann er nicht, wie Büchner, einen enttäuschten Revolutionär wie Danton auf der Szene gebrauchen. Der Marquis de Sade war in der Tat für die Revolution. Er haßte aus gutem Grund das Ancien Régime. Die Revolution hatte ihn aus der Bastille

befreit. Bonaparte ließ ihn wieder einsperren. Übrigens auch nicht ohne Grund.
Marat und seine Mörderin Charlotte Corday werden gespielt. Sie selbst sind lange tot: ganz wie die einstige Revolution und Gegenrevolution. *Real ist Sade. Er spielt sich selbst und gegen sich selbst.* Denn er hat den linken Jakobiner und Frühsozialisten *Jacques Roux* auf der Bühne. Dem gibt er (zusammen mit Peter Weiss) im chaotischen Irrenaufstand des Schlusses das letzte Wort.

Wann werdet ihr sehen lernen
Wann werdet ihr endlich verstehen

Europa 1789. Aufklärung Verklärung Verfall. Eines der merkwürdigsten Paradoxe unserer neueren Geschichte ist die absurde, doch reale Tatsache, daß es *Stalin* selbst war, der in seiner letzten öffentlichen Rede, auf dem XIX. Parteitag der Bolschewiki, in seinem Schlußwort die These vortrug: *es könne keinen Sozialismus geben ohne die Errungenschaften der Französischen Revolution von 1789.* Ein vernichtendes Urteil Stalins über Stalin. Das nennt man Dialektik der Aufklärung.
Womit zugleich gesagt wurde, daß nach stalinistischer Verklärung und folgerichtigem Verfall, auch bereits die Keime einer neuen Aufklärung sichtbar werden können.

XV. POLITIK UND KULTUR AM ABEND DER VERNUNFT GEDANKEN FÜR HERMANN GLASER

(1990)

Seinem letzten großen Projekt einer Ausstellung hier in Nürnberg, die später dann auch in Berlin gezeigt wurde, gab Hermann Glaser den Titel »So viel Anfang war nie«. Ein Zitat als Überschrift. Stammt es von Hölderlin? Jedenfalls stimmte es genau zum Geist jener Jahre der Verzweiflung und der neuen Hoffnung nach zwei Weltkriegen. Gezeigt wurde, was menschlicher Geist und Mut zu leisten fähig ist, wenn es gilt in Freiheit zu denken und zu arbeiten, so viel Leben und Hoffnung wie möglich zu erhalten. Natürlich war das keine »Stunde Null«, wie ein dummes Sprachklischee behauptet hatte, denn alle Lasten und Belastungen der Vergangenheit waren sichtbar in jeglichem Augenblick dieses neuen Anfangs.

Vielleicht ist es gar nicht so merkwürdig, wenn ein *Gegenzitat* angeführt wird, das genau zu Glasers Nürnberger Motto zu passen scheint. Im Jahre 1950 veröffentlichte der einstmals expressionistische Dichter Johannes R. Becher, nunmehr in Ost-Berlin amtierend als Präsident eines »Kulturbundes zur demokratischen Erneuerung Deutschlands«, ein kulturpolitisches »Tagebuch 1950« mit dem Titel »Auf andere Art so große Hoffnung«. Auch dies war ein Zitat. Von Shakespeare diesmal, aus dem »Sturm«. Auch diese Überschrift meinte die Hoffnung inmitten von scheinbarer oder wirklicher Hoffnungslosigkeit.

Es gab damals, über alle Trennung durch Zonen- oder Sektorengrenzen hinweg, ein gemeinsames Lebensgefühl, welches sich nur vergleichen läßt in der Rückschau mit einem tiefen Atemholen. So hat es wohl Becher gemeint, so wohl auch Hermann Glaser in der Rückschau auf das Damalige. Die späteren Gegensätze, Abschnürungen und Einmauerungen waren damals undenkbar für das allgemeine Bewußtsein der überlebenden Deutschen. Es sei daran erinnert, weil es völlig unbekannt ist für die Heutigen, daß in jenen ersten Nachkriegsjahren eben jener aus der Sowjetunion zurückgekehrte Kommunist Johannes R. Becher durch ganz Deutschland reiste, um die Gründung seines Kulturbundes zu betreiben. Er wurde allenthalben gut aufgenommen. Die Gründungsveranstaltung in Stuttgart beispielsweise fand statt mit dem Referenten Johannes R. Becher und einem Leiter der Abendveranstaltung mit Namen Theodor Heuss.

Trotzdem, es ist schwer, nahezu unmöglich, den Nachgeborenen einen Eindruck zu vermitteln vom Geist jener Jahre in allen vier Besatzungszonen, auch wenn die Gegensätze zwischen der sowjetischen Zone und den Machtbereichen der drei westlichen Alliierten unverkennbar waren. Die neu entstehenden Parteien kannten noch das Gebot einer gemeinsamen Verantwortung. Der Parlamentarismus war, auch nach der Währungsreform, materiell ein schlechtes Geschäft. Ohne dieses Gefühl gemeinsamer Verantwortung wäre das Grundgesetz der Bundesrepublik Deutschland anders ausgefallen, ganz gewiß nicht besser und zukunftsreicher.

Auf dies alles schauen wir nun zurück. Nachdenken für Hermann Glaser. Was heißen soll: Nachdenken über die fast unermeßliche, rational kaum erklärbare Distanz zwischen jenem Damals, das im Zeichen des Prinzips Hoffnung stand und unserem heutigen Nachdenken über die Beziehungen zwischen Politik und Kultur am Abend der Vernunft.

Am Abend der Vernunft? Das klingt wie eine Metapher. Die Verbindung des Konkreten mit dem Abstrakten. Literarisch ein bißchen aus der Mode gekommen. Literarische Mode in jenen Jahren um 1950, als ein Gedichtband den Titel erhielt »Die Straßen der Furcht«. Seinem neuen Schauspiel gab ein bekannter Dramatiker um dieselbe Zeit die Überschrift »Die Trümmer des Gewissens«. Es war bereits ein Atom-Stück. »Abend der Vernunft«: das aber ist keine Metapher zwischen der Abstraktion und der Konkretheit. Die Vernunft ist immer menschliche Vernunft, also konkret. Wir kennen keine andere. Unser eigenes Jahrhundert ist alt geworden. Das Jahrhundert zweier Weltkriege. Das Jahr 1989 konnte uns lehren, die Distanz auszumessen zwischen der französischen Nacht der Menschenrechte im August 1789 und den vordergründigen, lieb- und ideenlo-

sen Jubiläumsfeiern, die völlig vergessen machten, was hier zu feiern war.
Dann freilich, zum Ausklang dieses Jahres 1989, war alles plötzlich wieder Gegenwart geworden. Abend der Vernunft, freilich, dennoch Vernunft vom Geiste des Jahres 1789. Die Bastille wird niedergerissen. Der Demos der Demokratie ist plötzlich wieder real. Die Selbstbestimmung der Völker – auch dies ein Gedanke aus dem Frühling und Morgen der Vernunft vor 200 Jahren – durchbricht alle Schranken der Gewalt und der Unfreiheit.
Einen kurzen geschichtlichen Augenblick lang, unvergeßbar trotzdem für uns alle, hatte es auf deutschem Boden den Anschein, als seien die Gedanken der großen bürgerlichen Aufklärung, formuliert in der abendländischen Welt durch Dichter und Künstler, lange bevor die Politiker oder die Militärs und Spekulanten einschwenkten, wieder einmal durch die heutigen Denker und Schriftsteller und Künstler unmittelbar weitergegeben an das Volk. Wir haben es miterlebt auf dem Bildschirm, wie einige der bedeutendsten Schriftsteller mit Namen Christa Wolf, Stefan Heym oder Christoph Hein vor Hunderttausenden zu Wort kamen. Keinerlei rhetorisches Buhlen um Beifall. Man sagte das, was zu sagen war, und man sagte es in der Sprache der Literatur. Es wurde verstanden. Einen kurzen, unvergessenen Augenblick lang durften wir alle hoffen, daß der tiefe Wunsch aller großen Deutschen, *das Ernstnehmen deutscher Denker und Dichter*, des Geistes, wie es Heinrich Mann formuliert hatte, nicht nur von der jeweiligen Macht anerkannt würde, sondern daß der Geist selbst zur Macht werden konnte. Kultur als Politik. Nicht bloß Kulturpolitik als verlegenes Anhängsel. So wie das Feuilleton ein verlegenes Anhängsel ist zum Politischen Teil und zum Wirtschaftsteil.
Wir haben das erlebt im November und Dezember des Jahres 1989. Politik und Kultur am Abend der Vernunft. Seitdem strebte alles wieder auseinander. Die Trennung zwischen Kultur und Politik, diesmal allenthalben auf deutschem Boden, scheint schärfer konturiert als je zuvor.
Lassen Sie mich ein Schiller-Zitat heute wiederholen, das ich vor bald dreizehn Jahren genau an dieser Stelle schon einmal

anführen durfte, ein bitteres Distichon Friedrich Schillers über Deutschland und die Deutschen. Es lautet so:

> Deutschland? Aber wo liegt es? Ich weiß das Land
> nicht zu finden.
> Wo das gelehrte beginnt,
> Hört das politische auf.

Merkwürdig war vieles bereits zu Schillers Zeit an dieser Formulierung der Gegensätze zwischen Geist und Macht, Kultur und Politik. Schiller schien Kultur, vermutlich mit gutem Grund, gleichzusetzen mit der Welt der Universitäten, Professoren und Studenten. Der freie Schriftsteller war noch ein armer Schlucker, der keinerlei Geltung beanspruchen durfte. Schiller selbst hat es auskosten müssen. Seine These jedoch war so zu verstehen, daß Deutschland oder auch »Deutschheit«, wie Schillers Kollege Fichte in Jena zu schreiben pflegte, ein Begriff des geistigen Lebens sei, nicht des staatlich-politischen Lebens. Wo das gelehrte beginnt, hört das politische auf.

Wir halten es heute wohl umgekehrt, daran möchte ich nicht zweifeln. Wo das politische Deutschland beginnt, hört meistens das kulturelle auf. Ist es wirklich so? Die Mißachtung der geistigen Arbeit ist tief eingewurzelt im seelischen Untergrund der heutigen Deutschen. Das beginnt mit der Sprache. Die lateinischen Völker, auch die Angelsachsen, haben im Verlauf von Jahrhunderten eine Hohe Schule der Sprachkunst, der politischen Beredsamkeit, des subtilen sprachlichen Umgangs zwischen den Menschen entwickelt. Das gab es noch, freilich zugleich als sprachlichen Leerlauf, in der deutschen Bürgerkultur des 19. Jahrhunderts. Bismarck und Moltke waren ebenso gute Stilisten wie Theodor Fontane oder sein Freund, der Maler Adolph Menzel.

Davon ist kaum etwas übriggeblieben hierzulande, wie wir alle wissen. Unmittelbar nach jenem großen geistesgeschichtlichen Augenblick des Jahresendes 1989 hören wir immer wieder von tiefen Haßausbrüchen junger Menschen gegenüber allem, was nach Bücherkram, Außenseitertum, Ausländertum, Widerspruchsgeist auszusehen scheint. Man darf alles wieder heraus-

schreien, was man damals, wo es so viel Anfang gab, nicht einmal vor sich selbst zu denken und zu fühlen wagte.
Die Inhaber der Macht haben niemals Sympathie für Außenseiter und Selbstdenker. Am klarsten hat das Julius Cäsar bei Shakespeare ausgedrückt, als er innerlich erschauert vor dem Cassius, seinem künftigen Mörder:

> Laßt wohlbeleibte Männer um mich sein,
> Mit glatten Köpfen und die nachts gut schlafen.
> Der Cassius dort hat einen hohlen Blick;
> Er denkt zu viel: Die Leute sind gefährlich.

In dieser Beziehung sind fast alle Politiker, nicht allein in Deutschland, geheime Sympathisanten des Caius Julius Cäsar. Mit dem Unterschied, daß es in der englischen, französischen oder spanischen, auch der amerikanischen Tradition immer wieder bedeutende Intellektuelle gab, die das Land regierten. In Deutschland niemals. Nicht in der Zeit der Zersplitterung, nicht im Kaiserreich, das 47 Jahre gedauert hat, was nicht eben viel ist für ein Kaiserreich, auch nicht in der Weimarer Republik. Heinrich Mann als möglicher Reichspräsident? »Soll wohl ein dummer Witz sein?«
Man wird nach den Ursachen fragen müssen, den politischen wie den kulturellen, wenn man feststellt, daß sich daran offenbar kaum etwas geändert hat. Die tiefe Sympathie, die allenthalben bei den Deutschen und außerhalb der deutschen Grenzen dem jetzigen Bundespräsidenten entgegengebracht wird, gilt nicht allein ihm und seinen Gaben, sondern offenbar auch der unerwarteten Rarität, die er in der deutschen Gegenwart repräsentiert.
Die Erklärung für diesen Zustand, also das neue und erschrekkende Auseinanderfallen der politischen und der kulturellen Sphäre, sehe ich vor allem darin, daß keines der vier großen kulturellen Wertsysteme mehr Gültigkeit für uns hat, die vom Ende des Mittelalters bis in die Anfänge unseres Jahrhunderts hinein den deutschen Prozeß der Zivilisation bestimmt haben.
Erlauben Sie mir, an dieser Stelle die Rolle des objektiv berich-

tenden Analytikers zu durchbrechen und im eigenen Namen vom eigenen Erinnern zu sprechen. Sozusagen als ein »Zeuge des Jahrhunderts«, wie man das in der Medienwelt zu bezeichnen pflegt.

Zweimal habe ich hier in Nürnberg in den letzten beiden Jahrzehnten und genau zu diesen Fragen der Beziehung zwischen Geist und Macht in der deutschen und damit in der europäischen Geschichte sprechen dürfen. Das erstemal genau an dieser Stelle hier, im Nürnberger Opernhaus. Das war am 2. Juni 1977 bei der Festakademie des Germanischen Nationalmuseums. Ich hatte für meine Rede den Titel gewählt: »Das deutsche Selbstempfinden. Gedanken zum 125jährigen Bestehen des Germanischen Nationalmuseums in Nürnberg.« Vorausgegangen bei dieser Akademie waren Reden des damaligen Herrn Bundespräsidenten Walter Scheel, des bayerischen Ministerpräsidenten Alfons Goppel und des Oberbürgermeisters der Stadt Nürnberg, meines Freundes Andreas Urschlechter.

Schaut man zurück auf die Kontrapunktik dieser Reden, so findet man sich unmittelbar in der heutigen Diskussion. Walter Scheel hatte rühmend die Leistung der Gründer des Museums erwähnt, weil sie noch mitten in der deutschen politischen und Staats-Zerrissenheit ein Nationales Museum für alle Deutschen geplant hatten. Walter Scheel setzte jedoch hinzu, die heutigen Planer würden vermutlich von einer europäischen Grundidee ausgehen müssen. Alfons Goppel stellte unmißverständlich, wenngleich in verbindlicher Form, weder die europäische noch die spezifisch gesamtdeutsche Perspektive in Abrede, deutete aber, wenn man seine Gedankengänge etwas unzulässig zusammenfaßt, doch als Hauptthese an: Real ist vor allem Bayern. Meine eigene Rede versuchte dann, was ich gar nicht vermuten konnte, als ich sie schrieb, zwischen die europäische und die freistaatliche Konzeption doch die Grundgedanken eines spezifisch deutschen Selbstempfindens zu entwickeln. Eines Selbstempfindens also, nicht eines Selbstbewußtseins, schon gar nicht eines deutschen Sendungsbewußtseins.

Genau diese Reflexionen sind heute überaus zeitgemäß und bedrängend geworden. Die Deutsche Demokratische Republik,

ursprünglich als Bundesstaat von fünf Ländern konzipiert, wurde durch administrative Willkür in einen zentral planenden oder verplanenden Einheitsstaat verwandelt. Sie besaß ein Ministerium für Kultur als zentrale Instanz für alle Fragen des sogenannt kulturellen Lebens. Die föderative Struktur der Bundesrepublik kennt kein Bundesministerium für kulturelle Angelegenheiten. Für eine bundesdeutsche Institution wie das Germanische Nationalmuseum ist die Kulturabteilung beim Innenministerium zuständig. Es gibt auch weder eine bundesdeutsche Akademie der Wissenschaften noch der Künste. Dieser Zustand, wir wissen es, hat seine Nachteile und seine Vorteile. Ich meine jedoch, daß die Vorteile überwiegen. Zumal die *kommunale* Kulturpolitik in einem solchen Grundkonzept ungeahnte Kräfte freisetzen kann: *wenn sie es kann.* Hier in Nürnberg hat sie es gekonnt: wir wissen es.
Hatte die Nürnberger Veranstaltung von 1977 die Schwierigkeiten der Beziehungen zwischen Kultur und Politik am Spannungsverhältnis zwischen regionaler, sogenannt nationaler und europäischer Konzeption erörtern müssen, so haben wir hier in Nürnberg zwei Jahre später, am 4. November 1979, die *soziale Struktur unseres heutigen kulturellen Lebens* reflektiert. Das war beim Nürnberger Gespräch in der Meistersingerhalle. Ich hatte einen Vortrag gehalten über das Thema: Das Kulturelle Erbe. Sinn und Unsinn eines Klischees. Nach dem Vortrag gab es eine öffentliche Diskussion am Runden Tisch und mit Fragen und Antworten des Publikums. Meine eigentlichen Gesprächspartner oben auf der Estrade waren Hermann Glaser und Rudolf zur Lippe.
Ich hatte in meinem Vortrag daran erinnert, daß unser heutiges Konzept eines Respekts vor kulturellen Leistungen der Vergangenheit, vor allem ihren künstlerischen Leistungen, verhältnismäßig spät ins allgemeine Bewußtsein gedrungen ist. Wir kennen ihn im Grunde erst seit dem deutschen Sturm und Drang, dann vor allem dank den frühen Romantikern. Entwickelt wurde das Idealbild einer idyllisch-städtischen Gemeinschaft am Beispiel der Stadt Nürnberg. Wilhelm Heinrich Wackenroder und Ludwig Tieck, zwei kunstliebende Studenten, haben, am Beispiel Nürnbergs und vor allem Albrecht Dürers, unsere heu-

tigen Vorstellungen von der Schönheit vergangener Lebensformen recht eigentlich initiiert.

Die aufregende Symbiose von Reformation, Renaissance und Humanismus, also die Wittenbergisch Nachtigall im Bund mit Dürer und Pirckheimer, war so besonders fruchtbar, weil sie *zwei deutsche kulturelle Traditionen zusammenführte*: die ritterlich-höfische und die patrizisch-bürgerliche. Dies wurde, wie man weiß, zur eigentlichen Keimzelle für Richard Wagner und die »Meistersinger«.

Neben diesen bis in unser Jahrhundert immer noch weiterwirkenden kulturellen Überlieferungen des Höfischen und des Reichsstädtisch-Bürgerlichen entwickelten sich dann im 19. Jahrhundert noch zwei weitere kulturelle Traditionen, die fruchtbar gewesen sind. Die Eigenständigkeit einer Kulturpolitik und Kulturkonzeption der organisierten deutschen Arbeiterbewegung, für welche beispielsweise ein so bedeutender Literaturwissenschaftler wie Franz Mehring im Jubiläumsjahr 1905 den offiziellen kaiserlichen Schiller-Feiern ein eigenes »Schiller-Bild für deutsche Arbeiter« entgegensetzte.

Schließlich hat es dann, seit der Mitte des 18. Jahrhunderts und genau bis zum 30. Januar 1933, eine spezifische Kulturtradition der deutsch-jüdischen Symbiose gegeben. Also Lessing, Heine und die Folgen in den besonderen Ausdrucksformen einer experimentellen und neuerungssüchtigen Kunst und Kultur der Moderne.

Dies alles gehört nicht mehr zu unserer Gegenwart. Schwacher Abglanz bloß noch, einige Erinnerung, manches ist nur noch Gerücht. Das zeitgenössische Gerede von einer »Postmoderne« besagt, schaute man genau hin, im wesentlichen nur, daß jene vier bürgerlichen Kulturformen, die sich bis in den Alltag der Menschen hinein durchgesetzt hatten, zugrunde gehen.

Man kann es zugespitzt so ausdrücken, daß wir heute, was übrigens auch für die Geschichte der Deutschen Demokratischen Republik zutrifft, gar nicht so sehr mit der von Adorno leidenschaftlich bekämpften »großkapitalistischen Kulturindustrie« konfrontiert sind, sondern mit einem *universalen Kleinbürgertum*. Einem Kleinbürgertum freilich zwischen sehr hohen und sehr niedrigen Einkommensverhältnissen. Aber das

Kleinbürgertum ist noch niemals in der europäischen Geschichte als schöpferische Kraft hervorgetreten. Andererseits hat eine solche Indifferenz auch ihre Vorteile. Der leidenschaftliche Kampf zwischen Innovation und Regression bleibt aus. Alles wird vereinnahmt: das wirklich Neue wie das zu Unrecht Hochgelobte. Es wird immer schwieriger, das hatte sich bereits beim Expressionismus gezeigt, zwischen dem schöpferisch neuartigen Künstler und dem Scharlatan zu unterscheiden.
Hier hätte die *Kunst- und Kulturkritik* ihre Aufgabe. Es zeigte sich in der Vergangenheit, daß es vor allem – um bei der Literatur zu bleiben – die bedeutenden Schriftsteller selbst waren, die sich zugleich die großen kritischen Antithesen lieferten. In der Polemik etwa zwischen Friedrich Hebbel und Adalbert Stifter hatten beide zugleich recht und unrecht, aber es erfolgte eine Klärung über verschiedene Möglichkeiten des schriftstellerischen Ausdrucks. Das ist so geblieben, glücklicherweise, bis zur heutigen Zeit.
Wir sind damit wieder beim Anfang angelangt: beim großen Augenblick im November 1989, als die deutschen Schriftsteller mithalfen bei der Veränderung der deutschen Wirklichkeit. Einer der Redner auf dem Alexanderplatz, *Christoph Hein*, hat inzwischen eine Sammlung seiner Reden und Aufsätze vorgelegt mit dem Titel »Die fünfte Grundrechenart«. Darin findet sich auch der Text seiner Lobrede auf *Max Frisch*, gehalten am 13. Dezember 1989 in Düsseldorf, als Heines Geburtsstadt dem Schweizer Max Frisch den Heinrich-Heine-Preis verlieh. Christoph Heins Rede trägt den Titel »Achtung, Abgründe«. Dort heißt es: »Wir haben den Stalinismus überstanden und sind dabei, ihn endgültig zu vernichten. Ich hoffe, daß wir nicht so verzagt oder enttäuscht oder verbittert oder mutlos geworden sind und nun unser Land aufgeben. Die Ellbogengesellschaft, die auf Kosten der sogenannten zweiten und dritten Welt lebt, die auf Kosten der Nachfahren, der eigenen Kinder lebt, ist nicht meine Hoffnung für mein Land.«

Das alles ist Reden am Abend der Vernunft. Es ist zugleich auch ein Reden zu Ehren von Hermann Glaser. Der Grundgedanke unserer heutigen Rede, daß nämlich Vernunft stets mit Men-

schen zu tun hat, folglich auch nicht zugrunde gehen kann, trotz abendlicher und kleinbürgerlicher Weltverhältnisse, steht auch hinter allen Büchern des Kulturhistorikers und allen Tätigkeiten des Kulturpolitikers Hermann Glaser. Am schönsten und persönlichsten hat er es wohl ausgesprochen in seinem Buch über »Sigmund Freuds zwanzigstes Jahrhundert«. Er gab ihm den Untertitel »Seelenbilder einer Epoche«. Davon, nämlich von den Seelenbildern unserer Epoche, sollte heute und gerade auch hier in Nürnberg gesprochen werden. Indem Hermann Glaser liebevoll die Bedeutung des großen Seelendeuters entwickelt, sprach er immer wieder zugleich auch, wie mir scheint, im eigenen Namen. Lassen wir Hermann Glaser deshalb am Schluß zu uns sprechen:
»›Wahrhaft gegenwärtig‹ war dieser Sigmund Freud, indem er das Noch-Nicht-Bewußte des Menschen ›herausmanifestierte‹ und so das Noch-Nicht-Gewordene ermöglichte. Als die Geschichte des Menschen sich wieder einmal als katastrophaler Irrweg erwies, hat er im Rückgriff auf die wahre Natur des Menschen das Streben nach Kultur (als schwere Bürde, aber Not-wendigkeit) neu begründet.
Damit der gelebte Augenblick uns und wir ihm gehören, ist es notwendig, einen ständigen Selbstaufklärungsprozeß zu betreiben, der die Unbewußtheit in die Bewußtheit, das Es in das Ich zu erheben und jeder Individualität im Jetzt und Hier, ohne die Illusion von Transzendenz, eine ›volle Existenz‹ zu gewährleisten vermag.«
Und dann heißt es weiter, noch genauer:
»Heimat: das war ihm ganz konkret die häuslich-familiäre Geborgenheit und der Topos der ungeliebt-geliebten Stadt Wien. Heimat: das war ihm vor allem Eros, die Liebe zur geistigen Durchdringung des Ungeistigen, das Beharren auf der Möglichkeit, mit der Kraft des Denkens die Dunkelheit seelischer Wirklichkeit zu durchdringen ...«
Am Schluß aber seines Buches über die Seelenbilder unseres späten 20. Jahrhunderts kehrt der Franke Hermann Glaser noch einmal zum *Morgen der Vernunft* zurück, zu einem der großen Geister aus dem Frankenland: zu *Jean Paul Friedrich Richter.* Hermann Glasers Buch endet mit einem Satzfetzen von Jean

Paul, der ebenso leicht verstehbar wie unergründlich geblieben ist: »... so fühlt' ich unser aller Nichts und schwur, ein so unbedeutendes Leben zu verachten, zu verdienen und zu genißen.«

ANHANG

HINWEISE

I. *Reden über das eigene Land: Deutschland.* Rede, gehalten in den Münchner Kammerspielen am 17. November 1985.

II. *Der geschichtliche Augenblick des »Fidelio«.* Vortrag, gehalten im Stadttheater Aachen am 8. September 1985.

III. *Auf der Suche nach dem Vater. Rede über Hubert Fichte.* Gehalten nach dem Tode Hubert Fichtes im Rathaus der Freien und Hansestadt Hamburg am 27. September 1986.

IV. *Nachdenken über den großen Nörgler Karl Kraus.* Rede, gehalten zum 50. Todestag von Karl Kraus auf Einladung der Akademie der Künste der Deutschen Demokratischen Republik in Ostberlin am 25. November 1986.

V. *Ein Leben mit Troilus und Cressida.* Vortrag, gehalten am 26. Oktober 1986 in den Münchner Kammerspielen.

VI. *»Fortschritt und Dekadenz«. Aspekte der Dreißiger Jahre.* Vortrag, gehalten auf Einladung der Kunstsammlung Nordrhein-Westfalen in Düsseldorf am 28. April 1987.

VII. *Unser Trojanischer Krieg. Tragödien und Komödien im 20. Jahrhundert.* Rede zur Eröffnung der Wiener Festwochen. Gehalten im Wiener Raimund-Theater am 10. Mai 1987. Wiederholt in erweiterter Fassung in der Alten Oper Frankfurt am 13. September 1987.

VIII. *Bürgerrede in Tübingen.* Gehalten als Dankrede im Rathaus Tübingen am 21. August 1987 beim Empfang der Bürgermedaille der Stadt.

IX. *Der Rede wert. Bemerkungen über die Beredsamkeit der Deutschen.* Vortrag im Funkhaus des Süddeutschen Rundfunks

Stuttgart zum 10jährigen Bestehen der Sendereihe »Der Rede wert«, im Juli 1987.

X. *Brecht mit neunzig Jahren.* Rede, gehalten am 7. Februar 1988 im Schauspielhaus Frankfurt am Main.

XI. *Die Größe Heinrich Manns.* Rede, gehalten in der Akademie der Künste Berlin am 24. April 1988.

XII. *Gustav Mahler. Ein Radio-Essay.* Gesprochen am 4. Februar 1988 im Süddeutschen Rundfunk Stuttgart als Beitrag zu einer Sendereihe über deutsch-jüdische Persönlichkeiten.

XIII. *Dem Andenken Erich Frieds.* Rede auf der Trauerfeier des Wiener Burgtheaters am 11. Dezember 1988.

XIV. *Jakobiner auf der deutschen Bühne.* Vortrag, gehalten am 14. September 1989 in der Hamburger Kunsthalle zur Eröffnung einer Ausstellung über die Große Französische Revolution.

XV. *Politik und Kultur am Abend der Vernunft. Gedanken für Hermann Glaser.* Rede, gehalten am 27. April 1990 im Nürnberger Opernhaus bei der feierlichen Verabschiedung des Kulturreferenten Professor Dr. Hermann Glaser.

PERSONENREGISTER

VON HANS MAYER
ERSCHIENEN IM SUHRKAMP VERLAG

Außenseiter. 1975 (auch: *st 736*. 1981)

Nach Jahr und Tag. Reden 1945–1977. 1978

Thomas Mann. 1980 (auch: *st 1047*. 1984)

Ein Deutscher auf Widerruf. Erinnerungen I. 1982 (auch: *st 1500*. 1988)

Ein Deutscher auf Widerruf. Erinnerungen II. 1984 (auch: *st 1501*. 1988)

Aufklärung heute. Reden und Vorträge 1978–1984. 1985

Das unglückliche Bewußtsein. Zur deutschen Literaturgeschichte von Lessing bis Heine. 1986 (auch: *st 1634*. 1989)

Augenblicke. Ein Lesebuch. Herausgegeben von Wolfgang Hofer und Hans Dieter Zimmermann. 1987

Reden über Ernst Bloch. 1989

Stadtansichten. Berlin Köln Leipzig München Zürich. 1989

Weltliteratur. Studien und Versuche. 1989

Abend der Vernunft. Reden und Vorträge 1985–1990. 1990

In der Bibliothek Suhrkamp:

Brecht in der Geschichte: Drei Versuche. 1971. *BS 284*

Goethe. Ein Versuch über den Erfolg. 1973. *BS 367*

Doktor Faust und Don Juan. 1979. *BS 599*

Ein Denkmal für Johannes Brahms. Versuche über Musik und Literatur. 1983. *BS 812*

Versuche über Schiller. 1987. *BS 945*

Ansichten von Deutschland. Bürgerliches Heldenleben. 1988. *BS 984*

In der edition suhrkamp:

Anmerkungen zu Brecht. 1965. *es 143*

Anmerkungen zu Richard Wagner. 1966. *es 189*

Das Geschehen und das Schweigen. Aspekte der Literatur. 1969. *es 342*

Der Repräsentant und der Märtyrer. 1971. *es 463*

Versuche über die Oper. 1981. *es 1050*

Gelebte Literatur. Frankfurter Vorlesungen zur Poetik. 1987. *es 1427*

In den suhrkamp taschenbüchern:

Georg Büchner und seine Zeit. 1972. *st 58*

Richard Wagner in Bayreuth. 1876–1978. *st 480*

Über Hans Mayer:

Über Hans Mayer. Herausgegeben von Inge Jens. 1977. *es 887*

Materialien zu Hans Mayer »Außenseiter«. Herausgegeben von Gert Ueding. 1978. *st 448*

Hans Mayer zu Ehren. 1978